映画で語る アイルランド

幻想のケルトからリアルなアイルランドへ

岩見寿子　宮地裕美子　前村敦　著

論創社

はじめに

　本書を手に取っていただいた読者の方々には、最初にお断りしておか
なければならないことがある。ここで取り上げる「アイルランド映画」
というのは、日本映画、フランス映画、韓国映画といった国名を冠した
映画の概念とはだいぶ異なっているということだ。

　昨今は、映画制作のボーダーレス化が著しく、○○映画という国名が
ついた映画の表記が必ずしも妥当とはいえない作品も増え続けているが、
それでも、制作資金を国内で調達し、自国の監督、キャスト、スタッフ
で固めた、いわゆる国産映画という分類は健在だろう。

　しかし、「アイルランド映画」の多くは国産映画の定義にはあてはま
らない。なぜなら、長編劇映画に限っていえば、アイルランド国内で作
られた作品より、国外で作られた「アイルランド映画」の方がはるかに
多いからである。映画誕生の時代から 1980 年代はじめ頃まで、「アイ
ルランド映画」とは、アイルランドを舞台にしてはいるが、外国資本で
制作されたものを指していたといっても過言ではなかった。

　ところが、アイルランド人監督による 2 本の映画『マイ・レフト
フット』（ジム・シェリダン監督 1989）と『クライング・ゲーム』
（ニール・ジョーダン監督 1992）がオスカー（米国アカデミー賞）を受
賞したことで大きな転機が訪れた。世界は、素晴らしい才能を生みだし
たアイルランド映画界に目を向けることになったからである。

　1990 年代には、アイルランドをとりまく状況は劇的に変化する。「ア
イルランド映画ルネサンス」と称されるほど、アイルランドをテーマに
した話題作が相次いで制作された。国産映画が存在感を示すようになり、
英米や欧州各国との合作も増えた。海外資本で監督は外国人であっても、
原作者がアイルランド人で、アイルランド国内で撮影されるなど、制作
状況の多様化が特徴となっていく。

以上のような事情を踏まえて、本書でとりあげる「アイルランド映画」とは、アイルランド国産映画にこだわらず、アイルランドをテーマにした作品すべてを含んでいる。その一方で、アイルランド人監督の作品であっても、またアイルランド人俳優が出演していても、アイルランドをテーマにしていないものは除外している。

　次に本書の構成に触れよう。

　第1章は、日本ではほとんど知られていない、アイルランドの映画史を黎明期から現在まで5つの時期区分をして、アイルランドの社会的文化的状況とからめながら概観する。

　第2章は「アイルランド映画」の作品研究である。Part1では、1930年代から1980年代までの時期に、イギリスやアメリカの巨匠監督が撮ったアイルランドものの古典的作品6本を取り上げて分析する。Part2では、アイルランド国産映画が脚光を浴びるきっかけとなった『マイ・レフトフット』から、1990年代の「アイルランド映画ルネサンス」の作品を中心に、2000年以降の国際的評価の高い作品までをとりあげて読み解いていく。

　第3章では、アイルランドを舞台にした映画を6つのテーマに分類し、それぞれのテーマの作品を数本ずつまとめて紹介する。そうすることで、「アイルランド映画」の固有の傾向とは何かを探ろうとする試みでもある。

　第4章ではアイルランド出身で海外でも知名度の高い5人の監督と、幅広い世代の13人の俳優を取り上げる。彼ら彼女らは国際的にめざましい活躍をしている一方で、アイルランド人としてのアイデンティティーを決して忘れることのない代表的な存在である。

　ほかに「アイルランド映画」に関する6つのトピックをコラムとして取り上げた。

　最後に、書名を『映画で語るアイルランド』とした理由を簡単に述べておきたい。本書はアイルランド映画のガイドブックではなく、アイル

III

ランド映画全般を網羅的に取り上げているわけでもない。いわゆる名作
やヒット作品だけを選んでいるわけでもない。著者らが主観的に選んだ
映画作品を切り口として、アイルランドの歴史と文化、社会、風土と自
然を描くことに主眼がある。

　副題を＜幻想のケルトからリアルなアイルランドへ＞としたのにも説
明を要しよう。日本で一般的に流布している「ケルト」という言葉には
「幻想的」「神秘的」「超俗的」イメージがつきまとう。けれども「ケル
ト」だけでは解き明かせないものがアイルランドにはたくさん存在する。
映画の中には、幻想的で不可思議なアイルランドを描くものもあるが、
一方で、アイルランドには現実の社会があり、血の通った人びとが生き
ていることを、スクリーンを通して知り、感じることができる。

　私たちは、あまりよく知らない異国に自分たちの勝手な希望を投影し
て桃源郷のように理想化することがある。あるいは逆に、自らの中に存
在するのを認めたくないような暗黒面を外国の文化に投影して否定的に
見る場合もある。映画を通して異文化を知るというのは、幾重にもバイ
アスがかかるがゆえに容易なことではないが、本書でとりあげたさまざ
まな作品を通して、「ケルト」の呪文から解き放たれ、アイルランドを
新たな視点で見ていただけるならば、これに勝る喜びはない。

岩見　寿子

宮地裕美子

前村　敦

目 次

はじめに …II

第1章

アイルランド映画の歴史

アイルランド映画史概観　　岩見寿子 …002

Column X線とアイルランドの映画の始まり …016
Column アイルランド語の映画 …018

第2章

アイルランド映画作品研究

Part1　アイルランド映画のクラシック　　岩見寿子

『アラン』（1934年）「リアル」とは何か …022

『邪魔者は殺せ』（1947年）疎外された場所 …027

『静かなる男』（1952年）内なる故郷への帰還 …032

『ライアンの娘』（1970年）「正統派メロドラマ」の復権 …037

『エクスカリバー』（1981年）神話と伝説の舞台 …042

『ザ・デッド／「ダブリン市民」より』（1987年）計算され尽くした演出の味わい …047

Column 映画に使われたアイルランド音楽 …052

Part2　アイルランド映画のルネサンス　岩見寿子　前村　敦　宮地裕美子

『マイ・レフトフット』（1989年）語りの構造 …056

『フールズ・オブ・フォーチュン』（1990年）アングロ・アイリッシュの危うさ …061

『ザ・コミットメンツ』（1991年）階級と音楽 …073

『ヒア・マイ・ソング』（1991年）止まった時計 …078

『クライング・ゲーム』（1992年）アイルランド・ナショナリズムとアイデンティティー …083

『白馬の伝説』（1992年）西へ～異郷への眼差し …091

『父の祈りを』（1993年）北アイルランドの「父」と「息子」 …096

『フィオナの海』（1994年）アメリカへ～誰に向かって描いたのか …101

『ナッシング・パーソナル』（1995年）分断された都市の運命 …105

『マイケル・コリンズ』（1996年）映画技法から見えてくる主題 …110

『ジェネラル　天国は血の匂い』（1998年）戻れない物語 …118

『アバウト・アダム　アダムにも秘密がある』（2000年）
　　　　　　　　　　モダン都市ダブリンの大人のファンタジー　付論『サークル・オブ・フレンズ』（1995年）…124

『ブラディ・サンデー』（2002年）ドキュメンタリーとフィクションの境界 …129

『麦の穂をゆらす風』（2006年）イギリス第一番目の植民地が経た苦悩 …135

『ONCE ダブリンの街角で』（2007年）偶然の味わい …148

『ブルックリン』（2015年）居場所はどこにあるのか …153

Column「語りの国」のアニメーション映画 …158

第3章

テーマから見るアイルランド映画　岩見寿子　宮地裕美子　前村　敦

独立戦争と内戦を描いた作品群 …162

文芸作品を原作とした映画 …167

回想のアイルランド …172

移民が夢見る「アイルランド」 …178

アイルランドでも凶悪犯罪は起きる …184

映画が描く北アイルランド …188

Column アウトサイダーとしての漂泊民 …196

VII

第4章

アイルランド映画のトップランナー

Part1　監督　宮地裕美子

1 パット・オコナー …200
2 サディアス・オサリヴァン …202
3 ジム・シェリダン …204
4 ニール・ジョーダン …206
5 ジョン・カーニー …208

Part2　俳優　宮地裕美子　前村　敦

1 モーリン・オハラ …212
2 ピーター・オトゥール …214
3 ブレンダ・フリッカー …216
4 スティーヴン・レイ …218
5 ガブリエル・バーン …220
6 リーアム・ニーソン …222
7 ピアース・ブロスナン …224
8 ブレンダン・グリーソン …226
9 ジェームズ・ネズビット …228
10 コリン・ファレル …230
11 キリアン・マーフィー …232
12 ジョナサン・リス＝マイヤーズ …234
13 シアーシャ・ローナン …236

Column 映画を支える実力派たち …238

あとがき …240

資料 …i

日本で公開されたアイルランド映画リスト …ii
アイルランド歴史略年表 …x
アイルランド映画史年表 …xii
アイルランド全土地図 …xiv

人名索引 …xv
映画題名索引 …xxii

第**1**章

アイルランド映画の歴史

アイルランド映画史概観

岩見寿子

※本章の本文中で太字になっている映画タイトルは、2章の作品研究に取りあげられている作品を示す。

アイルランド映画とは何か

　1963年に、あるアメリカの映画批評家は次のように述べた。「いかなる意味においても、アイルランド映画というのは未だ存在していない。おそらくは、アイルランド人の詩的な感受性が、言語から視覚的なものへと変容することが必要とされているのかもしれない。この国には、劇的な感受性は充分に備わっている。新しいメディアがひとたびアイルランド人の空想力の真髄に触れさえしたら、この小国はかつて文学の分野で成し遂げた以上の影響力を、映像の分野で及ぼすかもしれない。」*1

*1
Anthony Slide, *The Cinema and Ireland*, North Carolina: McFarland & Company, 1988.

　「はじめに」で書いたように「アイルランド映画」というのは、日本映画やフランス映画といった国産映画を指す言葉ではない。映画100年の歴史において、アイルランドに関連する映画を網羅した『アイリッシュ・フィルモグラフィー』*2という労作があるが、この本の最大の特徴は、作品の分類が、ジャンル別でもなく、年代順でもなく、監督や俳優別でもなく、国別（13か国）になっていることである。この本独特の分類によって、「アイルランド映画」についての以下のような興味深い現象が明らかになる。

*2
Kevin Rockett (ed.) *The Irish Filmography: Fiction Films 1896-1996*, Dublin: Red Mountain Media, 1996.
本書をもとにしてダブリン大学トリニティ・カレッジが、アイルランド映画データベース・サイトである Irish Film & TV Research Online を運営している。
http://www.tcd.ie/irishfilm/film.php

　1．収録された約2000本のデータのうち、アイルランド国内で制作されたのは約10分の1にすぎない。

　2．アイルランドで制作された作品（約200本）のうち、1980年代以後に作られた映画が半分以上を占める。

　3．アメリカとイギリスで制作された「アイルランド映画」が総数の半分以上を占める。

　4．アメリカ、イギリス以外で「アイルランド映画」の制作本数が多いのは、オーストラリア、カナダなどのアイルラ

ンド系移民の多い地域である（アイルランド系移民の子孫は、全世界で7000万人、うち約4000万人がアメリカ国民といわれる）。

　長年にわたって外国制作の「アイルランド映画」が量産されてきた現実に対し、アイルランドの批評家や映画研究者は、ナショナリスティックな憤りをもって、外国人監督が描いてきたアイルランド像は全く主観的なもので、実在しない空想的なアイルランドがもっぱら表現されてきたと批判した。1980年代に入ってから、ようやく自国の監督が長編映画を制作する環境が整えられてきたが、その多くは独立プロダクションによる低予算の作品であって、大手の映画配給網にはのらず、国際的にはおろか国内においても商業公開されることは期待できなかった。

　しかし『マイ・レフトフット』（*My Left Foot*, 1989）と『クライング・ゲーム』（*The Crying Game*, 1992）のオスカー受賞が、アイルランド映画産業にとっての一大転機となった。1990年代になると、多くの新人監督の作品がアイルランドの国境を越えて上映される機会が飛躍的に増えたが、そのような事態は、つい一昔前までは想像もできないことであった。

　現在に至るもイギリス人やアメリカ人監督が撮った「アイルランド映画」は健在である。けれども、かつてのように海外資本による「アイルランド映画」が、外国人の視点で、アイルランドを紋切型に描いているとして一口には評価できなくなっている。海外資本で監督は外国人、イギリス人やアメリカ人の役者がアイルランド人を演じていたとしても、アイルランド人作家の原作で、アイルランド国内で撮影されるというケースが増えているからである。これらの映画の中には、国産のアイルランド映画と比べても、アイルランドの社会や歴史を巧みに描いている点で遜色ないものもある。

　1990年代にアイルランドは、この国の歴史上初めての映画制作ブームにわいた。ただし、それらの多くは国産映画ではなく、グローバル化の波にのった多国籍資本のもとで制作されたものである。たとえばニール・ジョーダン監督の『マイケル・コリンズ』（*Michael Collins*, 1996）は、イギリス人プロデューサーのもとで、アメリカの資本を得て、アイルランド現代史を銀幕に再現した作品である。かつての「映画後進

*3
リチャード・エルマン著、宮田恭子訳『ジェイムズ・ジョイス伝1』みすず書房 1996 年

*4
The Lad from Old Ireland
監督：Sidney Olcott
10 分　サイレント
アメリカに移民して財をなした若者が、故郷のアイルランドに戻って恋人の窮地を救ったのち結婚する。

*5
The Colleen Bawn
監督：Sidney Olcott　短編（分数不明）　サイレント
1860 年の同名の戯曲を原作とする。没落しかかっている地主の息子が村娘と密かに結婚するが、それを知らない母親によって、裕福な家の娘との結婚を迫られることから起こる事件の顛末を描く。

*6
Willy Reilly and His Colleen Bawn
監督：John MacDonagh
90 分　サイレント
18 世紀を舞台に、カトリックの青年とプロテスタントの娘が周囲の助けを借りながら、宗派の違いを乗り越えて結ばれる。

*7
イースター蜂起
Easter Rising
1916 年 4 月、英国からの独立をめざす共和主義者が蜂起を決行し「アイルランド共和国宣言」を発したが、英国軍によって 1 週間で鎮圧された。蜂起主導者 15 名が処刑されると、当初冷淡であった世論は独立を支持する流れへと一変した。

*8
In the Days of St. Patrick
監督：Norman Whitten
80 分　サイレント
アイルランドに初めてキリスト教を布教した聖パトリックの事跡をスペクタクルに描く。

国」アイルランドは、英語圏という強みを生かし、外国の力（資本や配給網）を利用しつつ、自分たちの歴史や文化を世界中にアピールしていくという、小国の映画制作のモデルケースになっていった。冒頭で引用した 1960 年代のアメリカ人批評家が想像もしなかったような形で、今やその言葉が現実のものになろうとしている。

　以下では、「アイルランド映画」の歩みを 5 つの段階に分けて考察していくことにしたい。

1　黎明期と初期映画（1896 ～ 1921）

　1895 年にリュミエール兄弟が、パリのグラン・カフェで初めて有料の映画上映を行った翌年には、ダブリンのミュージック・ホール（現オリンピア座）にて、アイルランド初の映画上映が行われた。映画の上映は人気を集めたが、当時、オーストリア＝ハンガリー帝国の領土だったトリエステ（現イタリア領）に住んでいた青年ジェイムズ・ジョイスは、ダブリンに常設の映画館が一つもないことに目をつけ、イタリア人に投資をもちかけ、1909 年、ヴォルタ座をオープンした。しかし経営は他人任せだったため、1 年たたずして映画館はイギリス人興行主の手に渡った。*3

　アイルランドでの映画制作は、アイルランド系カナダ人のシドニー・オルコットが、アメリカのケイレム社のために、1910 ～ 14 年の期間、ケリー州のキラーニーで映画の撮影を行った時に始まる。The Lad from Old Ireland (1910) *4, The Colleen Bawn (1911) *5 が代表的な作品であるが、これらの映画は、アメリカ市場でのアイルランド系観客の動員を見込んで作られたものだった。

　1916 年には、キラーニー出身でアメリカに移住し、弁護士として成功したジェイムズ・マーク・サリヴァンが、「アメリカ映画の父」D.W. グリフィスに影響を受け、ダブリンでアイルランド映画社（Film Company of Ireland）を起こした。サリヴァンはジョン・マクドナーを監督に起用して Willy Reilly and His Colleen Bawn (1920) *6 を撮った。マクドナーは 1916 年のイースター蜂起*7 で処刑されたトーマス・マクドナーの弟である。

1917年、ノーマン・ウィッテンはニュース映画やドキュメンタリーを専門とする映画会社（General Film Supply）を起こした。ウィッテンは*Irish Events*（1917-19）というニュース映像のほか、長編劇映画*In the Days of St. Patrick*（1920）*8を制作した。*Irish Events*は、シン・フェイン*9の活動などもフィルムにおさめており、イギリス当局によって上映禁止とされた。

第一次世界大戦中、ハリウッドがアメリカ映画産業の中心となり、ヨーロッパ諸国の経済的疲弊に乗じて世界の配給網を手中におさめつつあった。1915年以後は、ハリウッド映画がアイルランド市場を席巻した。1916年頃までにダブリン、ベルファスト、コーク、ゴールウェイなどの都市において、映画は大衆娯楽としての地位を確立していく。

2　文化ナショナリズムと英米映画流入の時代（1922～54）

1919年から21年まで続いた独立戦争の後、1922年に英国の自治領としてアイルランド自由国が成立した。この時期には映画をめぐって、大衆と政府・カトリック教会の間に大きな乖離と緊張が生まれつつあった。1923年には「映画検閲法」が成立した。政府によって任命された映画検閲官は下品で、わいせつとされる作品、あるいは公衆道徳に反すると考えられる作品から、観客を保護することが使命であるとされた。

独立戦争から内戦という動乱の時期*10を経て、自由国政府は、政治的・社会的な安定を強く志向し、アイルランドの独自性を強調する文化ナショナリズムが高まった。文化的影響力の強い外国映画の輸入は規制される一方で、資金力に乏しい国産映画の制作は振るわなかった。そのなかで例外的に作られたのが独立戦争を背景にした*Irish Destiny*（1926）*11と*The Dawn*（1936）*12である。

この当時の一般的認識として、映画は好ましくない風俗をもたらすというだけでなく、映画自体が英米を中心とする歓迎されざるモダニズムの代表であった。モダニズムの流入は、キリスト教的価値、独自の言語・文化を尊重する政治家や保守層に拒絶された。アメリカ映画は、過剰な物質主義、犯罪、

---

*9
シン・フェイン
Sinn Fein
1907年、複数の民族主義団体がアイルランド語で「我ら自身」を意味する「シン・フェイン」の名の下に集結した。イースター蜂起後は、共和主義理念を受け継ぐ政党として、1918年総選挙で圧勝し、ダブリンに国民議会を樹立した。
1960年代以降の北アイルランド紛争においては、IRAの政治部門として非合法化されたが、和平合意成立後は、合法的な政党として活動を続けている。

*10
独立戦争から内戦へ
1919年、イースター蜂起で中心的役割を果たしたアイルランド義勇軍を母体とするIRA（アイルランド共和軍）は独立を目指して各地でゲリラ戦を展開した。1921年に休戦となり英愛条約が締結されて、南26州は英国の自治領であるアイルランド自由国となるが、共和国実現にこだわる条約反対派と自由国政府との間で内戦が起こる。北の6州は英国領北アイルランドとして自治を認められ、以後アイルランドは南北分離の道を歩むことになった。

*11
Irish Destiny
監督：George Dewhurst
73分　サイレント
英国軍にとらわれたIRAメンバーの主人公が仲間と脱獄し、悪名高い治安維持部隊ブラック＆タンズに内通している恋敵の男から恋人を救出する活劇。

*12
The Dawn
監督：Tom Cooper　87分
アイルランド初の長編トーキー映画。1866年に共和主義者による武装蜂起の計画を密告したとされるある家族が、独立戦争中の1919年にその汚名を晴らす。

005

セックスという不健全な特徴を示し、イギリス映画に登場するアイルランドは、リアルなものではなく、偏見に満ち紋切型の描写が多いとして批判の対象となった。

政府は英米のモダニズムがアイルランドに流入するのを食い止める防波堤として、映画検閲法のほかにも出版検閲法（1928）やダンスホールのライセンス制（1935）などの政策を実施した。老人の炉辺語り（Story telling）、アイリッシュ・ダンスやトラッド・ソングなど、伝統的で農村共同体の生活に密着した文化活動を奨励する一方、映画やジャズは社会の安定を脅かす文化的侵入物として敵視された。

1932年から1948年まで続いたデ・ヴァレラ政権による経済保護主義は、後続の政権にも踏襲されて1950年代まで続いた。それと歩調をあわせた文化ナショナリズムの風潮にもかかわらず、アイルランドでは1930年代のトーキーの到来以後、英米映画の市場シェアが大きくなり、それ以外のヨーロッパ映画の人気凋落が顕著になった。

カトリック的倫理観にもとづく社会的モラルが抑圧的であればあるほど、大衆にとって、映画を通してもたらされるアメリカの自由なイメージは羨望の対象になった。偏狭な文化ナショナリズムと、新しい大衆文化の形成を歓迎しない保守的風潮が、逆に人々によるハリウッド映画への支持につながるという皮肉な現象が起こったのだ。

イギリスにおいても1920～30年代はハリウッド映画に席巻されていたが、アイルランドと異なっていたのは、倫理的な理由ではなく経済的理由から国産映画の保護にのりだしたことだ。1927年に映画上映法が制定され、国産映画の強制割当上映制度が導入された。北アイルランドでは、地元の人気歌手兼俳優のリチャード・ヘイワードを主演にした一連のミュージカル映画が作られたが、それは映画館での割当上映を埋めるための低予算、早撮りのB級作品群であった。

北アイルランドでは、短期間の国産映画需要期が過ぎると、1980年代まで映画制作は振るわず、わずかに『邪魔者は殺せ』（Odd Man Out,1947）、『ジェントル・ガンマン』（The Gentle Gunman,1952）などのイギリス映画にロケ地を提供したのにとどまった。南のアイルランドでロケしたロバート・フラハ

ティ監督の『アラン』（*Man of Aran*,1934）と、ジョン・フォード監督の『静かなる男』（*The Quiet Man*, 1952）は古典的作品として評価が高いが、近年ではアイルランドの批評家から「アイルランドの紋切型イメージを作り上げた」作品であるとして批判も受けている。しかし、アイルランドでの公開時には大評判を呼んだ。とくに『アラン』の上映を巡るエピソードは、この時期の政治的イデオロギーと映画の特殊な結びつきを示している。

1934年5月6日にダブリンで行われた『アラン』のプレミア上映は、まさに国家的行事であり、首相のエイモン・デ・ヴァレラ*13とその閣僚はじめ、W.B.イェイツなどの文化人も列席した。この映画の主題であった「過酷な自然との英雄的な闘い」が、デ・ヴァレラの理想とした「自立し道徳的で誇り高い小農民国家」のイデオロギーに合致していると考えられ、政府はこの映画を高く評価したのである。1930年代のイギリスではジョン・グリアスンらによる、労働者階級のプロパガンダや社会改革を目的としたドキュメンタリー運動が展開していたが、グリアスン一派が「反動的ロマン主義」と呼んだフラハティの『アラン』がアイルランドでは強い影響力をもち、その後も同じ路線の政府主導によるドキュメンタリーが数本制作された。

3　国際化と映画産業振興の模索 （1955年〜1970年代半ば）

1950年代は世界的に映画産業が最盛期を迎えた時期である。各国で観客動員数が史上最高を記録し、シネマスコープの誕生、カラー撮影の技術が完成した。しかし、1954年をピークに、世界の観客動員数は減少に向かった。テレビの普及と、テレビとの競合に直面したハリウッドのメジャー映画会社の再編成にともなう停滞が原因である。

1955年にアイルランドは国連に加盟し、第二次世界大戦中から戦後にかけての中立政策*14から転換して国際社会に復帰した。同時に政府は従来の経済保護主義から、積極的な外資導入をはかる開放型の経済政策へと舵をきった。

当時の通商産業大臣であったショーン・レマスは、これまでアイルランドにはなかった映画撮影所建設を推進し、1958

*13
エイモン・デ・ヴァレラ
（Eamon de Valera, 1882 〜 1975）
イースター蜂起の指導者の一人だったが死刑を免れ、国民議会が成立すると大統領に就任する。英愛条約に反対して内戦の原因を作るが、1926年に議会に復帰して共和党の党首となり、1932年から1948年まで首相として長期政権を担った。

*14
中立政策
第二次世界大戦中のアイルランドは、デ・ヴァレラ首相の下で連合国側にも枢軸国側にもつかず中立を貫いた。戦後も、アイルランドの南北分離が続く限り、いかなる軍事同盟にも参加しないという政治信条を掲げ、北大西洋条約機構（NATO）への不参加を表明した。

年、ダブリン近郊のブレイにアードモア撮影所がオープンした。この計画は産業振興政策の一環であり、海外の大型プロダクションの誘致がはかられた。アードモア撮影所は、雇用、訓練の機会提供を含めて、国産映画の振興につながると期待されたが、結局は英米のプロダクションの貸しスタジオにとどまり、国産映画産業を育成する役割を担うことはかなわず、国内の映画関係者を大いに失望させた。

アイルランドでは1950年代から60年代にかけて、長編劇映画はほとんど作られなかったが、ドキュメンタリーやニュース映画、公共広告などによって、映画制作はかろうじて存続することができた。そのなかで特筆すべきはゲール・リン（Gael Linn）の活動である。これはアイルランド語とアイルランド文化振興を目的とする非営利団体で、アイルランド語のナレーションを用いた数多くの政府広報的なニュース映画やドキュメンタリーを制作した。監督のジョージ・モリソンは、政府から助成金を得て、過去のニュース映像の複写フィルムを作り、それを編集して Mise Éire（1959）と Saoirse?（1961）*15 という2本の歴史ドキュメンタリーを制作した。前者はアイルランド語による初の長編映画である。後にDVDがリリースされた際に初めて英語字幕がつけられた。

1961年の RTÉ（Raidió Teilifís Éireann アイルランド公共放送局）の開局で、アイルランドにもテレビ時代が到来した。映画の最盛期が過ぎた1963年から73年にかけて、アードモア撮影所は負債を抱えることになる。RTÉ による一時的な運営を経て、1975年からアイルランド国立映画撮影所（National Film Studios of Ireland）と改称され、イギリス出身の映画監督ジョン・ブアマンが所長に就任した。

1960年代後半にはアイルランド経済が比較的好調だった。EEC（ヨーロッパ経済共同体）への加盟（1972年）にともなう新しい国際関係と国内の社会変革への期待感が生まれ、アイルランドの独立系映画人は、国が映画制作を支援するよう求める運動を展開した。

ドキュメンタリー映画監督のルイス・マーカスは、国産映画振興のためには政府の援助が不可欠であると訴え続けた一人だが、その主張は1967年、映画産業委員会（Film Industry

*15
Mise Éire（I am Ireland）はニュース映像や新聞記事などを素材にして、イースター蜂起前後（1896~1918）の政治情勢を描いている。Saoirse?（Freedom?）はその続編にあたり、独立戦争から内戦の始まりまで（1919~1922）を扱っている。

Committee）の設立につながった。当時アイルランドに定住し
市民権までとっていたアメリカ出身のジョン・ヒューストン
監督を委員長にした同委員会は、政府による国産映画助成や
融資のための機関として、アイルランド映画委員会（The Irish
Film Board）の設置を提言した。しかし北アイルランド紛争な
どの政治情勢悪化の影響もあり、この機関が設置されたのは
十数年後のことになった。

　この時期は、海外の有名監督による大作がアイルランドの
アードモア撮影所を使って次々と制作された。その中にはデ
ヴィッド・リーン監督『ライアンの娘』（Ryan's Daughter, 1970）、
ジョン・ブアマン監督『未来惑星ザルドス』（Zardoz, 1974）、ス
タンリー・キューブリック監督『バリー・リンドン』（Barry
Lyndon, 1975）などがある。

4　国産映画制作環境の整備とアイルランド出身監督の活躍
（1970年代後半〜1980年代後半）

　1973年に設立されたアイルランド芸術協会（Ireland Arts
Council）は、1977年より優れた映画脚本に対する助成を開始
した。その第1回入選作はボブ・クイン監督の Poitín（1978）＊16
である。この映画は、これまで外国人監督が好んで描いてき
た、アイルランド西部の牧歌的ないし神話的イメージへのア
ンチテーゼとして制作された。独立系映画人のロビー活動が
実って、1981年には国産映画制作を支援する政府機関、アイ
ルランド映画委員会（Bord Scannán na hÉireann/The Irish Film
Board=IFB）が設立された。IFBはニール・ジョーダン監督の
長編映画デビュー作『殺人天使』Angel を第1回助成作品に
選んだ。ところが、この映画のプロデューサーはIFBの理
事でもあるジョン・ブアマンだったために、助成作品の選定
をめぐって、様々な憶測と批判を招くことになった。

　IFBは、1982〜87年の活動期間中、約50本の作品に助成
を行った。そのなかには、『殺人天使』のほか、パット・
マーフィー監督 Anne Devlin（1984）＊17、ジョー・コマー
フォード監督 Reefer and the Model（1988）＊18などの独立系
の作品が含まれている。IFBは一定の成果を上げつつあった
にもかかわらず、財政的な理由で1987年に廃止に追い込ま

＊16
Poitín
監督：Bob Quinn　65分
全編アイルランド語で制作さ
れた初の長編劇映画。Poitín
とはアイルランド語で密造酒
の意味。アイルランド西部で
娘と暮らす密造酒造りの老
人は、配下の二人の男に酒
を売らせているが、彼らは代
金を着服したうえ娘を襲う。
老人は機転によって男たちを
罰する。

＊17
Anne Devlin
監督：Pat Murphy　121分
主人公のカトリックの女性、ア
ン・デヴリンはプロテスタント
の革命家、ロバート・エメット
の恋人にして同志である。女
性の視点から1803年の蜂起
を描く歴史ドラマ。

＊18
Reefer and the Model
監督：Joe Comerford　93分
元IRAメンバーのリーファー
は、ゴールウェイ沖で二人の
仲間とトロール漁に従事して
いるが、そこにロンドンでの麻
薬中毒の生活から逃れてき
た女性が加わる。それぞれに
暗い過去を持つ彼らはやが
て犯罪に巻き込まれていく。

れた（1993 年に活動を再開）。

　この時期、国の映画振興策のあり方をめぐって、アイルランドの映画関係者は二つの派に分裂していた。アイルランドの社会・歴史を批判的に検証するような低予算のアート系作品に対して援助をすべきであるという立場と、アメリカで一般公開されるような商業映画を援助することが優先であるという立場である。後者の見解は、低予算のアート系映画はいわゆる映画祭向けの映画であり、多くの観客の目には届かないが、一般公開される商業映画が増えれば、アイルランドのイメージを変えることができるというものであった。

　この芸術的理想主義と商業的現実主義の対立が、先に述べたジョーダン監督『殺人天使』の助成を巡る論争の根底にあったと見られる。映画というのは、芸術と産業の複合的な産物であるから、単純に二極化はできないはずなのだが、アイルランドでは長年にわたって国産映画制作が困難な状況におかれてきたため、文化か産業かといった二極化の傾向が強く、アイルランドでの映画産業の発展を窮屈なものにしたという側面も否めない。ニール・ジョーダンは『殺人天使』の助成問題がこじれたために拠点をイギリスに移し、『狼の血族』（*The Company of Wolves*, 1984）、『モナリザ』（*Mona Lisa*, 1986）の成功で一躍脚光を浴びることになった。

　ジョーダンに続いて、イギリスの大物プロデューサーであるデヴィッド・パットナムによって『キャル』（*Cal*, 1984）の監督に抜擢されたパット・オコナー、演劇畑から映画監督に転身し、最初の長編映画『マイ・レフトフット』でアカデミー賞 2 部門を受賞したジム・シェリダンなど、1980 年代にはアイルランド出身で英米の映画界に進出した監督たちに世界の注目が集まった。彼らの活躍によって、海外の観客や批評家がアイルランド映画への興味をかきたてられたという側面は否定できない。

　1987 年、アイルランド政府は IFB を廃止するかわりに、セクション 35 と呼ばれる、映画への投資に対する税制上の優遇措置を打ち出した。1987 年の単一ヨーロッパ法と 1992 年のマーストリヒト条約に調印して、この時期のアイルランドは EC（欧州共同体）との関係を深めた。IFB が活動を停止し

ていた期間、独立系映画人はヨーロッパに資金源を求めた。
さらにイギリスのチャンネル4やBBC北アイルランドなど
のテレビ局がアイルランド映画への資金援助を行った。

5 国産映画制作の本格化と国際共同制作の多様化 （1990年代以降）

　1990〜95年に、アイルランド共和国の経済はGDP平均
5.7％というめざましい成長を示した。北アイルランドでは、
1993年に穏健派である社会民主労働党の党首ジョン・
ヒュームとIRAの政治部門であるシン・フェイン党の議長
ジェリー・アダムズによる和平に向けての対話が始まり、ア
イルランド共和国のアルバート・レイノルズとイギリスの
ジョン・メージャー両首相が「ダウニング街宣言」＊19 をす
るなど、英愛関係の進展が見られた。
　1994〜96年に北アイルランドではカトリックとプロテス
タント系双方の武装組織が停戦に応じ、イギリス労働党政権
下で和平協議が進展したことにより、この時期、英米ではア
イルランド和平をテーマにした映画が増加した。南の共和国
では、長年圧倒的な政治力を誇った共和党（Fianna Fáil）勢力
が後退し、1992年12月、共和党と労働党の歴史的な連立政
権が成立した。
　先に述べたように『マイ・レフトフット』の成功を契機に、
英米資本によるアイルランドを舞台にした作品が次々と制作
されるようになったが、それらの多くはアメリカのメジャー
会社の配給網に乗って世界中に公開されるような商業映画で
あった。『ザ・コミットメンツ』（The Commitments, 1991）、『ヒア・
マイ・ソング』（Hear My Song, 1991）、『遥かなる大地へ』（Far and
Away, 1992）、『白馬の伝説』（Into the West, 1992）などがその代表的
なものである。
　1993年、アイルランド国内では資本を集めることができ
なかった『クライング・ゲーム』の国際的な大成功が、アイ
ルランド映画関係者や政府に大きなショックを与えた。同年、
マイケル・ヒギンズ芸術・文化大臣（1992〜97年）が、国産
映画振興策の推進を力強く宣言し、その具体的政策として、
IFBの活動再開を発表した。またアイルランドで制作される
映画への投資に対し、これまでより大幅な税の優遇措置が導

＊19
ダウニング街宣言
1993年12月15日、アイル
ランドのレイノルズ首相とイギ
リスのメージャー首相は北アイ
ルランドをめぐる政治的な
和解を目標とした共同宣言を
発表した。宣言ではアイル
ランド民族の自決権をうたい、
IRAの無期限停戦を条件に
シン・フェイン党の協議参加
を認めた。

入された。

　1990年代には、先に述べたように英米の投資による「アイルランド映画」が盛んに制作される一方、IFBを通じて国の助成も受けることができ、さらにはEU内部のさまざまな映画振興資金を利用することも可能であった。これらが1990年代のアイルランドにおける映画制作ブームの背景にあったのである。

　さらに法改正により、1990年代半ばから、RTÉとBBC北アイルランドは、南北アイルランドの独立プロダクションに一定本数の制作を委託することが義務づけられ（RTÉは総予算の20%を独立プロダクションに発注）、テレビと映画は共生の時代に入った。

　またアイルランド国内の映画祭も活況を呈するようになった。コーク（1956創設）、ダブリン（1985創設）、デリー（1987創設）、ゴールウェイ（1988創設）の既存の映画祭に加え、新たにベルファスト（1990創設）リムリック（1995創設）でも開催されるようになり、映画文化の成長を示す証しとなっている。

　1990年代以降、アイルランド共和国における映画制作の基盤は、従来とは比較にならないほど強固なものになった。IFBが融資するアイルランド映画の本数は毎年増加の一途をたどり、2011年にはそれまでで最多の32本の長編映画に資金を提供した。映画制作の振興とともに、アイルランド国内における映像文化の地位が高まり、芸術の一分野として正当に位置づけられるようになった。

　IFBの融資対象は長編映画のみならず、TVシリーズ、アニメーション、ドキュメンタリー、短編映画と多岐にわたっている。近年、IFBは英米のTVシリーズのロケーション誘致にも力を入れている。なかでも『THE TUDORS〜背徳の王冠〜』(*The Tudors*, 2007〜2010)、『病理医クワーク』(*Quirke*, 2014)、『ヴァイキング〜海の覇者たち〜』(*Vikings*, 2013〜)、『リッパー・ストリート』(*Ripper Street*, 2012〜2016) などは、日本でもケーブルTVなどを通じて放送されている。北アイルランドで撮影されたTVシリーズでは、『ゲーム・オブ・スローンズ』(*Game of Thrones*, 2011〜)、『THE FALL 警視ステラ・ギブソン』(*The Fall*, 2013〜2016) などが日本で放送されている。

これらの作品はアイルランドでロケをしているというだけでなく、主要な役でアイルランド人俳優が出演しており、彼らの活躍の機会を広げる役割も果たしている。

　若い世代の監督たちは、その前の世代が直面していたジレンマ、すなわち商業映画なのかアート映画なのかという二分法には、あまりとらわれなくなっている。若い世代の監督はニール・ジョーダンやジム・シェリダンのような、国際的に活躍する先輩監督の影響を受けており、ハリウッドのジャンル映画のスタイルをとりいれ、アイルランドの歴史や宗教や文化を正面から語るよりは、より個人的な関心や内面的世界に向かう傾向が見られる。

　アイルランドの若い監督たちが、国民的な問題意識よりは同時代的でグローバルな関心に移行する傾向にあるのに対し、逆説的ではあるが、アイルランドの社会や歴史に深い関心と問題意識をもつ外国人監督による作品が、近年の大きな国際映画祭で高い評価を得ている。『ジェネラル』(*The General*,1998)、『ブラディ・サンデー』(*Bloody Sunday*,2002)、『マグダレンの祈り』(*The Magdalene Sisters*, 2002)、『麦の穂をゆらす風』(*The Wind That Shakes the Barley*,2006) などがその代表的な例だ。歴史的には海外の多くの監督たちが、アイルランドに牧歌的なユートピアを求めてきたのに対し、これらの作品は、アイルランド社会の抑圧、偽善、分裂といったポスト・コロニアルな状況を扱っており、アイルランドだけでは抱えきれない深く重い問題を、普遍的な観点から真摯に問いなおしたものである。

　ジョン・カーニー監督『ONCE ダブリンの街角で』(*Once*, 2007)の世界的な成功が証明したように、低予算でスター不在、ほとんど無名の監督の作品であっても、世界中の観衆の支持と共感を得るものを近年のアイルランドは生み出している。この映画は世界中のどこにでもいそうな若者の、極めて個人的な内面世界をあたかもプロモーション・ヴィデオのような映像でつなぎながら、同時にバブルの只中にあって、東ヨーロッパからの移民を受け入れるまでに変貌したダブリンの「現在」が描き込まれている。

　長編アニメーション映画『ブレンダンとケルズの秘密』(*The Secret of Kells*, 2009) のトム・ムーア監督は、宮崎駿の影響

を受けていることを来日の際に語っていたが、アイルランド
の至宝である福音書の装飾写本『ケルズの書』制作の謎と
『ケルズの書』の意匠や色彩をアニメーション創作に融合さ
せるという着想によって、独自の世界を創りだしており、国
際的にも高い評価を得ている。[20]

　2016年夏には、カーニー監督の『シング・ストリート 未
来へのうた』(*Sing Street*,2016)、ムーア監督の『ソング・オ
ブ・ザ・シー 海のうた』(*Song of the Sea*,2014)が日本で劇場公
開され、彼らの作品にはさらなる注目が集まっている。これ
ら新世代の映画作家らによって、アイルランドの文化や社会
を主題としながらも、グローバルな視点や影響のもとに、さ
まざまなメディアや多彩な表現方法を模索しつつ、これまで
の枠組みには収まらない「アイルランド映画」が制作されて
いくに違いない。

[20]
アイルランドのアニメーション
制作については、コラム158-
159頁を参照。

Column

X 線とアイルランドの映画の始まり

　ある日、駐日アイルランド大使館のウェブサイトを覗いていたら、Film コーナーに目が止まった。「リュミエール社がサックヴィル通り（現オコンネル通り）で撮影した 1897 年からずっと、アイルランドの国内外で映画が作られてきた」といった内容が英語で掲載されていた。

　フランスから派遣された撮影隊が、ダブリンの中心街でドキュメンタリー映画の先がけとなるような日常風景を動画で撮影したことはよく知られている。だが、アイルランドの人たちが被写体としてではなく、映画撮影と映画上映との両側面に携わってこそ、アイルランドの映画の始まりといえないか。そう考えて調べるうちに興味深い上映会のことを知った。

　撮影隊がアイルランドへ赴く前年、ダブリンで初めてとなる無声映画の上映会があった。1896 年4 月の数日間、「サイクロピア」（Cyclopia）と名付けられた慈善市（チャリティー・バザー）の催しのひとつとして、アイルランドで初めての映画（シネマトグラフ）上映が計画されたのである。「Who's Who of Victorian Cinema」のサイトによると、実際には、おそまつな照明と度々の故障があったにも関わらず、ダブリンのスター座で1 週間上映された。

　慈善市は 19 世紀後半から 20 世紀初頭にかけて人気を博し、貴族や上流階級だけでなく、一般庶民をも楽しませる娯楽になっていた。ジョイスの Dubliners の短編に登場するアラビーのように、復活祭を始めキリスト教の祭事前後のお祭りとして人気があったため、アイデア満載のイヴェントが企画され、多くの市民がワクワクどきどきの慈善市開催を心待ちにした。

　このときの「サイクロピア」もそうした市のひとつであった。「楽しみを追い求める人や俗人を捉えて離さない誘惑」という見出しで事前に記事を載せた新聞もあり、サーカスや蝋人形館を併設する市への来場を呼びかけた。この市では目新しいものとして映画上映のほかに X 線も紹介された。メディアは当初、映画の方に注目していたが、慈善市が始まってみると、X 線の方に人気が集まった。観客は自分の手の骨の X 線画像をおみやげにもらえるとあって、満足して催事場を後にし、その経験は口コミで広がっていったらしい。

　デーム通りにはミュージック・ホール、スター座（現オリンピア座）があった。ダン・ラウリーが支配人で、1879 年の開館以来、何度か名前を変えてはいたものの、ミュージック・ホールのほか、複合的な娯楽設備を併せ持つ施設であった。父の後を継いだラウリーは、ほかのミュージック・ホールではやらない、呼び物になるようなイヴェントを仕掛けたいとして、目をつけたのが映画上映だった。友人で実業家の卵、アダム・フィンドレイターと共に、当時のスター座に映画をもってきた。

　ラウリーは映写機の技術に知的好奇心をかき立てられてお披露目の演出にも凝った。慈善市は何千人もの来場者を見込めるもので、一気に多額の収益を上げることのできる一大事業であった。この企画は功なり名を遂げた上流階級や貴族たちが貧困層を援助するために自分たちができることをしようと集まる場所でもあった。

　1896 年の「サイクロピア」の主たるパトロンを務めたのがダブリンに着任して間もない、アイルランド総督ジョージ・カドガン卿とその夫人であった。夫妻はこの慈善事業に心を注ぎ、催しに際して 77 人の爵位をもつ貴族や夫人たちに声をかけ、宣伝にひと役買うように促す。貴族でも身分の低い人たちには催事場の多様な屋台やブースで売り子をやるよう奨励したという。最も大事なブースはアイ

ルランド産の工芸品の店であったという。

　この慈善市が開催されたのはほかでもない、病院建設の資金集めが目的であった。「単眼症」*1 を意味する「サイクロピア」は、ダブリンの2つの病院、「国立眼科耳鼻科診療所」と「聖マルコ眼科病院」を、ひとつの眼科耳鼻科病院に統合する建設計画のいわば語呂合わせでもあった。この時の寄附金を基に王立ヴィクトリア眼科耳鼻科病院（Royal Victoria Eye and Ear Hospital）が建設され、セント・スティーヴンス・グリーンから数ブロック入った閑静なアデレイド通りに今も建っている。

　聖マルコ眼科病院は1844年、ヴィクトリア女王付き医務官でもあった、ウィリアム・ワイルド卿により創設された。76年にワイルド卿は死去しており、96年、「サイクロピア」開催中、次男で作家のオスカー・ワイルドは『サロメ』出版後の裁判で罪に問われ投獄されている。

　映画上映は1895年の一大発明であった。現在の映画の形態を考慮に入れると、リュミエール兄弟が最初に有料試写会を行った12月28日を映画の起源とする説が有力である。一方、その年の11月8日にはドイツ人ヴィルヘルム・コンラート・レントゲンにより、X線という一大発見があった。その翌年、光の照射に関する科学の2大産物、映画上映技術とX線照射技術がたまたま同じ慈善市で紹介されるという運命を背負った。しかし科学誌「ネイチャー」がX線発見後まもなく照射の人体への影響を指摘してからは、それが直接の理由ではないにせよ、慈善市でのX線画像の土産は中止された。X線照射が人間の生命を脅かす負の側面をもつものであることにマスコミだけでなく世界が気付くまでに時間はかからなかった。さらに1897年、パリの慈善市では映画上映中に火災が発生し、120人もの死者を出した。慈善市での映画上映も大きな転機を迎えることになった。*2

　それから10数年、1909年の12月、ジェイムズ・ジョイスはダブリンに「ヴォルタ座」をオープンさせた。彼はわずかの期間だが、この常設映画館を運営して、小説 Ulysses 挿話には、「サイクロピア」に参画した実業家アダム・フィンドレイター や興行主ダン・ラウリーを登場させる。第1章本文にもあるように、1910年、アイルランドで初めてとなるシドニー・オルコット監督の映画、*The Lad from Old Ireland* が制作された。この1910年こそ、上映と撮影との両側面が並んだ「アイルランドの映画の始まり」の年であると私は考えたい。

（宮地裕美子）

今もダブリンのアデレイド通りに建つ病院

*1 単眼症
顔の中央に不完全な眼球1個を有するに過ぎない顔面の奇形の一種。名称はギリシャ神話に出てくる巨人キクロプスが一つ目であったとの話にもとづく。

*2
The Bazar de la Charité Fire: The Reality, the Aftermath, the Telling (*Film History*, 1998)

Column

アイルランド語の映画

アイルランド語とは何か？　その定義をフリー百科事典ウィキペディアから引用すると次のようになる。「アイルランド語はインド・ヨーロッパ語族ケルト語派に属する言語である。現存するゲール語の一つであり、しばしばアイルランド・ゲール語やアイリッシュ・ゲール語、あるいは西ゲール語とも呼ばれる」

ヨーロッパ大陸などから波状的断続的にアイルランドに入ってきた人たちはケルト語派の言語を話した。彼らはゲール人と呼ばれるようになるが、話す言語は同じインド・ヨーロッパ語族でもゲルマン語派の英語とは語派が異なる。顕著な文法的な違いは、動詞＋主語＋目的語の語順だろう。アイルランド・ゲール語のアルファベットは基本的には18文字あり、1文字vが加わり、19文字といわれることもある。

新憲法が制定されたアイルランドは1937年、正式な国名をエール (Éire) に変更した。エールの名はゲール人の神話に登場する3女神の一人で国土を司るエリウに因み、その時点でアイルランド語はエールの第一公用語になり、2007年からはEU連合の公用語にもなっている。

1845年の大飢饉以前には800万だったアイルランドの人口が、半世紀後には470万に減り、そのうちゲール語を日常的に使っていた話者は1割にも満たなかった。農民は生きていくために英語を懸命に習得して、アメリカを目指した人たちも中にはいただろうが、アイルランド語の話者として戻ってくることはなかった。

アイルランド語が第一公用語に位置付けられているものの、やはり英語が生活の中心を占める。そんなゲール語を再び活性化させようとして、2003年当時の政府はエール公用語法を制定した。以来、すべての公文書が原則的に英語とアイルランド語で併記されることになった。

2016年の国勢調査では、全人口476万の1%がアイルランド語を話すとわかった。小中学校の義務教育でアイルランド語を学んだ後も絶えず触れてもらいたいとアイルランド語を扱うメディアも増え、奮闘している。TG4はアイルランド語専門テレビ局であり、アイルランドと北アイルランドで地上波放送も行っている。最近では架空の村のロスナルンが舞台のドラマ、「Ros na Run」が若い視聴者に人気を得た。

アイルランド語の映画の代表作といえば、1959年、1922年生まれのジョージ・モリソンが監督した *Mise Éire* (英訳：I am Ireland) を挙げておきたい。モリソンは61年に2作目 *Saoirse?* (英訳：Freedom?) を制作したが、当初3部作として企画された3作目の内戦記録映像は完成していない。モリソンは、ニュースフィルムや記録写真、新聞記事や掲載写真を画像にふんだんに取り込み、1896年から1922年までにアイルランドで起きた事件や政治状況の変化を2本のドキュメンタリー映画にまとめた。記録としても貴重な2作品は、全てアイルランド語によるナレーションが付き、一般公開された。これら2本の映画を制作したゲール・リン社は、1953年に創立されて以来、現在もアイルランド語の教育を普及、音楽関連ソフト販売を行い、アイルランド文化の一翼を担う。なかでも、1960年にアイルランドで公開された *Mise Éire* は、全編アイルランド人が作ったアイルランド語の90分長編映画だ。1896年から1915年 を Awakening、1916年 を The Rising、そして1917年から1918年までを The Dawning of the Day と題し、3部構成で時代を区分している。

当時の首相ショーン・レマスは、アイルランド人としての生き方を提唱しており、その一環でアイデンティティーを鼓舞するものとして *Mise Éire* の公開を歓迎した。音楽を担当したショーン・オリアダは、アイルランド公共放送 RTÉ の音楽監督を務める一方、実験的にキョートリ・クーランという演奏グループを指導する音楽家だった。

　1978 年、*Poitín* のボブ・クインも古いスタイルの伝統に魅せられたひとりでアイルランド語の映画を制作した。タイトルは、自家蒸留酒や不法に作られたウィスキーを意味するアイルランド語であり、クインはアイルランドの伝統を見直そうと、アイルランド・アーツカウンシルの助成を得て全編 60 分ほどのアイルランド語映画を撮った。

　クインの映画は 79 年のセントパトリックスデーに RTÉ によって放送されたが、番組の放送終了後、アイルランド語の話者たちをステレオタイプ化したとして、物議を醸したといわれる。

　1994 年、パディ・ブレスナックの *Ailsa* は、アイルランド語と英語との二言語使用のサイコスリラー映画だ。同年、女性監督ヌアラ・ニ・ドナルはアイルランド語映画 *An Gobán Saor* で、ケルトの石工のなぞを絡めた現代ドラマを撮った。また、テレビ映画を主に手掛けていたポール・デュアンヌはダブリンの役所勤めの男を主人公にしたアイルランド語の短編 *Misteach Baile Atha Cliath*（英訳 : Mystic Dublin）を撮る。一方カハル・ブラック監督は *Korea* を制作し、米軍に志願しタイトルの「韓国」が従軍先になった若者とその父親世代の関係を一部アイルランド語で描いた。

　さらにブレスナック監督は 97 年、アイルランド語が一部使用される犯罪コメディーでブレンダン・グリーソン主演、『アイ・ウェント・ダウン』(*I Went Down*) を発表した。2000 年 4 月に東京で開催された「ケルティック・フィルム・フェスト」(Celtic Film Fest 2000) で公開された。

　俳優のガブリエル・バーンは 1996 年に全編アイルランド語のテレビ映画用の脚本 *Draíocht*（英訳 : magic or enchantment）を書き、それは公共放送 RTÉ で放送された。当時の恋人で RTÉ のディレクターだったアーニャ・オコナーが監督し、キルデア州ロバーツタウンで撮影された。この 50 分のテレビ映画は、60 年代、ダンスホールでの男女の付き合いやエルヴィス・プレスリーのロックンロールなどアメリカ文化が片田舎に入ってきて、アイルランドらしい牧歌的な暮らしがまるで魔法にかかったかのように変わりゆく時代を描いている。全編アイルランド語の映画がそれほど多いとはいえない中、貴重な作品だ。脚本を書いたバーンは、2000 年、米インサイド・アクターズ・スタジオでのジェームズ・リプトンとのトーク・ショーで、「アイルランド語の脚本は好きだから書いた。人間的に尊敬していたオコナーとの出会いは特別で仕事も思い出に残るものだ」と語っている。

　2006 年、*An Teanga Runda*（英訳 : *The Secret Language*）は、若手の短編映画監督ブライアン・ダーニンの作品だ。父と息子のみがアイルランド語で情報を共有するという特殊性に立った秘密諜報部員をコメディータッチで描く。2007 年、札幌国際短編映画祭で『秘密の言葉』のタイトルで上映されている。同年、ボブ・クインの息子ロバート・クインは、全編アイルランド語のコメディー映画 *Cré na Cille*（英訳 : Graveyard Clay）を撮る。ドニゴル出身のトム・コリンズはコルム・ミーニイ主演で、『キングス』(*Kings*, 2007) を監督した。1970 年代半ば、アイルランド西部、コネマラから出稼ぎでロンドンにやってきた 6 人の若者の人生がフラッシュバック手法を交えて語られる。40 代後半から 50 代前半、5 人のアイルランドの男たちは、故郷のコネマラを離れて 20 数年後、ロンドンのアイルランド人街パブで、同郷の男の通夜を営んでいた。いつかは故郷に錦を飾ろうと誰もが希望を持ってロンドンに出て来てがむしゃらに生きてきた。それぞれが経てきた人生を問わず語りに通夜の席でポツリポツリ話し始める時、彼らの話す言葉はいつしかアイルランド語になっていた。本作は 2008 年 2 月、東京で開催された「ノーザン・アイルランド・フィルム・フェスティバル 2008」(Northern Ireland Film Festival 2008) での上映を始め、数々の映画祭に出品された。

（宮地裕美子）

第 **2** 章

アイルランド映画作品研究

Part **1** アイルランド映画のクラシック

「リアル」とは何か
『アラン』

Man of Aran （1934年）

岩見寿子

*1
司馬遼太郎著『街道をゆく』シリーズ 30・31『愛蘭土紀行』Ⅰ・Ⅱ朝日新聞社　1988年

*2
フランシス・ハバード・フラハティ著、小川紳介訳『ある映画作家の旅　ロバート・フラハティ物語』みすず書房　1994年

イニシュモア島

　作家の司馬遼太郎は『街道をゆく』シリーズの一編である『愛蘭土紀行』*1 を執筆するための基礎資料の一つとして映画を大いに活用している。取り上げられているのは、ロバート・フラハティ監督の『アラン』、ジョン・フォード監督の『静かなる男』、デヴィッド・リーン監督の『ライアンの娘』の 3 つである。これに、北アイルランドを舞台にしたキャロル・リード監督の『邪魔者は殺せ』を加えた 4 作品は、往年の日本の映画ファンのみならず、世界中の映画愛好家にアイルランドのイメージを繰り返し提供し続けてきた。なかでも『アラン』は「ドキュメンタリーの父」と呼ばれるフラハティが撮った記録映画として、アイルランドの西のはずれの島に生きる人々の生活をリアルに捉えた作品と考えられている。

ドキュメンタリー論争の渦中に

　フラハティ監督のほとんどの作品の制作に立ち会った妻のフランシスが書いた『ある映画作家の旅』*2 によれば、彼らがイギリスに向かう途中の船で知り合った一人のアイルランド人から、自分の故郷アラン島では土すらなく、人々の暮らしは土を作ることから始まるのだ、という話を聞かされた。それがよほど印象深かったらしく、フラハティはイギリスの映画会社ゴーモン・ブリティッシュの大物プロデューサーであるマイケル・バルコン（映画俳優ダニエル・デイ＝ルイスの祖父）に企画を持ちかけ、アラン島での撮影が実現したのだという。

　フラハティ夫妻はアラン諸島最大の島イニシュモアに 2 年もの間生活しながら、膨大な量のフィルムを撮り、作品を「大地」そして「海と風」のふたつの要素を中心とした構成にまとめようと決めた。前者では、岩だらけの大地から「土」をいかに作り出すのかというプロセスが中心となり、

後者ではウバザメ漁と、嵐の海に果敢に漕ぎだしていく島民の姿がトピックとなる。

　1934年に『アラン』がロンドンで公開されると映画は大評判になった。同年5月のダブリンでのプレミア上映はデ・ヴァレラ首相や閣僚が列席しての国家的行事となり、当時のアラン島の生活を極めてリアルに描写した作品として、アイルランドでも高い評価を得た。しかし『アラン』は、その後ドキュメンタリー映画の形式と目的をめぐる論争の中で厳しい批判にさらされることとなる。

　「ドキュメンタリー」という用語は、スコットランド出身の映画作家ジョン・グリアスンが、フラハティ監督の『モアナ』(Moana,1926) を見て、「ポリネシアの若者とその家族の日常生活の映像による記述であり、記録文書的（ドキュメンタリー）な価値を持っている」と評したことから流布するようになったといわれる。当時は、俳優が撮影所のセットの中で、台本に基づいて演技する劇映画が一般的だった。そのため、長期にわたって現地でのロケーションを行い、プロの俳優を起用しないフラハティの撮影方法を劇映画と区別するために、「ドキュメンタリー」という言葉が使われたのだ。その後、イギリスでは、撮影対象には可能な限り干渉せず、社会関係や日常生活をありのままに記録し、社会矛盾に対する問題提起や改革を目的として制作されるノンフィクション作品をドキュメンタリー映画と呼ぶようになった。

　グリアスンを嚆矢とするイギリス・ドキュメンタリー運動に連なる人々は、『アラン』を2つの点で批判した。ひとつはこの作品が何ら政治・社会的なテーマを持たず、極めて主観的でロマン主義的であるということ。もうひとつは、事実をありのままに記録するのではなく、作り手による作為性が強いという点である。

　後者については、『アラン』のウバザメ漁の場面がそれにあたる。映画を見た観客はサメと人間とが繰り広げる死闘が、島では日常的に繰り広げられているリアルなものだと信じて疑わなかった。けれども撮影当時、アラン島の近海にはウバザメが来なくなって久しく、サメ漁は廃れてしまっていたという。たまたまフラハティの撮影隊が滞在中、ウバザメが大

量にやってきたために、村の古老に聞いてサメ漁を再現した
という話が後に知られることになった。また映画の中心とな
る家族も、本物の家族ではなく、フォトジェニックな顔を基
準として、村人からオーディションで選ばれたアマチュアの
役者たちだった。主人公を演じたタイガー・キングの本業は
鍛冶屋であり、漁や船の知識はほとんどなかったといわれる。

　今日の目からみれば、イギリス・ドキュメンタリー運動の
目指したものとフラハティの映画は全く異質のものであるこ
とは明らかである。特定のイデオロギーや価値観のもとに作
られた作品は、時代の変遷によって価値観が変われば陳腐な
ものと化してしまう。映画監督の佐藤真は『ドキュメンタ
リー映画の地平』*3という著書で、ドキュメンタリーは社
会正義や啓蒙・教育目的のためにあるのではないといい、人
間が生存するための努力に対する驚きと畏敬の念から生み出
される、フラハティの主観的な「ロマン主義的」方法こそが、
時代を超えて生き続けるのだと述べている。

　劇映画の手法を取り入れたフラハティの作品は、今では
「ドキュメンタリー・ドラマ」と名付けられ、あるがままの
事実を記録したものであるという誤解に基づく批判は姿を消
している。しかし、ドキュメンタリーの範疇に含まれる作品
でも、ある意図に基づくアングルやフレームがあり、特定の
視点による編集という工程がある以上、純粋に客観的で一切
の介入を排除して撮られたものなどないことは明白であろう。

　一方、北アイルランド紛争を背景にした『ブラディ・サン
デー』(Bloody Sunday,2002)などの野心的な作品が示すように、
劇映画として作られていても、記録的（すなわちドキュメンタ
リー）な精神を貫こうとする映画もある。ドキュメンタリー
と劇映画の境界は限りなく曖昧になっているのだ。

アイルランドでの受容とその後の影響

　『アラン』の評価には、以上述べたような一般映画史の文
脈での議論のほかに、アイルランド映画史のなかでどのよう
に位置付けられるかという問題がある。

　最初に触れたように、『アラン』がアイルランドで公開さ
れると熱狂的に受け入れられた。描かれた映像が極めてリア

*3
佐藤真著『〈愛蔵版〉ドキュ
メンタリー映画の地平』凱風
社 2009 年

ルであること、これまで文学や演劇のなかで繰り返し描かれてきたネガティブでステレオタイプなアイルランド人[*4]ではなく、生存のために英雄的ともいえる闘いをする誇り高き人物がスクリーンに映しだされていることに観客は感銘を受けたのである。イギリス・ドキュメンタリー運動の信奉者にはロマンティシズムが過剰であると感じられ、アイルランドの観客には「リアル」で、ステレオタイプでないと感じられた映画の印象は、実は同じ種類の映像からもたらされるものなのだが、それを具体的な場面で検証してみることにしよう。

　フィルムの終盤では、嵐の迫り来るなかを漁から帰って来る夫を出迎えにいく妻と息子が描かれる。妻は網が波にさらわれそうになるのをからくも救い、夫も必死の思いで高波から逃れる。危険な場所から離れた家族3人は岸壁を歩き出すが、途中で立ちどまり、振り返って荒れ狂う海を見やる。ここの場面では人物を下からのアングルで捉え、水平線を背景にして、激しい波のショットと交互に、ドラマティックに演出している。映画史家のマーティン・マクルーンは、ここの場面の特徴的な編集を次のように分析する。[*5]

　「まず、家族3人を収めたショットのあと、海のショットが入り、ついで人物へ戻るとき、我々はまず父親のローアングル・ショットを見る。彼は頭を少し傾けて端正な横顔をみせる。人物のモニュメンタルなポーズのあとは、砕ける波のショットが続き、そのあと、父と同じように物思わしげな様子の息子のローアングル・ショットへと切り替わる。これは、父の闘いが息子へと引き継がれ、この生存のための闘いは終わりのないサイクルとして連綿と続いていくことを意味している。」

　映画の最後は、広大な空を背景に家族3人が家路につく姿がロングショットで捉えられる。一日の奮闘を終え、自然の猛威から自分たちを守ってくれる安息の場所へと戻っていくのだ。ここで、彼らの生存のための日々の闘いは、日常生活の単調な繰り返しということから大きく飛躍して、英雄的な姿として様式化されている。人物をローアングルで捉える意味は、等身大の姿ではなく、まさに仰ぎ見る存在として表現することにある。そこでの人間の営みは、フランシス・フラ

＊4
ステレオタイプなアイルランド人
主に英国の芝居や小説に登場する、誇張され戯画化されたアイルランド人キャラクターは「ステージ・アイリッシュ」と称される。野卑で喧嘩っ早く、大酒飲みで大ぼら吹きといった社会的落伍者や道化者として描かれることが多い。

＊5
Martin McLoone, *Irish Film: The Emergency of a Contemporary Cinema*, London: British Film Institute, 2000.

ハティの表現によれば「時間を超えた時間」すなわち歴史性を超越したものとして表現され、神話的なものにまで高められていくのである。

　『アラン』が公開された1934年は、首相のデ・ヴァレラがイギリスとは異なる価値観を有するアイルランド国民のあり方として、堅実で、自立した素朴な農民像を理想としていた時期にあたる。当時のアイルランドにおける文化的ナショナリズムの主張と、『アラン』で描かれた、島民の禁欲的で英雄的な生存のための闘いは、まさに、ぴったりと符号するものだった。
　アイルランドにおける『アラン』の成功と高い評価は、その後のアイルランド映画に一定の文化的影響を残した。すなわち、アイルランドの自然に神話的な意味を付与したこと、そして「アイルランドの西」がアイルランドの精神的な故郷であるというイメージを作り出したのである。[6]

*6
アラン諸島はじめアイルランド西部をアイルランドの精神的故郷とするのは、20世紀初頭の劇作家シングの作品以降に定着するが、フラハティの『アラン』は映像の世界でシングと同様の影響力を持っていたといえよう。その影響は1990年代に制作された『フールズ・オブ・フォーチュン』、『ヒア・マイ・ソング』、『白馬の伝説』などにも見ることができる。

疎外された場所
『邪魔者は殺せ』
Odd Man Out (1947年)

岩見寿子

　1970年代から北アイルランド紛争が激しさを増し、国際的な関心を集めるようになると、イギリスやアメリカでは紛争を題材にしたアクション映画や政治サスペンス映画が数多く作られるようになった。けれども、第二次世界大戦終結の数年後に制作された『邪魔者は殺せ』をとりまく状況は、北アイルランド紛争以後に制作された作品とは大きく異なっている。

制作事情による映画スタイルの変化

　『邪魔者は殺せ』はイギリス映画の黄金時代（1940～49）に生まれた名作の一つに数えられている。キャロル・リード監督は、F.L. グリーンが1945年に発表した小説を読み、映画化したいと考え、ベルファスト在住のグリーンをたずねて、シナリオの執筆を依頼した。一方、当時イギリス映画会社の最大手だったランク・オーガニゼイションは、イギリスとアイルランドでの映画配給網におけるハリウッドの独占状態を崩そうとしていた。ランク社が『邪魔者は殺せ』と *Captain Boycott* (1947) という、アイルランドを舞台にした2本の映画を制作した背景にはそういった事情があったという。*1

　リード監督はベルファストでオール・ロケーションを行うことを希望したので、制作会社は北アイルランド自治政府関係者と接触し意向を探ろうとした。ユニオニスト*2政権を刺激しないように、この作品はいかなる政治的意図も持たないことが強調され、IRAという固有名詞も出さないことが確約された。

　しかし、このような事前の根回しにもかかわらず、公式な協力を得ることはできず、外景の一部はベルファストで撮影されたものの、大部分はイギリスの屋外とスタジオ内のセッ

*1
Lance Pettitt, *Screening Ireland : Film and Television Representation,* Manchester: Manchester University Press, 2000.

*2
ユニオニストとナショナリスト
ユニオニストとは、北アイルランドが英国に帰属することを支持する人々で、多くは英国からの入植者の子孫であり宗派はプロテスタント。英国王に忠誠を誓っているので、ロイヤリストとも呼ばれる。それに対してナショナリストとは北が英国から独立し南北アイルランド統一を主張する人々を指す。リパブリカン（共和主義者）とも呼ばれ、カトリックが多い。双方とも穏健派から武装過激派組織までさまざまな政党や団体があった。

*3
ハーランド＆ウルフ造船所
ベルファストは港湾都市であり造船業で栄えた。この造船所でタイタニック号など巨大客船が建造された。

*4
時計塔
正式にはアルバート・メモリアル・クロックタワーといい、ヴィクトリア女王の夫君アルバート公を記念して、ベルファストのクィーンズスクエアに建造された。

ベルファストの時計塔

*5
フィルム・ノワール
犯罪・サスペンス映画のサブジャンル。舞台となるのは無機質な都市空間で、登場人物は疎外と退廃の中で生きており、自分ではコントロールできない宿命にとらわれている。明暗のコントラストが強烈な照明、夜の場面の多用、アンバランスな構図などを特徴とする。

トで制作された。完成した作品は 1947 年にロンドンとベルファストで盛大なプレミア上映が行われ大ヒットを記録した。批評家の多くもこの作品を高く評価したが、北アイルランド問題を背景にしながら、あまりにも政治的・社会的要素が希薄であることを批判する見解もあった。

　先に述べたような事情から、この作品は、北アイルランドの政治的・社会的状況を意図的にぼかしている。冒頭に出てくる背景解説のクレジットでも、具体的地名は特定されず、IRA という名前は出ずに単に非合法組織となっている。けれども、それに続く空中撮影による俯瞰ショットは、ケーブの丘やベルファスト港、ハーランド＆ウルフ造船所*3 などを次々と眼下に収め、この都市がベルファストと特定できるリアリティを出している。

　しだいに降下するカメラは造船所のドックの景観を一望しながら、時計塔*4 に行き着く。クローズアップされた時計の文字盤は午後 4 時を示し、時を知らせるチャイムが鳴り響く。

　その後、非合法組織のリーダーであるジョニーと仲間たちが、活動資金稼ぎのために工場襲撃を決行する。逃亡の際にピストルで撃たれて負傷したジョニーは、仲間の車から振り落とされて路地に置き去りにされてしまう。そのときもカメラは、空襲を受けたテラスハウスの焼け跡にできた空地、そこで遊ぶみすぼらしい服装の子供たちなどを描写することで、第二次世界大戦直後の疲弊した都市の雰囲気を明確に捉えている。

　けれども、ジョニーがやっとの思いで防空壕に身を隠すあたりから、夜の場面に入ると映画のリアリズムは影をひそめ、明暗のコントラストの強い表現主義的スタイルが支配的となる。主人公の迷い込む防空壕、路地裏、狭い室内といった閉鎖的な空間設計はフィルム・ノワール*5 というジャンルに特徴的な様式性を示している。主人公は迷路のような場所で、自分ではコントロールできない状況の網の目に囚われてしまう。また、頻繁に挿入される時計塔の文字盤と時刻を告げるチャイムの音は、時間の経過を示すだけでなく、後戻りの不可能なことをたえず主人公と観客に提示し、宿命論的な展開

をより強調することになる。時間の経過とともに天候も刻々と変化する。午後の曇り空から雨が降り出し、夜になると雪に変わり、主人公の状況はそれに伴ってますます絶望の色が濃くなっていく。

　カメラは、負傷したジョニーが警察の非常網をからくも逃れながら夜の街路をさまよう姿を時間の経過とともに追っていく。そこでは追う者と追われる者との間に生まれるサスペンスよりも、冒頭のクレジットで明言されていたように、思いがけなくも逃亡中の指名手配犯に関わることになってしまった人々の心理的葛藤に関心が注がれている。少なからぬ批評家が指摘していることだが、ジョニーの怪我を手当する中流市民の姉妹、酔いどれ画家、医学生くずれ、神父らは、リアルなキャラクターというよりは、当時の社会的イメージを代表し、いくぶん戯画化されてもいる。ジョニーを愛するキャスリーンは彼の運命を握る女性で、外見的にそうは見えないが、いわばファム・ファタル（運命の女）の役回りであり、鳥行商人のシェルは道化じみた狂言回し的な存在として、それぞれ様式的な役割を担っている。

ジョニーが身を隠す「クラウン・バー」

　ジョニーは宿命的な悲劇性を帯びた主人公であり、当時の大スターであるジェームズ・メイソンを起用したことで、イギリス人観客が好感と同情を抱くのを可能にしている。しかし、第二次世界大戦中のIRA急進派によるイギリス本土での爆弾闘争がイギリスの一般大衆の記憶に鮮明であったことを考えれば、非合法組織のメンバーを同情的に描くことは、今考える以上に思い切った選択でもあった。

疎外された場所のメタファー

　負傷してから街をさまようジョニーは、自分からは何もなしえず、終始、受動的な存在、あるいは触媒の役回りとなる。それは先に触れたように、彼の存在が周囲の人間類型をあぶりだす働きをしているからである。Odd Man Out（仲間はずれ、孤立した人物）という映画の題名が示すとおり、彼は行く先々でやっかいな存在として扱われる。すなわち彼の「疎外」がこの映画の表面上の主題であることは言うまでもない。

　しかしながら、この時代の北アイルランドの状況を考える

と、ここで描かれている「疎外」の本当の主人公は、実のところジョニーではなく、この場所そのものなのではないかとも思えてくる。ジョニーがIRAのメンバーと考えれば、イギリス連合王国の一員としてとどまり続けようとするユニオニスト勢力の中で、彼が孤立し疎外されるのはたやすく納得できる。けれども、ユニオニストが支配する北アイルランドという場所が疎外感を感じるというのはどういうことなのか、いささか説明を要するだろう。

　それは第二次世界大戦中の北アイルランドの経験に根ざす部分が大きい。ベルファストは、イギリス本土と同様に、ドイツ軍の激しい空襲を受け、多くの市民は兵士として戦地に赴き、戦争遂行のために大きな貢献をした。一方、南のエール*6では、デ・ヴァレラ首相の指導のもと中立政策を堅持した。英国首相チャーチルはイギリスに軍事上の危機をもたらすエールの中立を非難し続け、戦争終結後のラジオ演説では、イギリスがエールへの軍事侵攻をとどまったのは、ひとえに北アイルランドの存在ゆえであると強調した。さらに南北アイルランドの戦時中の経験のへだたりは、戦後になって南北アイルランドの文化的、心理的乖離をもたらす大きな要因になったといわれている。

　しかしイギリス本国との戦時中の共通体験や、戦争遂行のために払った犠牲にもかかわらず、1920年に制定されたアイルランド統治法のもとでの北アイルランドの憲政上の地位は不安定なものであった。デ・ヴァレラは北アイルランドの存在をはじめから承認しておらず、南では南北の国境の策定は暫定的なものと考えられていた。イギリスにとっては、当時のユニオニスト自治政府は臨時的なもので、北アイルランドは、いつ「消されて」もおかしくはない、やっかいな存在だったのだ。『暴力と和解のあいだ　北アイルランド紛争を生きる人びと』*7でも明解に述べられているとおり、ユニオニストにとって、「包囲」されている、イギリスから「疎外」されているという心理はユニオニズムを考えるうえで重要な要素である。後にサディアス・オサリヴァン監督は、ユニオニスト非合法組織のメンバーを主人公にした『ナッシング・パーソナル』(*Nothing Personal*,1995)において、彼らの孤立

＊6
エール　Eire
デ・ヴァレラ政権のもと1937年の新憲法制定で、アイルランド自由国は英国自治領の地位を脱して主権国家となり、国名をエールと改称した。エールとは古代ケルト神話の女神エリウに因んだもの。

＊7
尹慧瑛著『暴力と和解のあいだ　北アイルランド紛争を生きる人びと』法政大学出版局　2007年

感、絶望感を炙りだしている。

　『邪魔者は殺せ』の舞台がフィルム・ノワールで描かれるような、地球上のどこにでもあり得るような匿名の場所ではなく、北アイルランドのベルファストであると特定できる以上、この映画が政治的・社会的な要素を排除しているという指摘は表面的なものに過ぎないのである。

　本作は1960年代末から始まる北アイルランド問題よりも前に、北を舞台にした作品として記憶されるのはもちろんだが、映画史家のジョン・ヒルは、さらにこの作品が、北の紛争を描いた一連の後継作品の表現上の先駆者であると指摘している。いいかえれば、このフィルムはこれ以後に「紛争」を扱う作品のパラダイム形成に大きな影響を与えているというのだ。＊8

　　１．悲劇的プロットと表現主義的スタイルの結合が特徴である。

　　２．紛争そのものを取り上げるよりも、主人公の行く手を覆う形而上的、運命論的な視点が前面に出る。すなわち社会的・政治的文脈から暴力を切り離し抽象化する傾向が強い。

　　３．主人公の破滅的運命の不可避性は、ロー・キー・ライティング＊9や天候などの自然描写、閉所恐怖症的な構図によって強調される。

　ヒルの指摘する通り、『邪魔者は殺せ』のこれらの表現上の特色は、ニール・ジョーダン監督の『殺人天使』、パット・オコナー監督の『キャル』、そして先に例にあげたサディアス・オサリヴァン監督『ナッシング・パーソナル』にも明確に見て取れる特徴である。この点については、第3章で改めて見ていくことにしたい。

＊8
John Hill, *Cinema and Northern Ireland: Film, Culture and Politics*, London: British Film Institute. 2006.

＊9
ロー・キー・ライティング
low-key lighting
映画・映像用語。強烈な照明を避けるので画面は薄暗く、おぼろげに見える。

031

内なる故郷への帰還
『静かなる男』
The Quiet Man （1952年）

岩見寿子

西部劇の巨匠として知られるジョン・フォードの本名は、ジョン・フィーニィといい、両親がゴールウェイからアメリカに移民したアイルランド系アメリカ人である。自分のルーツであるアイルランドをモチーフにしたこの作品は彼のフィルモグラフィーの中で重要な位置を占めている。

原風景としてのアイルランド

第二次世界大戦前から映画を撮っているフォードが、アイルランドでロケーションをしたのは、『静かなる男』が最初というのは意外な感じがしないでもない。フォードが実際にアイルランドで撮った作品は、この他に『月の出の脱走』(*The Rising of the Moon*,1957)、そして病気のため途中で監督を降りてしまった『若き日のキャシデイ』(*Young Cassidy*,1965) の2本だけである。アイルランド独立戦争期を背景にした『男の敵』(*The Informer*,1935) は全てスタジオのセットで撮られた。『静かなる男』の制作エピソードは、孫のダン・フォードが書いた『ジョン・フォード伝』*1 に詳しく紹介されている。

*1
ダン・フォード著、髙橋千尋訳『ジョン・フォード伝―親父と呼ばれた映画監督』文藝春秋　1987年

この映画が製作されたのは1951年だが、ドラマはアイルランドの動乱の時期である1920年代に設定されている。『静かなる男』の最初の頃の草稿は、どれも至るところに〈動乱〉の描写が書きこまれており、イニスフリー村がイギリスの警備隊に痛めつけられるシーンが続出していた。だが、ストーリーの形が整ってくるにつれ、フォードはどう考えてもそれらのシーンはストーリーにそぐわないと思うようになった。『静かなる男』は愛の物語であると同時にコメディであり、暴力と弾圧の荒々しいシーンはムードのぶち壊しもいいところだった。フォードはストーリーを大切にするためにそれらを取り除いた。

この映画が撮影されたのは、フォードの父の故郷に近い、アイルランド西部にあるメイヨー州の小さな村コングである。北のマスク湖と南のコリブ湖にはさまれた風光明媚な場所で、ラフカディオ・ハーン[2]も子供の頃、親戚を訪ねて毎年ここに遊びに来ていたという。原作や最初のシナリオ段階では別の名前であった村の名を、フォードはW.B. イェイツ[3]の有名な詩からとってイニスフリーと変えた。イェイツは、「イニスフリーの湖島」The Lake Isle of Innisfree の詩作のインスピレーションを、ロンドンの雑踏のなかで得たという。アイルランドへの望郷の想いを、幼い頃に親しんだ土地であるスライゴーの湖に浮かぶ小さな島の風景に託したのだ。

　映画のオープニング・クレジットでは、13世紀に立てられたゴシック様式のアシュフォード城の堂々たるシルエットを背景に、感傷的でノスタルジックな The Isle of Innisfree のメロディーが流れる。この曲は劇中でもたびたび登場し、映画の主題曲ともいえるものだが、作詞作曲したのはアイルランド生まれのディック・ファレリーで、本職は警察官である。彼はラジオのインタビュー番組で、イニスフリーとはアイルランドの別名であり、それはこの曲を書いたときに自分の心のなかにあった場所なのだと述べたという。ファレリーの心情は、そっくりそのままフォードにも重ねることができる。「イニスフリー」とは現実のアイルランドの場所ではなく、イェイツのように異郷に身を置くアイルランド人が、あるいはフォードのようなアイルランド移民の子孫が思い描く、原風景としての抽象化されたアイルランドを示す記号なのである。

伝統と近代の遭遇

　主人公ショーンは、アメリカの都会で経験した忌まわしい過去の思い出から逃れ、生まれ故郷のアイルランドの田舎で再出発しようとしてやってくる。イニスフリーへ向う途中、村への案内人ミケリーンに、自分が育った鉄鋼の街ピッツバーグでは、溶鉱炉はとても熱く、人は地獄の恐怖を忘れるほどだと語る。そのような彼にとってイニスフリーはまさし

*2
ラフカディオ・ハーン（Lafcadio Hearn 1850 ～ 1904）
小説家、紀行作家。母はギリシャ人。幼い頃に両親が離婚したため、父の故郷アイルランドの大叔母の下で成長した。アメリカでの新聞記者生活を経て1890年に来日。日本国籍を取得して小泉八雲と名乗る。数多くの著作を通して欧米に日本文化を紹介した。

*3
W.B. イェイツ（William Butler Yeats 1865 ～ 1939）
詩人・劇作家。アイルランド古来の伝説や民話を収集し、19世紀末のアイルランド文芸復興運動の中心人物となる。ダブリンのアベイ劇場創設にも尽力。日本の能に影響を受けた作品も発表している。1923年にノーベル文学賞受賞。

く天国の如き場所だ。

映画の中心は、近代産業社会からきたショーンが、伝統的農村社会に生きるメアリー・ケイトと結ばれるまでの困難を描くことにある。自由恋愛が普通のアメリカ育ちのショーンは、結婚は当人同士の合意だけでいいと思っている。したがって、結婚には家長の承認が必要で、持参金や介添人付きのプロポーズなど、伝統社会における男女交際上の厳格なしきたりや慣習にとまどう。ショーンは持参金にこだわるメアリー・ケイトの思考の背後にある慣習、伝統がよく理解できず、彼女を金の亡者であると非難する。

メアリー・ケイトにとって持参金は、ショーンが思っているように金銭だけの問題ではない。彼女が属するコミュニティから、一人前の女性であると承認されるために必要なものであり、正式な妻としてのプライドにかけて絶対に譲れないものなのだ。その一方で彼女もショーンに対する偏見がある。夫たる男性には、力に秀でた男らしい男であることを求め、ボクサーだった彼がリング上で対戦相手を殺してしまったという過去のいきさつを知らない彼女は、兄から持参金を取り立てようとしないショーンを臆病者だと決めつける。

ノスタルジアとそれを否定しようとする身振り

『静かなる男』は、フォードが自作のなかで最も愛した映画と言われ、世界中の映画ファンの心を捉えた名作には違いないのだが、当のアイルランド人からみると、アイルランドが浮世離れした、牧歌的で前近代的な場所というイメージを全世界に広めた作品として、いくらか苛立たしい思いがつきまとうようだ。ここに登場する村人は、おしゃべりで、大ボラ吹き、喧嘩には目がなく大酒飲みという、紋切型のアイルランド人ばかりである。粗野で体制に反抗的な道化者として描かれるアイルランド人は「ステージ・アイリッシュ」と呼ばれ、イギリスの演劇や文学のなかで生まれた、誇張され戯画化されたキャラクターである。そこに植民地支配者の侮蔑的、優越的視線が加わっていることはいうまでもない。

ただし、よく誤解されていることではあるが、フォードは、アイルランド系アメリカ人が理想化しているような前近代的、

牧歌的アイルランドを無邪気に再現しようとしているのではない。自分自身も含めたアイルランド系アメリカ人特有のノスタルジックなアイルランドを描きながら、同時にそのヴィジョンを否定する身振りがともなっているのを見落としてはならない。そこには、アイルランドにノスタルジアを感じている自分自身を見つめるフォードの冷めた視線がある。*4

　映画のはじめの方で、ショーンとミケリーンを乗せた馬車が鉄橋下のトンネルをくぐって、いったん姿を消し、列車は鉄橋の上をまっしぐらに走り去っていく。この場面が象徴的に示しているのは、トンネルを出たら、そこは異次元の世界であり、ショーンが乗ってきた列車は現実の世界に帰っていくということなのだ。この先で語られることは、架空の世界でのできごとなのであって、くれぐれも現実のことと思わないように、という物語上の約束事を観客に提示しているのである。

　その後にショーンが村に行く途中の石橋で立ち止まり、自分の生まれた小さなコテージを遠くに見つめる場面がある。太陽の光を浴び白く輝くコテージを眺めていると、子供の頃に母から聞かされた言葉がよみがえる。ボイスオーバー*5で母の声が聞こえてくる。「それはバラのある可愛い小さな家だったのよ。」そこで観客は、ショーンの目を通して、つまり主観ショット*6で捉えられた陽光降り注ぐコテージを見ることになる。ショーンにとって故郷は、母への追憶と重なったノスタルジックな存在である。ところが、それを聞いたミケリーンは「ただのちっぽけな、つまらないコテージだよ」と、そっけない応答をする。

　さらにそのあとショーンは、燃えんばかりの赤毛の若い女性が日光の降り注ぐ森のなかで、羊を放牧している姿を目にする。その場面もショーンの主観ショットによって、観客は、牧歌的な景観を背景に佇む大地の女神のような女性のイメージを見ることになる。ショーンは自分をやさしく包み込んでくれる母性的な理想郷の存在を夢見ている。その願望がメアリー・ケイトという女性の姿をとって現れたのだ。ショーンは思わず「彼女は現実の人なのだろうか？」と呟く。ここでもミケリーンは、「ばかばかしい、のどの渇きのせいで幻を

*4
Martin McLoone, *Irish Film : The Emergency of a Contemporary Cinema*, London: British Film Institute, 2000.
以下のショット分析は本書に拠る。

*5
ボイスオーバー
voice-over
映画・映像用語。画面にあらわれない人物の声や、実体のないナレーションなど画面外から聞こえてくる声をさす。

*6
主観ショット
Point of View Shot
映画撮影・演出用語。カメラの視線を登場人物の視線として観客に提示するようなカメラワークを指す。「視点ショット」ともいう。

見たと思ったのさ」とショーンのロマンチックな感情に水を
差す。

　ショーンが念願のコテージを手に入れ、プレイフェア牧師
夫妻が訪ねてくる場面では、夫人が「いかにもアイルランド
のコテージらしい外観ね。実際にはめったにお目にかからな
いのだけれど。アメリカ人だけが、壁をエメラルドグリーン
に塗ろうと考えるんだわ」と感想を述べる。また、母の言葉
通り、庭にはバラを植えようとするショーンに対して、メア
リー・ケイトは、「ジャガイモのほうがいいのに」と実に現
実的な感想を呟く。これらは、フォード監督が、ショーンの
「いかにもアイルランド系アメリカ人的な見方や行動」を茶
化して、確信犯的に描いていることがわかる場面である。

　要するに、この映画はアイルランド人にとっての「アイル
ランド」、いいかえれば「リアルな」アイルランドを描こう
としているのではない。イェイツが「イニスフリーの湖島」
で、現実のイニスフリーに帰還するというよりは、自分の内
なる故郷、原風景に立ち戻ろうとしたように、アイルランド
系アメリカ人であるフォードにとっての始原の場所、心の拠
り所になるような世界を描こうとしたのだ。そういう文脈に
おいて、監督の自伝的映画と呼ばれるのであろう。

「正統派メロドラマ」の復権
『ライアンの娘』
Ryan's Daughter （1970年）

岩見寿子

日本で名作として知られる作品が、欧米において必ずしも同じような評価がなされているとは限らない。その一例が、デヴィッド・リーン監督の『ライアンの娘』である。『戦場にかける橋』や『アラビアのロレンス』などで名声を欲しいままにしてきたリーン監督が、3年という歳月と莫大な制作費をかけて完成させた70ミリの超大作だが、1970年に公開されるとアメリカの批評家は驚くほど辛辣な評価を下した。リーン監督の入念な演出と熟練した映像テクニックは認めるものの、スペクタクルな自然描写や重厚で壮大な語り口に対し、描かれているのは卑小なメロドラマで、スケールと内容が極端に不釣り合いだという批評が目立った。

アイルランドでの見方はさらに微妙な要素がからんでくる。第一次世界大戦中のアイルランドの寒村が舞台だが、監督も脚本家もイギリス人であり、外からの眼差しによるバイアスが避けられない作品であるという評価が根強い。あるアイルランドの映画研究者は、ヒロインであるロージーの理想が自我の開放であり、自然と一体になることだという表現に対して不快感を隠そうとしない。それは自然への降伏、あるいは原始への退行を意味するからであり、主人公のアイルランド女性を前近代的な存在として類型化することにおいて、植民地的偏見が介在すると解釈するのである。*1

このようなアメリカ人批評家による通俗メロドラマ呼ばわりや、アイルランド人研究者によるヒロインの「前近代性」批判といった、『ライアンの娘』に対するネガティブな評価は、はたして正鵠を射ているのだろうか。以下で検証していくことにしたい。

メロドラマの定義

『ライアンの娘』はまさしくメロドラマである。といって

*1
Luke Gibbons,'Romanticism Realism and Irish Cinema', Kevin Rockett, Luke Gibbons, John Hill, *Cinema and Ireland*, London: Routledge, 1987.

も、この映画が、年の離れた夫との結婚生活に失望している若い妻と、新しく赴任してきたイギリス人将校とが恋におちるという、通俗的な三角関係を描いているからではない。リーン監督による、言語に頼らない、映像と音を主にした緻密な演出は主題と密接に結び付いている。この表現スタイルを称して「メロドラマ的」と呼びたいのである。

　辞書の定義では、メロドラマとは「音楽の伴奏が感情的な効果を際立たせるような劇的物語のこと」で、メロとはギリシャ語の歌を意味する「メロス」に由来する。イギリスの映画研究者トマス・エルセッサーによれば、メロドラマ映画で真に重要なのは演出である。登場人物たちの感情は音楽、身振り、事件によって残らず外面化されるので、観客は主人公たちの行動すべてに立ち会って批評することができる。いいかえれば、デヴィッド・リーンのような熟練した監督の演出のもとでは、風景、音楽、小道具、出来事はすべて人物の感情を表現するものとして機能しているということである。＊2

　冒頭の場面で、崖の上からロージーが落としたパラソルが風に翻弄されながらゆっくりと落下していくさまは、彼女のこれからの運命を暗示するようであり、その後に続く砂浜のシーンでは、彼女が思いを寄せるチャールズが残した大きな靴あとの上を裸足でたどっているうちに、押し寄せた波のために身動きがとれなくなってしまう。彼女がドリアン少佐と初めて逢引の約束を交わす際につけたユリの花粉、海岸での情事の時に乗馬用の帽子についた砂、たたまれた衣類の中に隠してあったホラ貝など、肉体的情熱は、自然の痕跡という形で彼女の身辺に刻印される。

ベートーヴェンの交響曲と胸像が示すもの

　ロージーの夫となるチャールズは小学校教師で、ベートーヴェンを崇拝している。学校に併設されたつつましい住居で唯一の贅沢品である蓄音機からは交響曲が響きわたり、居間にはベートーヴェンの胸像がいくつも置かれている。チャールズはかつての教え子であるロージーの情熱に押し切られる形で結婚するが、中年の田舎教師である自分と、自由とロマンスに憧れる、若く美しい彼女とではまるで吊り合わないと

＊2
四方田犬彦「メロドラマの研究史とブルックス」(ピーター・ブルックス著、四方田犬彦・木村慧子訳『メロドラマ的想像力』解題 産業図書 2002年)

038

思っている。恋心を告白しにきたロージーに向かって、「私はベートーヴェンやバイロンといった英雄のことは教えたが、英雄とは程遠い人間だ」と語る。分別ある大人の男として、自分の身の丈はわかっているという身振だ。

とりわけ印象的なのはチャールズが見る白日夢の場面であろう。野外での授業で海岸にやってきたとき、彼は砂浜に残された二人の人物の足跡に気付く。大きい足跡は左足を引きずっている形跡があった。彼は裾の長い優雅なドレスを着た妻と、瀟洒な軍服姿のドリアン少佐が談笑しながら自分の前を歩いてゆく幻影に囚われ、ベートーヴェンの交響曲『英雄』が頭の中で鳴り響く。チャールズは足跡が洞窟まで続いていることを確認して、二人の逢引の場所だと知る。帰宅後、海岸には行かなかったという妻の嘘を、帽子からこぼれた砂で見破ってしまう。そのシーンでは『英雄』のフレーズが早回しで流れる。海岸の幻影が彼の脳内で反復されているのだ。チャールズの「英雄コンプレックス」は、ドリアン少佐がフランス戦線で負傷した英雄であるという認識と重なる。ベートーヴェンの音楽と胸像はチャールズが無意識に抑圧した「英雄としての際立った男性性」の象徴であると考えられる。チャールズとロージーが二人きりで過ごす居間の場面では、ベートーヴェンの胸像が必ずといっていいほどフレームにおさまっているのは偶然ではない。胸像はチャールズを威圧するかのように見下ろしている。

けれども、チャールズがこの時点では知らないこと、すなわちドリアン少佐は周囲が思っているような勇士ではなく、塹壕戦でたえず死の恐怖にさらされたためにシェルショックと呼ばれる心理障害に苦しむ人物であることをロージーと観客は知っている。ドリアンは村に赴任してからはロージーと、知的障害があり住民たちの慰み物になっているマイケル以外には心を閉ざしたままである。そのような態度を村人は誤解し、イギリス人特有のスノッブ（気取り屋）だと嘲る。

ぞっとする容姿ゆえに村中から毛嫌いされているマイケルは、この映画においては観客同様、すべての重要な出来事を目撃する人物である。また、自分では意識せずに事件を起こしてしまうトリックスター*3 でもある。ロージーとドリア

ロケ地、ディングル半島

＊3
トリックスター
trickster
神話や説話の中に登場する人物類型のひとつ。権威や秩序、常識などは意に介さず、物事をかき回すいたずら者を指す。善と悪、破壊と創造、賢者と愚者などの二面性を併せ持つ。

039

ン少佐の関係を村人が知ってしまう原因を作ったのは彼であり、ドリアン少佐が自殺するきっかけを作るのも彼なのだ。そして私達が容易に気付くのは、ロージーもマイケルも、村の共同体の一員とは認められていないという意味で、同じコインの両面でもあるということである。また、表面的には同類とは見られないマイケルとチャールズの相似性が、酷似した演出で示されていることにも留意せねばならない。映画の始めの方で、巨大なロブスターを持ったマイケルが村人たちにそれを取り上げられ、もみくちゃにされて押さえつけられる場面と、後半の、アイルランド独立運動の闘士を密告したのはロージーだと信じた村人たちによってチャールズが押さえられ、ロージーに対する暴行に顔をそむけるしかない場面の計算されたカットがそれである。

チャールズの視点に立つことで見えてくるもの

しかし、試練を経たことでチャールズの英雄コンプレックスは克服される。彼は自分の抑圧してきたものに向き合うことができるようになり、そこから解放されるきっかけを掴んだのだ。それを示すかのように、二人が村を出ていく朝、ベートーヴェンの胸像は処分品として、部屋の隅の木箱の中から半分顔をのぞかせているだけなのである。彼は村人たちが敵意のこもった視線を投げかけるなか、ロージーを支えながらしっかりとした足取りでバス停まで歩いてゆく。

ラストの場面で、ダブリン行きのバスを待つ二人を見送るのはコリンズ神父とマイケルの二人だけである。突風が吹いてロージーの帽子が飛ばされ、髪を短く刈られた彼女の無残な姿を見たマイケルは驚く。しかしロージーは、これまで忌み嫌ってきたマイケルに対して、初めて温かい気持ちを抱く。コリンズ神父はこのあと二人が別れるつもりなのを察知するが、それは疑問だと、別れの言葉をかける。

映画の冒頭ではパラソルが崖下の海面に落下していき、ヒロインの運命の転落を暗示するが、ラストでは、ダブリンに通じる道路は画面の垂直方向にあり、バスは画面の上に向かって遠ざかっていく。未来には何が待ち受けるか誰にもわからないが、このアングルにかすかな希望を感じ取る観客は

少なくないのではないだろうか。

　私は、この映画の枠組が『トリスタンとイゾルデ』＊4を下敷きにしているのではないかと考えている。それは単に年の離れた夫と満たされない結婚生活を送っている若いアイルランド人女性、そしてイギリス人の愛人という三角関係が符号しているというだけでなく、リーン監督がこの古典を意識していると感じられる場面があるからである。二人が初めて肉体関係を持つのは神秘的な森であり、また二人が密会しているのではないかと夫のチャールズが疑う場所として「洞窟」が登場する。前者はベルールの『トリスタンとイズー』に出てくる「ブノワの森」を思わせ、後者はゴットフリート・フォン・シュトラースブルクの『トリスタンとイゾルデ』に出てくる「愛の洞窟」を連想させるからである。こう考えると、『ライアンの娘』はマルク王に擬せられるチャールズの視点から読み換えた『トリスタンとイゾルデ』の物語なのかもしれないと思えてくる。

　公開当時は英米の批評家から酷評された『ライアンの娘』だが、現在では再評価の動きが見られる。それは、自然を征服し利用しようとする近代的自然観が後退し、自然との共生を目指すことに価値を見出すようになったことと無関係ではないだろう。またアイルランドにおいては、1980年代から90年代にかけてのナショナリズムを前面に押し出した映画批評はしだいに低調となり、本作についても「イギリス人の目から見た植民地主義的作品」として一方的に批判する論調が必ずしも支持されているとはいえなくなっている。

　3年もの歳月をかけ、心血を注いで撮った『ライアンの娘』が批評家に受け入れられなかった衝撃は大きく、リーン監督はその後長い沈黙に入ってしまう。それから14年の後に『インドへの道』を発表する。遺作となったこの作品を通して、西洋近代的な自然観では捉えられない植民地での体験、支配する側と支配される側の文化的・心理的相克というテーマに再び取り組むことになる。その根底には不遇な作品となった『ライアンの娘』への想いが依然として渦巻いていたのだと想像すると、巨匠の執念に胸を突かれる思いがする。

＊4
『トリスタンとイゾルデ』
アイルランドやウェールズなど島嶼ケルトの伝承を起源とし、中世ヨーロッパで広く流布していた物語。12世紀中頃のフランスで書かれた作者不詳の韻文を原トリスタン物語と呼び、そこから多くの改作群が生まれるが、主に2つの系統に分類される。
1）流布本系―巷で語り伝えられてきた内容が書き留められたもの。両者の愛は媚薬の作用で生まれたものとされている。この系統を代表するのがフランスのベルール。翻訳は『トリスタン・イズー物語』（ベディエ編　佐藤輝夫訳　岩波文庫　1985）
2）宮廷本系―中世の騎士道に沿った宮廷恋愛の枠組みにあてはめて語り直したもの。両者の愛は媚薬を飲む前から生じていたと解釈される。この系統を代表するのが、ドイツのゴットフリート・フォン・シュトラースブルク。翻訳は『トリスタンとイゾルデ』（石川敬三訳　郁文堂　1976）

この注記にあたっては、上記2冊の翻訳書の解説を参照した。

神話と伝説の舞台
『エクスカリバー』
Excalibur （1981年）

岩見寿子

　アーサー王と円卓の騎士を映像化した作品は数多くあるが、本作は中でも代表的な一本である。監督のジョン・ブアマンはイギリス出身であるが、1970年頃に映画の撮影でアイルランドに来て以来ここの景観に魅せられ、『未来惑星ザルドス』(*Zardoz*, 1974) 以降はアイルランドを映画制作の拠点にした。第1章でも触れたように、アイルランドで唯一の映画スタジオであるアードモア撮影所はたびたび経営難に陥り所有権者が変わっていたが、ブアマンが『エクスカリバー』の企画を立てていた時期には国立映画撮影所 (National Film Studio) となっていた。ブアマンのこの時代劇大作はすべてアイルランド・ロケで、キャメロット城や室内場面はアードモア撮影所でセットが組まれた。

　この作品の企画には、当時小説家として知られていたニール・ジョーダンが参加し、彼は映画制作の過程を追い、スタッフやキャストにインタビューした50分のドキュメンタリー、*Making of Excalibur：Myth into Movie* (1981) を撮った。ジョーダンが映画にかかわるのは、これが初めての経験であり、彼のその後の映画監督としてのキャリアを決定付けたのである。また、当時は無名であったアイルランド人俳優のガブリエル・バーンやリーアム・ニーソンが主要なキャストとして起用されている。

　ブアマン監督がインタビューで述べていることだが、映画の撮影でウィックローの丘陵を見たとき、自分の内なる神話的風景にぴたりとあてはまると感じた。それ以来、アイルランドに10年以上にわたって居住し、一日の光の変化や季節の移ろいを熟知した上で、アーサー王の物語をアイルランドの風景にあてはめながらシナリオを書いたという。*1 アイルランドの自然は『エクスカリバー』の制作において霊感を与えたばかりでなく、本作の主題にも密接に関係している。

*1
"John Boorman talks about EXCALIBUR", *Film Direction* Vol.2, No.15, 1981.

また、ブアマン監督はバイロイト音楽祭＊2にも通うほど
の大のワーグナー信奉者であった。彼はワーグナーの楽劇
『トリスタンとイゾルデ』の映画化を考えていたともいわれ
るが、それらの思いがやがて『エクスカリバー』という作品
に結晶していくことになる。以下、この映画の主題とその中
に木霊するアイルランドの風土、そしてワーグナーの音楽と
のかかわりに焦点を当てて考察してみたい。

アーサー王の生涯とワーグナーの楽劇

　映画のクレジットでは、トマス・マロリー作の『アーサー
王の死』が原作となっている。しかし、多くの批評家が指摘
するように、ブアマン監督はマロリーだけでなく、さまざま
な系譜のアーサー王伝説を自在に取り込んでいる。それは文
学のみならず、伝説中の有名なエピソードを主題にしたラ
ファエル前派＊3の絵画やワーグナーの楽劇などがパズルの
ように作品の中にちりばめられており、そのパズルが組み合
わさり、やがて一枚の絵に集約されていくような仕掛けに
なっている。本作は、アーサー王伝説と総称される数多くの
「脇筋」をそぎ落とし、アーサーの誕生から死までの一代記
の形に構成し直し、大きく3つのパートに分かれている。
　最初のパートでは、ウーサー・ペンドラゴン王が敵方の
コンウォール公妃イグレインに横恋慕し、策略で彼女と通じて
アーサーが誕生する。若者に成長した彼は石に突きささった
名剣エクスカリバーを引き抜き、王たる資格を得て即位。群
雄割拠していた国内の混乱を収め、円卓の騎士を率いて異民
族を撃退し、キャメロットに平和と繁栄をもたらすまでが描
かれる。冒頭の血なまぐさい戦闘の場面をはじめ、ベイドン
山の戦いで勝利する高潮した場面で、「ジークフリートの葬
送行進曲」が印象深く流れる。ゲルマン民族叙事詩『ニーベ
ルンゲンの歌』の英雄であり、ワーグナーの楽劇『ニーベル
ングの指環』四部作＊4の主要登場人物であるジークフリー
トがここではアーサー王と重ね合わされている。両者に共通
点は少なくない。いずれも婚外子であり、青年になるまで両
親を知らずに成長すること、前者はノートゥンク、後者はエ
クスカリバーという英雄のあかしである名剣を携えているこ

＊2
バイロイト音楽祭
Bayreuther Festspiele
ドイツ南部の小都市バイロ
イトにあるバイロイト祝祭
劇場で毎年7月から8月に
開催される音楽祭。祝祭劇
場はリヒャルト・ワーグナ
ーが自作『ニーベルングの
指環』を上演するために、
ルードヴィヒ2世の援助で
建てられたもの。1876年の
完成から現在に至るまで音
楽祭で上演されるのはワー
グナーの主要作品に限られ
ている。

＊3
ラファエル前派
Pre-Raphaelite Brotherhood
19世紀半ばにイギリスで
活動した芸術家集団。当時
の権威であるロイヤル・ア
カデミーが規範としていた
ルネサンスの巨匠ラファエロ
よりも前の時代の絵画へ
回帰すべしと主張。ギリ
シャ神話やアーサー王伝説、
シェークスピアの戯曲など
ロマン主義的な題材を描い
た。

＊4
『ニーベルングの指環』
Der Ring des Nibelungen
ワーグナーが北欧神話やゲ
ルマン民族伝説などから取
材した台本を自ら執筆し、
当初の構想から30年の歳
月をかけて1874年に作曲
を完成した4部作からなる
長大な楽劇。序夜「ライン
の黄金」、第一夜「ワル
キューレ」、第二夜「ジーク
フリート」、第三夜「神々の
黄昏」からなり、上演には
約15時間を要する。

043

となどである。四部作の最後を飾る『神々の黄昏』では、ジークフリートの死によって神々の住むヴァルハラが炎の中で崩壊していくように、アーサーの死によって、栄光に満ちた王国もやがては没落のときを迎えることを、すでに音楽が示しているのである。

　意中の人であるグウィネヴィアと結婚し、栄誉と幸福の絶頂にあるはずのアーサー王だったが、円卓の騎士の中で随一の武勇を誇るランスロットと王妃との秘められた恋愛が王国に暗雲を呼び込んでしまう。ここからが第二のパートである。アーサーは密かに城を抜け出し、グウィネヴィアとランスロットが抱き合って眠っている森の中で、二人の間にエクスカリバーを突き立て、そのまま城に帰ってしまう。ここで描かれる三角関係がトリスタンとイゾルデの物語に置き換えられていることは、ワーグナーの『トリスタンとイゾルデ』の前奏曲がバックに静かに流れていることからも明らかである。ここでのアーサーはマルク王に見立てられている。眠っている恋人たちの体の間に剣が置かれるエピソードは、ベルール版の『トリスタンとイズー』に登場する。＊5 ブノワの森の中で抱き合って眠る二人の姿を見たマルク王は、自分の剣を二人の間に境界線のように置いていくのである。しかし、同じような身振りでありながら、マルク王とアーサーのしたことの意味は全く異なっている。アーサーは、単に剣を置いてきたというだけでなく、王としての権力と責任を同時に放棄してしまったのである。

　エクスカリバーを手放したあとのアーサーには大変な災厄が訪れる。第一の騎士ランスロットは王に背信を知られた衝撃で、狂乱の末に出奔してしまう。さらに、これまでずっとアーサーの庇護者であり助言者であったマーリンは、アーサーの異父姉であるモルガーナのために岩に閉じ込められ、彼の前から姿を消す。王自身は祈りの最中に雷に打たれて、半死半生の病人になってしまう。彼の病を癒す唯一の方法である聖杯を求めて、円卓の騎士たちが各地に散るところから第三のパートが始まる。

　アーサー王が病の床に就くと、それに呼応して大地は荒廃し、凶作が続き、民衆は絶望にあえぐ。聖杯探求の旅の過程

＊5
ベルール版『トリスタンとイズー』については 41 頁の注を参照。

で、円卓の騎士たちはモルガーナによって次々に倒され、騎士団は壊滅状態になる。姿を消したランスロットに代わって騎士団のリーダー格になっていたパーシヴァルが苦難の末に聖杯の秘密を探り当て、王のもとに持ち帰るとアーサーには再び活力が蘇る。聖杯探求の場面では、ワーグナーの『パルジファル』*6 の前奏曲が流れ、不治の病に倒れたアーサーには『パルジファル』に登場する、癒えない傷を負って苦しむアンフォルタス王の姿が重なる。

アーサーは修道院に籠もっていた王妃が大切に保存していたエクスカリバーを再び手にすると、モルガーナが策略でアーサーとの間にもうけた息子モードレットが起こした反乱を鎮圧すべく出征する。アーサーの復活とともに大地は生命を取り戻し、春の満開の花の中をアーサーと騎士らが駆け抜けていく場面では、オルフ作曲『カルミナ・ブラーナ』*7 の中の有名な「おお、運命の女神よ」が勇壮に流れる。

激戦のさなか助太刀に戻ってきたランスロットは討ち死にし、アーサーはモードレットを討ち果たすが、自らもモードレットの槍で致命傷を負う。瀕死のアーサーはパーシヴァルにエクスカリバーを湖に投げ込むよう命じる。名剣が投げ込まれると湖から突如出現した優美な女性の手が掴みとり、そのまま水底に沈んでゆく。それを見届けたパーシヴァルが急いでアーサーの元に戻ると、王の姿はそこにはなく、彼が目にしたのは、横たわったアーサーと彼を見守る3人の女性を乗せた小舟がシルエットとなって水平線のかなたに消えていくところであった。ここでは冒頭場面と同様、「ジークフリートの葬送行進曲」が沈鬱に流れてエンド・クレジットに引き継がれる。

聖杯の起源

不治の病に倒れたアーサーと聖杯探求をテーマにした第三のパートは難解であり、キリスト教における聖杯の逸話になじみが薄い日本の観客が、この作品を敬遠する一因となったという批評家もいるほどである。ここは少し立ち入って考察してみよう。

国王であるアーサーが病に倒れるのに呼応して国土が荒廃

*6
『パルジファル』
Parsifal
1882年に完成したワーグナー最後の楽劇。中世の叙事詩に取材し自ら台本も書いた。スペインのモンサルバート城に聖杯と聖槍を守るアンフォルタス王と騎士団がいたが、魔術師クリングゾルによって聖槍を奪われ、王は負傷し、騎士団は没落の一途をたどる。パルジファルがさまざまな試練を経て聖槍を取り戻し、王の傷は癒され、パルジファルはアンフォルタスの後継者となる。

*7
『カルミナ・ブラーナ』
Carmina Burana
19世紀初め、ドイツ南部の修道院で中世の詩歌を集めた写本が発見された。これらの写本は『カルミナ・ブラーナ』という名称で1847年に編纂された。それをもとに1936年、ドイツ人作曲家のカール・オルフが世俗カンタータとして発表した。

するという展開はキリスト教というよりは、アイルランドや
ウェールズの神話伝承と関係が深い。王の健全な肉体と健康
は王の治める土地の繁栄と一体であり、五体満足でなくなっ
た王は王たる権威と資格を失うという考え方である。

　パーシヴァルが聖杯の場所を探り当てたとき、聖杯はアー
サーの姿になり、聖杯とアーサーは一体であるとの不思議な
声を耳にする。聖杯は十字架上のキリストの血を受けたもの
とされるが、キリスト教固有のものではなく、別の古代文明
に淵源を持っているとの説も有力だ。この映画では、聖杯は
ゴブレットのような形をしているが、本来はどのような形
だったかは明確ではない。

　『エクスカリバー』に登場する聖杯は、プロインシァス・
マッカーナ著『ケルト神話』をはじめとする類書で描かれる、
ダヌ神族の４つの宝物の一つで*8、無尽蔵に食物を生みだ
す「ダグダの大鍋」を起源としていると考えても不自然では
ないだろう。この大鍋は治癒の力も持っている。そうである
ならば聖杯は豊穣と治癒のシンボルである。ブアマン監督は、
自然と人間との失われた関係性を回復するための体験が聖杯
探求であり、エクスカリバーは人間と自然をつなぐ存在であ
ると述べている。すなわち聖杯と一体であるべきアーサーが
この剣を放棄したとき、彼は病人となり、自然の恵みは失わ
れ、大地は荒廃したのである。監督は自然の大いなる力を表
すエクスカリバーの存在がこの映画のテーマを集約するもの
と考え、タイトルにしたのだという。

　またマーリンはドルイド*9ともみなされ、キリスト教以
前の古代の宗教や文化を受け継ぐ人物である。しかし、彼は
すでに自分の属する時代が過ぎさり、新しい文明がとってか
わることを予知している。新しい文明では人間は自然とは切
り離され、自然を克服することが進歩であるとされるだろう。
ブアマン監督は、アーサー王伝説に後代になってから付け加
えられたキリスト教の外皮をはぎとり、アイルランドや
ウェールズの神話伝説を前景化している。『エクスカリバー』
は、ひとつの文明が滅びゆく姿、ワーグナー流に言い換えれ
ば「神々の黄昏」をラストシーンで見事に表現しているのだ。

*8
ブロインシァス・マッカー
ナ著、松田幸雄訳『ケルト
神話』青土社 1991 年

同書によると、アイルラン
ドへ侵攻した者たちのなか
にトゥアッハ・デ・ダナン、
すなわち「女神ダヌの民」
と称する魔術に長けた部族
がいた。彼らが持ってきた
４つの宝物とはファールの
石、ルークの槍、ヌアザの
剣、そしてダグダの大鍋で
ある。

*9
ドルイド
Druid
ケルト人の社会において、
ドルイドは宗教的指導者で
あり、さらには裁判官や政
治指導者の役割も兼ねてい
たとされる。彼らの重要な
教義は口伝であり文字によ
る記録がないため、ドルイ
ドについては、ローマ人や
キリスト教修道士が書き残
した断片的な記述でしかわ
からず、不明な点が多い。

計算され尽くした演出の味わい
『ザ・デッド／「ダブリン市民」より』
The Dead （1987年）

岩見寿子

　小説の映画化というのは時に論議を呼ぶ。まして原作が古典や名作文学となると映画化作品に注がれる目はさらに厳しくなる。褒め言葉として使われているようなのだが、宣伝文句などで「原作の忠実な映画化」という表現がされることがある。ジェイムズ・ジョイス*1の著名な短篇集『ダブリン市民』の最後の一編を映画化した本作の修辞にも、その言葉がよく使われている。しかし「忠実な」とはどういうことなのだろう？ 原作の筋立てに余計な改変を加えていないと言っているのか、それとも原作の登場人物の造型をきちんと踏襲しているということなのか、はたまた時代設定を守り、歴史考証をかっちりと行なっているということなのか。文学と映画の表現方法はかなり異なっているので、「忠実な」とは、実にやっかいな形容詞なのにもかかわらず、現実にはずいぶんと手軽に使われている。ともあれ、ハリウッド映画の巨匠のひとりであるジョン・ヒューストンの遺作になった『ザ・デッド』は、現在ではジョイス原作の映画化に成功した稀な作品のひとつと考えられているのは確かなようだ。

*1
ジェイムズ・ジョイス
(James Joyce 1882〜1941)
小説家。青年時代にダブリンを席巻していた民族主義的文芸運動や政治活動には背を向け、1904年以降は人生の大半をヨーロッパ大陸で過ごす。しかし彼の小説の舞台やその主題の多くはアイルランドでの経験が元になっている。

執念の映画化

　ジョン・ヒューストンは、アイルランド系アメリカ人と思われているけれど、ジョン・フォードほどアイルランドの血筋が濃いわけではない。しかし彼は、『白鯨』の撮影のためアイルランドにやってきてから、この地がすっかり気に入り、1955年から1972年にメキシコに移るまでの18年間、ゴールウェイにあるセント・クレランス荘という優雅な屋敷に居を定め、そこに家族とともに暮らし市民権もとった。
　ヒューストンは『マルタの鷹』『黄金』などのハードボイルドや骨太のアクション映画を数多く撮ったが、別の一面では読書家でかなりのインテリであり、ジョイス作品を愛好し、

若いころは『ユリシーズ』に大いに影響を受けたといわれている。短編集『ダブリン市民』の中の1篇である『死者たち』を映画化する構想を長年あたためていたが、ストーリーがあまりに地味で映画向きではないという理由で、制作にこぎつけるのは難しかった。念願かなってメガホンをとった時には81歳になっており、肺気腫におかされていた。車椅子のまま酸素吸入器をつけ、別室でモニターを見ながら演出したことはよく知られている。

　当初のプランでは、全編アイルランドで撮影されるはずだったが、すでに病状の重かった監督がアイルランドに赴くことはかなわなかった。したがって屋内の撮影はカリフォルニア州ヴァレンシアで作られたセットの中で行われた。屋外の撮影は第二撮影班がダブリンで実際にロケした。息子のトニーが脚本を執筆、娘のアンジェリカがヒロインのグレタを演じ、文字通り家族一丸となっての作品であった。ヒューストン監督は、映画の完成後まもなく1987年8月28日に亡くなり、9月3日のヴェネチア映画祭で、ワールド・プレミア上映された。

演出と編集から読み解く

　『ザ・デッド』の脚本を担当したトニーは、父の言葉として次のことを書き留めている。「カメラワークは私が最も得意とする事なのに、批評家は誰ひとりとして、そのことに触れた事がない。しかしそれはきわめて当然のことだ。もし誰かが気付いたとしたら、よくなかったという事だから。」*2

　ヒューストン監督は、観客が自然に画面の流れのなかに取り込まれ、撮影の手法などには気付かないような演出が最上のものだと心得ていた。『ザ・デッド』の前半ではモーカン姉妹宅でのクリスマスパーティのダンスシーンや余興、それから会食の場面が淡々と進行していく。けれども、カメラの動きに少しでも意識を集中するならば、精緻に計算されたショットの連続であることが理解できるだろう。この作品鑑賞の要諦はカメラワークと、映画内の時間に注目することである。この映画の作品研究を行ったケヴィン・バリーはカメラワークのポイントを以下のように整理する。*3

*2
トニー・ヒューストン「父との仕事」(『イメージフォーラム』No.101 1988年10月号)

*3
Kevin Barry, *The Dead* Ireland Into Film series, Cork University Press, 2001.

第1点。映画は全体として静謐で、ゆったりとした印象を観客に与えるが、実はさまざまな動きに満ちている。カメラが固定され、編集がゆったりしたペースのときは、フレーム内では人々が動き回っている。先ほどあげたトニーの回想によると、この作品は「セットを使って撮るシーンがたくさんあるので、いつも動いていることが大切」だと監督は考えていたという。ダンスの場面でそれは顕著である。カメラは動かないが、固定されたフレームの中に何組もの踊る人々が画面を横切っていく。また会食の場面でも固定されたフレームの中で、ポテトや鵞鳥の肉を載せた皿が画面の左右を忙しく行き交うのである。

　逆に人々が静止しているときには、カメラの方が動き、編集のペースは早くなる。グレース氏が「破られた誓い」の詩を朗読する場面を見てみよう。カメラは活発に動いて朗読に耳を傾ける若い女性客たちのうっとりとした表情を次々と捉えていく。そのハイライトは、それを聞きながら放心状態になるグレタの表情のクローズアップである。

　第2点。映画のリズムを創りだしているのは「反復と変奏」である。ドラマ性が希薄で、物語を進める強力なプロットが欠如している場合、古典的ハリウッド映画が採用する叙述スタイルの典型である。もちろんヒューストンはそれをよく心得ていた監督の一人だった。たとえば、ゲイブリエルが心配そうにスピーチのメモを盗み見る場面が何度も登場する。妻のグレタは、先に述べた朗読の場面のあと、ケイト叔母による英国人テノール歌手への追憶と賛辞の場面、そしてダーシー氏の歌う「オーグリムの娘」*4 を聴く場面の3度にわたって放心状態になる。そのいずれもが、彼女の過去の記憶へと導く契機になっているからであり、それが最後の場面の伏線になっている。そして3回にわたって家の外景が映し出される。この外景ショットがいわばチャプターの変わり目の役目を果たしている。そして音楽がこの構造を補強する。劇中でも重用な役割を果たす「オーグリムの娘」はオープニングとエンディングのタイトルバックで流れるハープ演奏、中盤での時間経過を表す外景ショットの背後で流れるオーケストラ版、そしてダーシーの歌う歌曲版と、文字通り反復と変

作品の舞台となる、ダブリンの中心を流れるリフィー川

*4
「オーグリムの娘」
The Lass of Aughrim
アイルランドの古い民謡。若い娘が領主との間に生まれた幼子を抱いて城を訪れる。領主の母は彼女を城には入れず追い返してしまう。行き場のない娘は幼子とともに海に身を投げてしまうという内容。

049

奏を繰り返す。

　第３点。ゲストが到着する一連のシークェンスを便宜上パート１とし、パーティ場面をパート２、そしてパーティが終わりコンロイ夫妻がホテルに戻ってからのシーンをパート３とすると、それぞれに特徴的な映画内時間の経過がわかる。パート１は画面の背後でピアノ演奏が省略なく続くので、「リアルタイム」で進行していることがわかる。すなわち画面内で出来事が発生している時間と観客が見ている実際の時間経過とが一致している。パート２では、ピアノ演奏の中断があり、食事の場面の途中に時間の経過の省略があるので、映画内の時間は自在に編集されている。パート３では、ゲイブリエルのモノローグが始まる瞬間から、彼の主観的な時間の流れになる。

　ケヴィン・バリーはもうひとつ重要な指摘をしている。それは「窓の象徴性」である。先に触れたようにオープニングと中途で建物の外景が同じアングルで３回提示される。典型的なジョージアン様式の建物には２階部分に、ヴェネチア窓と呼ばれる扇形の明るい窓があり、雪が降っている外の寒ざむしい光景とは対照的である。パーティが終わり、グレタが階段を降りてくる途中で「オーグリムの娘」の歌声を耳にし、立ち止まって聞き入る場面の背後には、扇窓のステンドグラスが彼女の姿を印象的に縁取っている。そして、グレタの語りの中に登場するマイケル・フューリーも、グレタの寝室の窓の外で雨に濡れそぼちながら、彼女の窓に小石を投げて、注意をひくのである。これらの場面ではいずれも、生者と死者が２つの世界に分かれているかのように、暖かい室内と冷たい戸外を窓がへだてている。

　しかし、最後のホテルの部屋では、逆に室内の方が暗く寒ざむとした印象であり、ゲイブリエルが窓にたたずみ外を見ると、路面は雪明りで明るく見える。独白するゲイブリエルの姿は終始、窓の外から捉えられる。ここで、生者と死者の世界は逆転したかのようであり、やがて双方の世界はアイルランドの風景の中に融合するのである。

「死者たち」の映像化

　冒頭の命題に戻ると、この映画が原作を忠実に映画化しているのだとしたら、それはストーリーを単純になぞっているという点ではなく、「死者たち」の存在を巧みに映像化しているからではないだろうか。何気ない会話の中に忍びこむ死の影を、映画の特性を生かし、言葉ではなくヴィジョンとして自在に表現しているからではないだろうか。たとえばジュリア叔母がオペラ『清教徒』の中のアリア「私は愛らしい乙女」*5 を歌う場面では、カメラはその場をすっと離れて階段を登り、彼女の寝室に入っていく。あたかも画面には登場しない過去の亡霊の如き存在が、こっそりと彼女のプライベートな空間を覗きにいっているような印象を与える。ラスト近くで、ゲイブリエルがジュリア叔母の臨終の場面を思い描くフラッシュ・フォワード*6 では、過去の死者と未来の死者が、ジュリア叔母という存在を通して交錯していることを示している。そしてゲイブリエルがグレタの語りを聞くホテルの部屋では、ゲイブリエルの影が画面に入り込んでいて、まるで、室内に第三者が同席しているかのように見える。大詰めの「雪が降りそそぐ場面」では主観ショットが2回入る。1回目はゲイブリエルの視点からのものだが、2回目は、地上に横たわっている者、すなわち死者からの主観ショットになっている。この映画のラストシーンとして実にふさわしいというほかはない。

*5
オペラ『清教徒』
I Puritani
イタリアのヴィンチェンツォ・ベッリーニが作曲した全3幕のオペラ。17世紀の清教徒革命期のイングランドが舞台。ジュリア叔母が歌うのは、第1幕で清教徒軍の司令官の娘エルヴィーラが、対立する王党派の騎士アルトゥーロとの結婚の望みがかない、婚礼衣装をまといヴェールを手にして幸せを歌うアリア。

*6
フラッシュ・フォワード
映画・映像用語。フラッシュ・バックは物語の「現在」の場面に挿入される「過去」の場面をいうのに対し、フラッシュ・フォワードは「現在」に挿入される「未来」の場面を指す。

Column

映画に使われたアイルランド音楽

　チーフタンズは2017年に結成55周年を迎えたアイルランドの国民的バンドだ。これまでに45枚以上のアルバムをリリースし、世界を股にかけ活躍を続ける。結成当初の1962年、このバンドに注目する人はほとんどいなかったという。そればかりか、オリジナル・メンバーのイーリアン・パイプ*1奏者パディ・モローニを中心に、フィドル*2とボーンズ*3担当のマーティン・フェイ、ティンホイッスル（たて笛）のショーン・ポッツ、フィドル奏者のショーン・キーン、アイリッシュ・フルートのマイケル・チュブリディらに加え、モローニの友人でバウロン*4奏者デヴィッド・ファロンらが集められたのは、アルバム「The Chieftains」制作のため、1回限りの約束で結成されたバンドであった。

　パディ・モローニは、1950年代にできた演奏グループ、キョールトリ・クーラン（Ceoltóirí Cualann）の草創期のメンバーであり、チーフタンズに音楽活動の場を移してからは、中心メンバーとしてアイルランドの伝統音楽とロック、ポップス、クラシックなどさまざまなジャンルのミュージシャンたちと共演することで独自のアイリッシュ・サウンドを生みだしていった。アルバムデビュー当時、PPM（ピーター・ポール・アンド・マリー）らが歌うボーカル付きのフォーク曲が全盛の時代にあって、チーフタンズの名前を一躍有名にしたのは、アメリカ人映画監督スタンリー・キューブリックの『バリー・リンドン』（Barry Lyndon,1975）だろう。ショーン・オリアダが作曲し、チーフタンズが演奏した楽曲『アイルランドの女』（Women of Ireland）は映画のサウンドトラックとして使われた。

　映画『バリー・リンドン』は貴族の称号を一度は手にした主人公バリーの破天荒な冒険活劇だ。バ

リーは周囲の空気を読む才能と型破りなことに挑戦する精神をもつ。しかし、成りあがりゆえに貴族社会とは完全に同化もできず、さりとて否定することもできない。波乱に富むバリーの生涯を描き従妹の女性への思慕を表すモチーフとして、貴族的で高貴なイメージのアイリッシュハープ*5を加えたサウンドが使われたことで映画の成功につながった気さえする。ハープのもの悲しい旋律はまさに従属的なアイルランドを表象するに相応しいものであった。この曲を含めた一連のサウンドトラックで、1976年の米アカデミー賞編曲・歌曲賞を獲得した。

　『バリー・リンドン』のサウンドトラックの作曲と演奏にあたったのは、ショーン・オリアダだ。オリアダは、アイルランド公共放送RTÉの音楽ディレクターの肩書きのまま、楽団を立ち上げて、この映画のBGM制作に精力的に携わった。さらに、オリアダは、BBCベルファスト交響楽団のマネージャーを兼務するアイリッシュハープ奏者のデレック・ベルをチーフタンズに加入させ、伝統音楽バンドをアップデートする。レコード会社クラダレコードの音楽監督も兼務していたオリアダは、同時にレコードも作り発売した。世界的に活躍したアイルランド人の詩人ジョン・モンタギュー（1929～2016）は、レコード会社と懇意でバンド名チーフタンズの名付け親であった。

　オリアダは1959年にはアイルランド語映画 Mise Éire（英訳：I am Ireland）、61年には Saoirse?（英訳：Freedom）のサウンドトラックを作曲した。映像は、9歳年長のジョージ・モリソンが担当し、最初のアイルランド語長編映画として今も高い評価を得ている。1916年のイースター蜂起当時のニュースフィルムをつなげる手法でアイルランドの内戦に焦点を当てる。アイルランドの伝

統的でスローなエア曲＊6を2曲演奏し、クラシック曲の要素も入れて編曲し直した。オリアダは自らオーケストラを指揮して録音に臨んだという。映画はアイルランド国民に熱狂をもって迎えられて大成功に終わった。

　1971年、オリアダは肝臓病の悪化から40歳の若さでこの世を去るが、700以上ものアイルランドの伝統曲をアレンジし残している。オーケストラ用にアレンジされた伝統曲は40曲あり、最後に作曲したのは「別れの曲」で、この曲はオリアダ自身の葬儀に流れたという。他にオリアダが作曲した映画音楽には、63年の *Playboy of the Western World* や65年の『若き日のキャシディ』（*Young Cassidy*）がある。

　BBC制作の歴史ドキュメンタリー映画シリーズ *The Celts*（1986）は日本の劇場では未公開であり、NHK教育テレビ（現Eテレ）で1989年に放送された。2005年に『幻の民ケルト人』のタイトルでDVDが発売された。このシリーズに登場したアイルランド、ドニゴル出身のミュージシャン、エンヤはその美しい歌声と自ら作曲した音楽とで世界中をケルトブームに巻き込んでいった。エンヤは、映画『ロード・オブ・ザ・リング』（*The Lord of the Rings,2001*）の大ファンだと公言し、第一部：『指輪物語／旅の仲間たち』（*May It Be*）のために曲を作った。彼女は録音に神経を使い、聞く者を演奏家がまるで一人で何カ所かで同時に演奏しているような錯覚に陥らせる。いろいろなパートを重ねて録音し荘厳な雰囲気を作り出している。澄み切った声は究極の癒し系音楽だと再評価されている。エンヤの癒し音楽は世界中のどの年代層からも支持され、「ブック・オブ・デイズ」は、日本の中江功監督の映画『冷静と情熱のあいだ』（2001）やアメリカ人監督ロン・ハワードの『遥かなる大地へ』（*Far and Away*,1992）の挿入歌としても使われた。

　93年のジム・シェリダン監督の『父の祈りを』（*In the Name of the Father*）のなかでは、シンニード・オコナーの楽曲 *You made me the thief of your heart* が使われた。96年には映画『マイケル・コリンズ』（*Michael Collins*）で、オ

コナーの曲はサウンドトラックとして使用され、オコナーは、カトリックの厳格さに向き合うシンボル的な存在になっていった。　　　　（宮地裕美子）

＊1　イーリアン・パイプ
イーリアン（úillean）はアイルランド語で肘のこと。肘の下で皮袋を支え、肘を動かすことによって空気を供給して吹き鳴らす。笛部は高音用の1本と低い和音用の3本とからなる bagpipe に似た吹奏楽器。

＊2　フィドル
バイオリンの別称。

＊3　ボーンズ
板に見たてた2本の鯨や牛の骨を指の間に挟み、打ち鳴らす楽器。

＊4　バウロン（bodhrán）
アイルランド語で耳が遠いことを意味するバウル（bodhar）に由来。片側に皮が張られた手持ちで叩ける太鼓。

＊5　アイリッシュハープ
弦鳴楽器の一つ、クラシックハープに比べて小さく、高さは110cm〜120cmのものが一般的。弦の振動によって音を出す。

＊6　エア曲
山尾敦史編『アイリッシュ＆ケルティック・ミュージック』によれば、ゆったりとしたテンポで演奏される曲またはメロディのこと。一緒に口ずさめるような親しみやすさがあり、美しいメロディをもつ曲も多数ある。スロー・エアとも呼ばれる。

第 **2** 章

アイルランド映画作品研究

Part2 アイルランド映画のルネサンス

語りの構造
『マイ・レフトフット』

My Left Foot （1989年）

岩見寿子

先天性の脳性マヒを克服し、画家として作家として名をなしたクリスティ・ブラウン（1932〜1981）の半生を描く伝記映画で、1954年に発表された同名の自伝*1を下敷きにしている。ダブリンの労働者階級の家庭に生まれたクリスティは、タイトルの通り、身体の中で唯一動かすことができる左足で絵を描き、文字をタイプで打って作品を発表した。

本作はアイルランド出身監督であるジム・シェリダンの長編第一作であり、1989年の米国アカデミー賞では主演男優賞と助演女優賞の2部門を受賞し、アイルランド映画の存在を世に知らしめた金字塔的作品として位置付けられている。

語りの構造を説明する導入部

シェリダン監督が、実在の人物の自伝を映像化するにあたって採用したのは、セミ・ドキュメンタリー風のスタイルである。画面の「リアルさ」に惑わされ、観客は物語られる内容がすべて現実にあったものとして受け止めたい誘惑にかられてしまうかもしれない。しかしながら、ダグラス・ブロードが鋭く指摘しているように、この映画の語りの構造を良く考えると、その「リアルさ」は留保つきである。*2

映画は、クリスティがキャッスルウェランド卿の主催する慈善パーティに主賓として招かれ、スピーチをする時間が来るまで、控えの部屋で過ごすところから始まる。車椅子の彼の世話をするのはメアリという名の若い看護師で、彼女はクリスティが持参していた自伝に興味を惹かれて早速読み始める。それを見たクリスティは、彼女が読むであろう自伝に書いた出来事の回想に入っていき、我々観客は彼の回想を映像として見ることになる。すなわちそれは、メアリには客観的事実として受け止めて欲しいという彼の願望を反映した、実際には主観的に再構成された過去であるということなのであ

*1
クリスティ・ブラウン著、長尾喜又訳『マイ・レフトフット　クリスティ・ブラウン物語』春秋社 1990年

*2
Douglas Brode, 'Man's Mythic Journey and the Female Principle in My Left Foot', James MacKillop (ed.) *Contemporary Irish Cinema*, New York: Syracuse University Press, 1999.

る。したがってクリスティがメアリを聞き役として自分の過去を語っていくという構造に近いものとなっている。

母親と密着する少年時代

　この映画全体はいくつかのシークェンスに分かれるが、それはメアリが読み進む自伝のチャプターに対応している。クリスティ自身が描いた絵画がそれぞれのチャプターの扉ページを飾っており、我々はそれに導かれて彼の過去に遡る。母親の肖像画から始まる最初の章は、まさしく「母」が主題である。脳性マヒを患って生まれたクリスティは言葉を発することができず、学齢期になっても周囲は3歳児の頭脳しかないと思っている。レンガ職人の父親は身体の不自由な息子を疎ましがっているが、母親は他の兄弟にまして注意深い愛情を注ぐ。彼は粗野で酒好きの父親を怖がり母の庇護を求める。この時期にクリスティは2度、自己の能力を証明する機会がある。1度目は妊娠中で身体の具合の悪い母親が階段から落ちたのを見た彼が、必死の思いで隣人に助けを求めたとき。次は姉の算数の問題を解いたときであるが、いずれも彼の努力は無視されてしまう。しかし、ある時、左足でチョークを持ち、M-O-T-H-E-Rと書いて、母への特別な感情を表明したとき、初めて家族は彼の知能が決して劣ってはいないことに気付く。それまでクリスティはほとんど家の中にいて、母や姉など女性たちの庇護のもとに置かれて成長した。しかし、これを契機として家の外に出た彼は、兄弟たちや近所の男の子たちと遊ぶようになり、サッカーでシュートを決める運動神経の良さや、石炭をくすねる知恵を発揮するエピソードを通して、不自由な身体を補うような自己の能力を最大限に使って彼らと伍していけることを証明できるようになる。

　ある時、未婚の姉の妊娠がわかり、父親は烈火のごとく怒り狂うが、母親はそれをなだめ、急いで娘を結婚させようとする。そこで回想が途切れ、場面が現在に戻ると、本を置いた看護師のメアリが「今晩だけあなたの世話をするからといって、私があなたの母親だなんて思わないでね」と言う。この言葉によって、クリスティの彼女への関心は俄然高まるのだ。なぜなら、折しも回想の中で思春期に入ろうとする彼

にとっては、母親の愛情ではないものを女性に求めようとしていたからである。

思春期の「地獄」

　続いて彼の思春期における「地獄」の章が始まる。母親が小児脳性マヒの専門家であるアイリーン・コール医師のことを知り、彼女は治療のために頻繁にクリスティの家を訪問するようになる。コール医師はクリスティの絵の才能を認め、発声法を指導し、シェークスピアの『ハムレット』に接する機会を与えることによって、彼の豊かな言語能力を引き出すことになるのである。クリスティは彼女に異性としての魅力を感じはじめるようになり、母親はすぐに彼の恋心に気づく。

　これを境にクリスティは母親から精神的に自立していくことになる。クリスティがコール医師と2階で本や絵の話をしている間、母親は家事をしながらそっと2階の様子を伺うだけで二人の世界には立ち入ることができない。幼い頃の彼にとっては母親の庇護が不可欠であったが、思春期に入った彼にとって必要だったのは、知的な支えと助言であり、それを提供したのがコール医師だった。このあたりから、母の姿をカメラが捉えるのは窓越しだったり、ドア越しだったりと間接的な描写が増えていく。しかし、クリスティはコール医師の親身な態度を完全に誤解していた。彼女がクリスティに注ぐ気遣いは異性への愛情ではなく全く母性的なものだった。彼女にはフィアンセがおり、それを初めて聞かされた晩、彼は泥酔してコール医師に「母親気取りは止めてくれ」と叫ぶ。その出来事のあと、激しい自己嫌悪に陥った彼は「所詮すべては無だ。ゆえに無は終わらせねばならぬ」という遺書を書いて自殺をはかる。とはいえ彼の不自由な体ではカミソリを持つこともおぼつかないのである。

　看護師のメアリは自伝を読み進むにつれ、クリスティの苦闘と能力と個性とに惹かれてゆく。彼女の好意を鋭く感じとったクリスティがわざと彼女に甘えてみせると、「私はあなたの母親じゃないのよ」と笑いながら応じる。彼の生涯で重要な役割を果たす3人の女性のうち2人までがメアリ、すなわち聖母マリアと同じ名前を持つ。母親は聖母のごとく

無条件の愛情を我が子に注ぐ人物であるが、新たにクリスティの前に現れた若い女性は、クリスティに母親の愛情ではないものをもたらしてくれるのではないかという期待を、彼は感じ始めている。

父との関係

　メアリは次の章の扉に描かれた父親の肖像画を見て、思わずクリスティの顔と見比べる。これまでの回想では、理想化された母親に対し、父親は暴君のように描かれてきた。幼いクリスティにとって、父親は恐ろしい存在であり、思春期になると、母や姉を苦しめる存在として嫌悪の対象になる。

　しかし、コール医師にフィアンセがいることを知り、酔って荒れ狂った自分をみて、クリスティは父親の血が自分に色濃く流れていることに気付く。自殺をはかってからというもの、彼は絵を描かなくなってしまい、母親は「おまえは日に日に父さんに似てくるわ」と嘆く。そして彼女はクリスティを再起させるために、自分でレンガを積み始め、彼に新しい部屋を造ってやろうとする。それを見た父親は、自分の得意分野であるレンガ積みの競争を息子たちに持ちかける。賢い母親はそっと「お父さんを勝たせてあげてね。あの人にはそれが必要なのよ」といい、クリスティには「父さんがレンガを積むのは、お前を愛しているのと同じことよ」と言う。このエピソード以後、クリスティは父親を受け入れ理解することができるようになったのであろう。それは父の死後に、彼の名誉を守ろうとしてパブで客と大げんかになったエピソードで示される。しかし同時に彼は父親とは全く異なった道を選ぶことを決意するのだ。

挫折を乗り越えて

　最後に登場する肖像画はアイリーン・コール医師である。クリスティは自殺未遂以降、彼女と会うことはほとんどなくなっていた。かつて、コール医師のフィアンセとして紹介された画廊のオーナー、ピーターへの嫉妬に苦しんだが、肉体的なハンディ以上に、中産階級出身の洗練されたピーターに勝ることは難しかった。そこで彼は自分の知性と芸術的才能

を武器にしようとしたのである。父の死後、彼の書いた自伝が出版され830ポンドの印税が入ったとき、母が「父さんが1年かけて稼いだ金額より多いわ」と驚くのに対し、クリスティは「父さんはレンガ職人だったけど、僕は作家だから金額も違う」と母に言う。知性と才能を頼りに父を越え、階級の壁をも越えたという彼の本心の表明である。

　しかし、社会的地位は上昇したとしても、コール医師への思いはどうなったのだろうか？　映画の場面にはないけれども、もしメアリがそのように問いかけたとしたら、心の中で折り合いがつくようになったからこそ、彼女の絵がここに登場するのだと、クリスティは答えたかもしれない。

　クリスティはウィットとユーモア、そしてハンディを克服するという強い精神力でメアリの畏敬の念を勝ち得る。彼はパーティの後、強引に彼女を引き留める。ラストシーンでは、ダブリン郊外ハウスの丘に上った2人が満足そうにダブリン湾を見下ろしている。クリスティはさまざまな困難を克服して社会的に成功し、ついに理想の伴侶を見出したのだ。

　シェリダン監督はクリスティの伝記的事実を大胆に改変した。実際にクリスティの脳性マヒの治療を担当したのは男性の医者である。*3 それを女性医師に代えたのは、主人公の成長の各段階において、いかに女性の果たした役割が大きかったかを強調するためであろう。それに対して周囲の男性たちはライバルとして描かれている。たとえば初恋の女の子の思いは彼の兄に向けられていた。しかし現実にはクリスティが社会的に成功するにあたって弟の協力が相当に大きかったことを考えれば、このいささか図式的なジェンダー役割は、ジム・シェリダン監督による主観的な脚色ということになるだろう。

　『マイ・レフトフット』は極めてアイルランド色が濃い題材であり、固有の背景を持った作品と思われているけれども、ストーリーの骨格は一人の稀有な男性の、紆余曲折を経た成長と成功の物語であり、その意味においては実に古典的で普遍的なテーマを扱った作品である。それだからこそ、国際的な評価を獲得した最初のアイルランド「国産」映画*4となったのだ。

*3
クリスティ・ブラウンの自伝では、彼の治療を担当したロバート・コリスが「結び」を書いている。それによると、コリス医師に脳性マヒの新しい治療法を伝授してくれたのは義姉のアイリーン・コリスであったという。映画でのアイリーン・コール医師の名前は彼女に因んでいると思われる。

*4
本作はアイルランドの公共テレビ局RTÉのほか、イギリスのグラナダ・テレビジョンなどが出資しており、厳密にはアイルランドとイギリスの合作であるが、原作者、監督、プロデューサーがアイルランド人であり、本作が米国アカデミー賞の主演男優賞と助演女優賞の2部門を獲得したとき、アイルランド国内では「国産映画初の快挙」と称えられた。

アングロ・アイリッシュの危うさ
『フールズ・オブ・フォーチュン』
Fools of Fortune （1990年）

前村　敦

　人は自分が何者であるのか、答えを見つけることはできない。家族であれ国であれ、その一員として実感できる集団あるいは目的地が、自分の居場所つまりアイデンティティーになる。自分のアイデンティティーを常に確認しなければ生きていけない土地。それがアイルランドだ。

ヘリテージフィルム

　主人公ウイリーがまだ子どものころ、クイントン一家が庭で開いたティーパーティーの光景から映画は始まる。幸福だった過去がセピア色で描かれる。庭の外のやぶに向けウイリーたちが駆け寄り、不思議そうに画面からこちらを見つめている。

　そこに、孤島で「マリアン」と叫ぶ大人になったウイリーのインサートショットが入る。そして、互いに愛するようになるマリアンと出会った時の彼女の顔や、少年ウイリーが使用人のティム・オニールとふざけあう姿が挿入される。

　再び、ウイリーが孤島で立つシーンに切り替わる。彼が振り向くと、屋敷の部屋が映し出される。ウイリーの曽祖母アナ・クイントンの肖像が描かれた皿が映り、彼の教師役だったキルガリフ神父が少年ウイリーにラテン語を教えている。

　パット・オコナー監督のこの映画は「ヘリテージフィルム」というジャンルに分類できる。ヘリテージとは伝統・遺産のこと。題材をイギリスの過去、伝統に求めている。いわば、切り取った過去を扱っている。時代は19世紀から20世紀初頭に集中し、伝統や土地、風景など当時の状況に対する写実へのこだわりが繰り返し出てくる。静かでゆったりとしたカメラワークが特徴だ。落ち着いた雰囲気の音楽も用いられる。『フールズ・オブ・フォーチュン』も、時代は1920年代ごろ、主人公はアイルランド生まれのアングロ・アイ

＊1
アングロ・アイリッシュ
Anglo-Irish
アイルランドに植民し、定住した英国人の子孫を指す。その多くはプロテスタントで18世紀から20世紀初頭まで、カトリックの一般大衆に対して、地主や官僚、専門職などの地位を占め、アイルランドの支配階級を形成した。

＊2
オフェイロン著、橋本槇矩訳『アイルランド』岩波文庫 1997年

＊3
ブラック・アンド・タンズ
1920年代当初、アイルランド独立戦争の際にイギリスが送り込んだ治安維持部隊。統制は取れておらず、容赦のない弾圧をしたことで知られる。名前は、ユニフォームの色に由来している

リッシュ＊1。舞台はアイルランド南部コーク近くの架空の地キルネイにあるビッグハウスだ。

> 彼らは全国に優雅なお屋敷を建てた。土地のアイルランド人たちはそれらの屋敷を「ビッグ・ハウス」と呼んでいた。＊2

このように、アングロ・アイリッシュの実業家の家族というヘリテージフィルムに必要かつ十分な要素が盛り込まれている。

ウイリーの父親ジョンが経営する工場で働くドイルという男がイギリスのスパイだと疑われ、殺される。その報復として、イギリスが送り込んでいた治安警察補助部隊のブラック・アンド・タンズ＊3がクイントン家の屋敷に火を放ちジョンを射殺する。ウイリーの妹や使用人も巻き添えになり、命を落とす。

ダブリンに移ったウイリーと母親イーヴィーだが、彼女はアルコール依存症になっている。イーヴィーのイギリスに住むいとこの娘マリアンがそこを訪れる。ウイリーとマリアンは引かれ合うが、彼女はイギリスに戻る。イーヴィーは心を病んだまま自殺する。彼女の葬儀でウイリーとマリアンは再会し、その夜、結ばれる。しかし、ウイリーは家族の復讐を果たすため、イギリスに旅立つ。

一方、マリアンは、ウイリーとの間にできた娘とウイリーのおばたち、キルガリフ神父とともにキルネイに住むことになる。ウイリーが帰るのを待ちながら。

この映画が一般的なヘリテージフィルムと違うのは、単なる「切り取った過去」を扱っているのではないことだ。昔を懐かしむのではなく、過去は現在と切り離せないものとして描いている。キルガリフ神父が少年時代のウイリーに語りかける「過去は常に現在にある」という言葉のように。

自分の居るべき場所や行き先

多くの登場人物は、アイデンティティーの危うさやあいまいさを抱えている。

主人公ウイリーは、イギリスとアイルランドのどちらにも
属している。逆に言えば、どちらにも属せないアングロ・ア
イリッシュだ。そしてイギリスで家族の復讐を果たしてから
故郷には戻らず、アイルランド西部の島に隠遁する。

　イギリス人マリアンは、ウイリーと結婚しないまま彼の子
を身ごもり、ウイリーのいないアイルランドに住む。イギリ
スにいる両親からは連絡もない。1840年代の大飢饉* 4の時、
ウイリーの曽祖母のアナ・クイントンは土地の人々を助ける
よう皆に頼み、両親から勘当された。それとよく似た境遇だ。

　ウイリーの父親ジョンもアングロ・アイリッシュ。自分は
周囲のカトリックのアイルランド人と友人だと思っている。
ウイリーが敷地内の森を歩いている時、ジョンは「父がよく
言っていた。土地の人間はみんな友達だとね。私もそう思っ
ている。我々のようにプロテスタントであるデレンジーさん
だけでなく、カトリックであるジョニーや他の人達もね。
我々も彼らも同じアイルランド人だ。しかしこのアイルラン
ドでアイルランド人である事は楽じゃない。それが、友達と
しての絆を強めるんだ」と語る。

　母親のイーヴィーはイギリス人。IRA（アイルランド共和軍）に
対して距離を置く夫のジョンと違い、積極的に協力を申し出
る。アナと同様、アイルランドの人々を助けようとする。

　ジョンの死後、ダブリンに住むウイリーとイーヴィーの2
人が顧問弁護士ラニガンの事務所を訪ねた時、イーヴィーは
工場の書記であるデレンジーに来てほしくないと訴える。し
かし、ラニガンはそれを断る。イーヴィーは「来てほしくな
いのよ。静かにそっとしておいてもらいたいの」と言う。夫
を殺した人物を忘れまいと過去に縛られている一方、過去を
思い出させる人物を拒否している。混乱する精神状態。幸せ
だった昔に戻れない辛さが描かれている。イーヴィーは「わ
たしにはつらすぎるの。いとこからの手紙もそう。手紙なん
かよこしてほしくない。我慢できない」と他人との関係を拒
否する。そして、この世界の悲劇的なしがらみから逃れるた
めに自ら命を絶つ。

　ウイリーの家族、つまりプロテスタント側だけがアイデン
ティティーの危うさを抱えているのではない。ウイリーの家

＊４
大飢饉
ジャガイモの疫病が原因で
1840年代中盤に起きた飢
饉。餓えから逃れるため、衛
生状態が最悪の「棺桶船」
で大量のアイルランド人移
民が米国に向かった。800
万人以上だったアイルラン
ドの人口が、飢饉による死
者と移民を合わせて数年で
200万人も減ったとされる

庭教師だったキルガリフは、カトリックの神父だったが法王から破門された。主要な登場人物の一人であり、プレイボーイのジョニー・レイシーは足に障害を抱えている。第一次世界大戦でイギリス軍として戦い、アイルランドに戻ってきたドイルは、アイルランド人でありながらブラック・アンド・タンズのスパイだと見られていた。彼の密告でIRA幹部がブラック・アンド・タンズに殺されたと疑われ、舌を抜かれた首つり死体として発見される。

クイントン家のメイドとしてやってきたジョセフィーンは、ドイルの死体を見つける。彼女はジョニー・レイシーと結婚するはずだったが、それはかなわず、イーヴィーとウイリーとともに、ダブリンに移る。しかし、イーヴィーの死後、自殺を止められなかった自分を責め修道院に入る。修道女という死者と生者との仲介者の役割を担っている。

　　彼らはビッグハウスを所有するアングロ・アイリッシュだが、自分たち自身をアイルランド人と同一化している。彼らはプロテスタントだが、自分たちを身近にいるカトリックの"友人"であり、キルガリフ元神父を一緒に住まわせ、子供時代のウイリーの家庭教師にしている。彼らは、また、アイルランド自治法運動と一体感を持ち、IRAへの支援を与える。*5

*5
John Hill, "'The Past Is
Always There in the
Present'", James MacKillop
(ed.) *Contemporary Irish
Cinema,* New York: Syracuse
University Press, 1999

ウイリーの父親らアングロ・アイリッシュから見れば、土地の人々＝カトリックと一体感を持っていたかもしれない。しかし「大多数のアイルランド人は、……イングランドのプロテスタント専制政治の容認を拒んだ。十七世紀の入植地の『新イングランド人』、あるいはその子孫である十八世紀のアセンダンシー（プロテスタント支配体制あるいは支配階級）が、いつでもどこでも、一律に反抗的な民衆から異分子と見なされていたなどと考えてよい理由はない。しかし、……彼らは、二世紀も経ながら、じゅうぶんに恒久的で、広汎な基盤をもった忠誠心を得るまでにはいたらなかったのである」。*6

*6
テリー・イーグルトン著、鈴
木聡訳『表象のアイルラン
ド』紀伊國屋書店 1997 年

この映画にも、その象徴的な場面がある。クイントン夫妻が外出した後で、屋敷の使用人の部屋で音楽とダンスが始ま

る。歌われているのは、イギリスから来たアングロ・ノルマン人と戦ったアイルランドの英雄の歌だ。そこには支配階級としてのアングロ・アイリッシュは、クイントン家の子どもたち以外はいない。原作の小説でも「このお祭り騒ぎは、両親や叔母たちの留守を幸いに起きたものであった」[7]と描かれている。クイントン夫妻と、使用人たちは本当の「友人」ではないのだ。

　英国文化の飛び地とも言うべきアングロ・アイリッシュの盛時は一八世紀だった。……彼らはしかし飛び地の住民だった。彼らは彼らの土地ではあるが彼らの国家ではないアイルランドに居留したのである。したがって彼らの作り上げた文化は、土着のアイルランド人の生活（当時完全に抑圧されていた）からは掛け離れていたため、彼らはアイルランドではなく結局は英国の文化遺産の一部となった。[8]

アングロ・アイリッシュであるクイントン家の屋敷は、ブラック・アンド・タンズによって焼かれてしまう。アングロ・アイリッシュが、イギリスからも孤立、あるいは疎外されているかのように。

屋敷を焼いた首謀者のラドキン軍曹はブラック・アンド・タンズを退役後、イギリスのリバプールにいた。イーヴィーが自殺した後、ウイリーはリバプールに渡り、家族の復讐のためラドキンの家に忍び込む。ラドキンは、ウイリーにナイフで刺されたとき、彼に「アイルランドのクソ野郎め！」と侮蔑の言葉を吐く。

アングロ・アイリッシュを、イギリス人である自分たちより劣る「民族」であるアイルランド人としてさげすんでいる。アングロ・アイリッシュは、アイルランドからもイギリスからも疎外された存在だった。彼らのアイデンティティーはどこまでもあやふやで、不安定なままだ。

Fools of Fortune というタイトルは、シェークスピアの悲劇『ロミオとジュリエット』を連想させる。この劇で、ロミオは "O, I am fortune's fool!"（「ああ、俺も運命の道化になってしまっ

*7
ウィリアム・トレヴァー著、岩見寿子訳『フールズ・オブ・フォーチュン』論創社1992年

*8
前出＊2参照。

065

＊9
シェイクスピア作、平井正
穂訳『ロミオとジューリ
エット』岩波文庫 1988 年

た！」）＊9 と叫ぶ。ロミオは、自分の代わりに友人を殺され
た。そのうらみで、ジューリエットの母親であるキャピュ
レット夫人の甥ティバルトを刺し殺した。初めは殺す意図は
なかったのに、モンタギューとキャピュレットという 2 つの
家族の間で翻弄され、fortune's fool となって人を殺す。同じ
ように、ウイリーは 2 つの国の間で翻弄され、殺人を犯す。

　イーヴィーはアイルランドにいるイギリス人として幸せな
生活をしていた。現実を引き受けざるを得なくなるのは、夫
が亡くなってからだ。しかし、現実を受け入れる精神的な余
裕はなかった。一方、同じイギリス人であるマリアンは自ら
進んで現実を引き受け、さまざまな反対にあいながらキルネ
イに住んでいる。

　少年時代にベッドで眠りにつく時、ウイリーの不安は故郷
キルネイから離れた学校に行かなければならないことだった。
自らの居場所＝アイデンティティーに何も不安がなかったと
き、つまり自分が「楽園」にいると信じているとき、心配は
今の場所から離されてしまうことだ。ウイリーを寝かしつけ
た母親はドレス姿で画面右側のドアから消えていく。顔を半
分隠しながら。

　一方、時がたち、イメルダが誕生日に寝室で眠りに入ると
き、ウイリーの少年時代とは対照的に、母親は普段着であり、
画面左側のドアから去る。イメルダはマリアンに「今日のよ
うな日が永遠に続くといいのに」と話しかける。しかし、マ
リアンが寝室から去った後、イメルダは自分のアイデンティ
ティーを確かめるようにベッドの中でつぶやく。「わたしは
イメルダ・クイントン。祖国はアイルランド。焼けたお屋敷
がわたしの家。天国こそ永遠の地（my destination）」。

　「焼けたお屋敷がわたしの家」であり、今住んでいるのは、
自分が居るべき場所ではない。そして、彼女が望む行き先は
「天国」なのだ。

　この言葉は、1916 年に出版されたジェイムズ・ジョイスの
小説『若い芸術家の肖像』から着想を得たのだろう。

　　　　スティーヴン・ディーダラスはぼくの名前、
　　　　アイルランドはぼくの国、

クロンゴウズはぼくの現住所、

そして天国はぼくの目的地（my expectation）。

（カッコ内は筆者）＊10

＊10
ジョイス著、丸谷才一訳『若
い芸術家の肖像』講談社文
庫 1979 年

『若い芸術家の肖像』では、主人公のスティーヴン・
ディーダラスが自分のアイデンティティーに関する言葉を地
理の本に書いたのを見た学校の友人が、その向き合っている
ページにこれを書いた。

フールズ・オブ・フォーチュンの原作では、イメルダがこ
の言葉を教科書のカバーの裏に書きとめていた。修道院学校
でそれを見たカトリックの生徒から「あんたなんか天国には
行けないわよ」と言われる。映画では「あなたは修道院学校
にいちゃいけない子だってみんなが言ってるわ」となってい
る。イメルダがプロテスタントであり父親が殺人者であるか
らだ。ここでも「居場所」がないことがイメルダに突きつけ
られる。

ドイルの死体、屋敷での殺人、イーヴィーの自殺、焼かれ
た思い出のピアノという、自分の家にまつわる悲劇もイメル
ダに襲いかかる。さらに、ウイリーがラドキンを刺し殺した
場面の後に、イメルダの狂気の叫びが続く。

イメルダは、キルネイにいる重みと家族の悲しい歴史を引
き受けることで、居場所をなくし、アイデンティティーが崩
壊する。そして、狂人になり言葉を失う。

言葉を失うこと

この映画では、書き言葉ではなく、話し言葉が重要な意味
をもつ。

アイデンティティーの危うさが極限まで達したとき、イメ
ルダは自分の殻に閉じこもり、言葉を失う。カトリックの修
道院の付属学校に通い、プロテスタントであることでいじめ
に遭う。父親と母親は結婚しておらず、殺人者である父親は
逃亡中だ。自分の住む土地では、かつて家が焼かれた。イメ
ルダが学校で狂気に陥る場面では、「裏切り者」のドイルが
木につるされたシーンが映し出される。彼はしゃべれないよ
うに「舌」を切り取られている。

＊11
本橋哲也著『映画で入門
カルチュラル・スタディー
ズ』大修館書店 2006 年

＊12
前出＊5参照。

「自らのアイデンティティは、自らの言葉によって語られる物語を他者に聞き取ってもらうことによって成立する」＊11 しかし、イメルダは言葉をなくし、他人に語りかける手段を失ってしまう。

ウイリーとイーヴィーの2人がクイントン家の顧問弁護士ラニガンを訪ねたとき、口がきけない書記デクラン・オドワイヤーが飲み物を持って出てくる。ラニガンは「オドワイヤーは 40 年もうちの書記をしている。君は気がついたかね？ 彼は口がきけない」と話す。言葉を失っていることは、イメルダを連想させる。オドワイヤーは話せなくても、逃亡中のウイリーのことを知らせるラニガンからの手紙をマリアンに渡す重要な「媒介」の役割を果たす。

比較的マイナーな登場人物であるデクラン・オドワイヤーは重大な主題の役目を引き受けている。彼は話さないかもしれないが、それでもなお書記として仲介者として満足に役割を果たす。＊12

ウイリーとマリアンをつないでいるのは、イメルダとオドワイヤーという口がきけない2人と、ジョセフィーンだ。ジョセフィーンは、マリアンに「手紙」を書くようウイリーを促し、2人の媒介者になろうとした。そして、死者になり言葉を失ってからも、自らの墓の前で2人を再会させた。言葉を失った者、あるいは死者だけが人と人との媒介者になることができるのだ。

イギリス人女性

この映画ではアイルランドでのイギリス人女性の過剰で積極的な生き方が、家族の運命を導いている。アナ・クイントン、イーヴィー、マリアン。彼女らの生き方が、最後にはイメルダにのしかかり狂気に陥らせる。

イメルダだけが、アイルランドとイギリスの双方が「重なる」土地で生まれ、和解の象徴であるはずだが、狂ってしまうほどの重荷を負ってしまう。つまり「女性は歴史的な記憶の運搬人であり導管である。……歴史的な罪を子どもが受け

継ぐことは、"Fools of Fortune"の中央のテーマとして表れる」*13のだ。

アングロ・アイリッシュでも、財産や土地は男性が受け継いでいる。一方、女性は財産や土地に結びついていないため、現実的なものではなく、記憶を「運搬」することになる。その結果、アイルランドにアイデンティティーを求める思いは女性の方が強くなるのではないか。それゆえ、ここで生じる軋轢は、女性の方が激しくなる。

記憶や歴史、個人の思いは口承で伝えられる。アイルランドには、かつて文字がなく口承で文化が伝えられていた時代もあった。後の世代への連鎖、つまり、過去の禍根を断ち切るために、イメルダは歴史を受け継ぐ口承としての言葉を失ったのかもしれない。

「原始的」なアイルランド

ラドキンを殺した後、ウイリーが逃亡するのは、原作ではイタリアだが、映画ではアイルランド西部の沿岸にあるアラン島になっている。

> 『フールズ・オブ・フォーチュン』の中で、アラン島で撮影されたシーンは、1930年代に起こったこと。そして、これらを『アラン』の同様なシーン（特に魚の陸揚げのようなシーン）に関連付けないことは難しい。映画が用いたイメージは、この点で、ほとんど"純粋"ではない。確かに映画のはっきりした意図と食い違う一連の暗示的な意味を伴っている。ウイリーの西部での生活は、ドラマチックな意味では過去の遺産との関係を絶つことに関係しているが、それを通してドラマが示しているイメージは、それでもなお、それ自体の回顧的な幻想に囚われている。正確に言えば、現代的なものの影響力が手を触れないまま残している原始的なアイルランド社会の幻想である。*14

映画で、わざわざ「現代的なものの影響力が手を触れないまま残している原始的なアイルランド社会の幻想」の地に舞

*13
Ruth Barton, *Irish National Cinema*, London and New York: Routledge, 2004

*14
前出＊5参照。

台を変えることの意味は何か。

　しかも、映画の冒頭のシーンでは、幸せそうな過去のキルネイと、逃亡先のアラン島を交互に映し、映画の途中でも何回も孤島のシーンを登場させ、次第にウイリーがそこに同化していく様子を、当然であるかのように見せている。そして、その場所でウイリーは、幸せだった過去や家族の思い出を頭に描く。

　こうあってほしいと投影される「想像の共同体」であるアイルランドの姿としてアラン島を描くことで、映画に大衆性が与えられた。言葉を代えれば、アメリカに移民したアイルランド人にも受け入れられるように、原作にはない「幻想的」で「神秘的」な島を登場させたのだ。

　文明に汚染されておらず、いまだに自然と共生しながら無垢に生きている「高貴な野蛮人」が居る場所としてアラン島を映し出した。ウイリーを島の人々と同化していくように描く。土着の（あるいは土着だと思われている）アイルランド語を覚え、子どもたちとも会話ができるようになる。アイルランド語を話す「高貴な野蛮人」の間に暮らし、その言葉を身につけることで、アイルランド本島に戻る可能性を高める。まるで、ウイリーが「古い」アイルランドで浄化され、ラドキン殺しをしたことが帳消しにされているかのようだ。

　プロテスタントのウイリーがカトリックとしてのアイルランドの象徴の一つであるアイルランド語を獲得し、自身がアイルランド人であると「再」確認する。それがふさわしい場所はアイルランドの「ヘリテージ」である（と思われている）アラン島でなければならなかった。

　映画では、裏切り者としてドイルを殺す側として描かれているものの、IRAを比較的悪く描かず、ブラック・アンド・タンズを悪者としている。

　ブラック・アンド・タンズが統制されていない荒くれ者の集まりだったことは否定できないが、その極悪性を強調すること、つまり自分たちの外側に敵を設定することで、アイルランドの内側の融和への志向を強調しようとする立場を取っているかのようだ。それゆえ、原作と違い、ウイリーはアイルランドからは離れられない。

アラン諸島にある朽ちた教会。観光ルートになっている「古い」アイルランドの象徴のひとつ

過去と現在／時間

　時間がすべてを変える。キルガリフ神父は「現在を知るためには過去を学ばねば」「過去は常に現在の中に存在する」とウイリーに言う。神父はウイリーに、アナ・クイントンのことも話す。過去の出来事の影響が、現在でも続いており、意識せざるを得ないことを。

　ジョセフィーンは「時間が必要よ」「時が癒すのよ」と言う。それは、イーヴィーをいたわる言葉だったが、最後のシーンでのウイリーとマリアンとの「和解」への歩み寄り、そして、アイルランドの将来への問い掛けだ。時間はかかる。しかし、時間が経過すれば「和解」に至るのだと。

　しかし、時間だけが解決をもたらすわけではない。ウイリーがアイルランド語を獲得する一方で、イメルダは言葉を失い、「別の世界」に住む。大きな犠牲がなければ、アイルランドへの回帰はかなわないのだ。

アイデンティティーの危うさ

　ジョセフィーンの葬儀でウイリーとマリアンが再会した後、最も印象的な最後の場面になる。ウイリーとマリアン、イメルダの3人でキルネイの廃墟を訪れるシーンだ。

　マリアン「彼女は口をきかないの。学校の出来事から。心を閉ざしている。霊感があるといわれ、悩む人たちが訪れるわ」
　ウイリー「聖なるイメルダ」
　マリアン「聖人じゃないわ。狂っている。わたしたちのせいよ」。

　イメルダが2人を残して焼けた屋敷に入る。過去の屋敷の姿が映し出される。ウイリーとマリアンは手をつなぎ、屋敷の中にいるマリアンに笑いかける。これは、イメルダが見ている情景であり、不幸さえなければ今もそうだったであろう光景だ。そして、それを包み込むように、微笑みをたたえるイメルダのアップで映画は幕を降ろす。

071

イメルダが画面から客席に向かって微笑む。未来を見据え、すべてを許し、包み込むモナリザの微笑みのような表情だ。しかし、彼女は心を病み、言葉を失っている。狂人ではあるが、何も語らないことで、「聖人」として扱われる。アイルランドの歴史の重みを背負い、その「融和」の媒介者であろうとしているのだろう。アイルランドの融和にはイメルダのような犠牲者が必要だ。狂気になり、言葉を失うことを引き換えにしないと、未来は切り開けない。過去のすべてを引き受け、それを語ることをせず、精算しなければならない。

　アイルランドでのプロテスタントのあいまいさ＝アングロ・アイリッシュのあいまいな立場＝も含みながら、過去（つまりアングロ・アイリッシュにとって、カトリックと融和があったと誤解、あるいは確信がもてた時代）を乗り越え、将来への希望を示唆するラストシーンになっている。

　アングロ・アイリッシュを主人公に据えたことが、この映画を読み解く鍵になっている。アイデンティティーの危うさ・あいまいさがアングロ・アイリッシュに体現されているからだ。アイデンティティーが不安定であればあるほど、生きていくために自分の位置を確かめずにはいられない。それを描くとき、アイルランドはふさわしい土地だったのだろう。

　アイデンティティーがあいまいではいられない土地。自分はカトリックなのかプロテスタントなのか。アイルランド人なのかイギリス人なのか……。登場人物の立場は複雑だ。アングロ・アイリッシュは、アイルランド人からもイギリス人からも「アウトサイダー」として扱われ、自分のよりどころになる位置は明確でなない。

　そして、アイデンティティーの危うさから、「物語」が生まれた。

階級と音楽
『ザ・コミットメンツ』
The Commitments （1991年）

岩見寿子

　『ザ・コミットメンツ』はアイルランドの人気小説家、ロディ・ドイルの同名小説を原作とし*1、イギリス人監督アラン・パーカーが映画化した。ドイルはダブリン北部の労働者居住地域の公立学校で英語と地理を教えていた。中産階級出身の彼にとって、労働者地区での生活は文字通りのカルチャーショックをもたらした。そこでの体験をもとに、架空の町バリータウンを舞台にした『ザ・コミットメンツ』『スナッパー』(*The Snapper*, 1993)、『ヴァン』(*The Van*, 1996) の「バリータウン三部作」*2 を発表し、小説家としての地位を確立することになる。「バリータウン三部作」が描いているのは 1980 年代後半から 1990 年までのダブリン北部の労働者たちの日常である。三部作の他の 2 作はイギリスのスティーヴン・フリアーズ監督によって映画やテレビドラマ化された。いずれもドイル自身がシナリオを担当している。

なぜソウルミュージックなのか？

　アラン・パーカーは、ダブリンを舞台に、ソウルバンドを結成する若者の物語をなぜ映画化したいと思ったのだろうか。映画の DVD に収録されたインタビューの中で、ロンドン北部の労働者階級の出身であるパーカーは、自分と似たようなバックグラウンドの物語に親近感を覚えたのだと語っている。*3 また、この映画が企画された 1989 年頃、アイルランドを舞台にした映画といえば、北アイルランド紛争を背景にした IRA ものばかりという状況を打ち破りたかったからとも述べている。

　1980 年代は、伝統音楽をベースにしたアイルランド音楽が世界的に存在感を増していた時期でもある。しかし、主人公たちがやろうとするのは、伝統楽器を使った観光客受けするアイリッシュ・トラッド風音楽ではなくて、アメリカの黒

*1
ロディ・ドイル著、関口和之訳『おれたち、ザ・コミットメンツ』集英社 1991 年

*2
三部作のほかの 2 冊も翻訳されている。
ロディ・ドイル著、実川元子訳『スナッパー』キネマ旬報社 1994 年
ロディ・ドイル著、実川元子訳『ヴァン』キネマ旬報社 1994 年

*3
映画 DVD(20 世紀フォックス・ホーム・エンターテイメント・ジャパン) に収録されているドキュメンタリー「ソウルの救世主たち」のアラン・パーカー監督インタビューより。

人音楽とみなされているソウル・ミュージックである。物語の中心人物であるジミー・ラビットは仲間を集めて、なぜ彼がソウルバンドを作ろうとするのかという理由を次のように説明する。

The Irish are the black of Europe.
And Dubliners are the black of Ireland.
And the northside Dubliners are the black of Dublin.
Say it loud, I'm black and I'm proud.

アイリッシュはヨーロッパの黒人、
ダブリナーはアイルランドの黒人
そして北の住民はダブリンの黒人
だから、俺はブラックであり、それを誇りに思うと声を大にして言おう！

　ジミーの主張は、ダブリンの北部に居住する自分たち労働者階級は、かつてのアメリカ社会の黒人のように、政治経済的に周縁化された存在であり、また、それゆえにアメリカの黒人音楽であるソウル・ミュージックをやる動機と資格が十分にあるのだというレトリックなのだ。北アイルランドでは、二級市民として扱われてきたカトリック系住民による1960年代末からの公民権運動が、アメリカの黒人による公民権運動の影響を強く受けていることはよく知られている。しかし、ジミーの主張を聞いたバンド仲間はその飛躍的な論理に狐につままれたような顔をして、とても納得したようには見えない。ともあれ、生来の音楽好きの彼らは、「音楽によるアジテーター」というタイプのジミーに、兎にも角にもついていくことになる。

労働者階級としての矜持

　パーカー監督は、「この映画の舞台はアイルランドのダブリンに設定されているが、音楽の夢と希望は世界中のあらゆる場所の若者に伝わるだろう」と述べている。たしかに「現状に満足していない若者と、彼らが音楽に託した夢」という

テーマの普遍性が海外での商業的な成功に導いた理由かもしれない。

しかしながら映画の見所は、それとは逆にローカルな、すなわちダブリン北部地域の「リアル」な細部の描写にあるように思える。カメラはダブリンのランドマークである観光名所や歴史的建物を意図的に避けている。バンドメンバーが練習する場所といえば、洗濯物がひるがえる、くすんだ色合いの集合住宅の中庭だったり、自分たちの労働の場である精肉工場、市営バスの車中といったところなのだ。またライブ演奏のポスター制作のためにメンバーが写真撮影するのは、建物の廃墟のような場所であり、カメラマンがもっと見栄えのいい背景で撮った方がいいのでは、と提案するが、ジミーに一蹴される。

ダブリン市内と近郊を走るローカル線'DART'。本作にも登場する。

これらが「リアル」だと感じるのは、実際にそのような場所でロケしているというような単純なことではなく、これらの場所や建物が、ダブリン北部に居住する労働者階級の若者の現実的な日常のひとこまを活写しているからにほかならない。つまり、アイルランド社会の「スラム」として隔離された場所で生きる者たちの連帯意識や彼ら独自の経験というものを感じさせるからである。

ジミーが打ったバンドメンバー募集の新聞広告を見て応募してきた若者たちが演奏するのは、アイルランドの伝統的フォークソング、ケイジャン・ミュージック*4、ヘヴィメタル、パンク、アメリカのポピュラー音楽、ミュージカル、聖歌に至るまで多種多様である。これはアイルランドの若者が享受している音楽的土壌の豊かさを示していると同時に、ジミーにとっては、あくまで労働者階級の音楽としてのソウル・ミュージックをやるという明確な目標があることを強調する場面でもある。応募の資格として広告には「南の住民と田舎者はお断り」と明記されている。ダブリン南部は中産階級の人々が多く居住する地域という通念があるからであり、ジミーは中産階級の音楽とみなされるジャズに、仲間のディーンが傾倒するのを喜ばない。ジミーはそれを自己満足の音楽だという。つまり彼にとっては、人種より階級の方が、乗り越えられない壁として認識されている。

*4
ケイジャン・ミュージック
Cajun Music
アメリカ合衆国ルイジアナ州に定住したケイジャンと呼ばれるフランス系移民による音楽の一ジャンル。

宗教的アイコンの示すもの

　この映画では、これみよがしなアイルランドの風景や音楽は登場しないが、そのかわりに宗教的アイコンを巧みに利用している。たとえばバックコーラス担当の女性3人が、集合住宅の中庭でダンスの練習をしている場面を見てみよう。中庭に置かれたマリア像のクローズアップからロングショットになり、洗濯物がひるがえり生活色が濃い場所での彼女らの楽しそうな様子を捉える。マリア信仰は、アイルランドにおける伝統的な母性主義の象徴でもある。しかし、彼女たちのような若い世代は、性的な意識や行動において伝統的価値観からは決別しようとしている。

　またジミーの家の居間では、ローマ法王の肖像写真とエルヴィス・プレスリーのピンナップが一緒に貼ってある。彼の父親にとって、エルヴィスは「神」である。したがって当然のように法王の上位に飾ってあるのだ。宗教的アイコンが音楽と結びついて登場するのはこの場面にとどまらない。メンバーの中で一人だけ中産階級に属する医学生のスティーヴンが、教会に告解に行き、「男が女を愛するとき」をマービン・ゲイの歌だと勘違いして、音楽好きの若い神父からパーシー・スレッジだと訂正される場面も、カトリック教会とポップスの組み合わせの妙が独特のユーモアを醸し出す。

女性キャラクターの表象

　先に触れたインタビューで、パーカー監督は、アイルランドは家父長的だというイメージがあったが、実際に来て見ると女性の立場が強いのに驚いたと述べている。映画に登場するバックコーラスの3人の女性（イメルダ、ナタリー、バーニー）を通してみえてくる、現代アイルランドにおける労働者階級の女性のジェンダー表象も確認しておきたい。

　美人でセクシーなイメルダは男性メンバーの憧れの的である。彼女には中産階級に属するボーイフレンドがいるが、彼はイメルダがバンド活動をするのに賛成していない。ナタリーは歌がうまく、ソロも取れる力量があり、マネージャーのジミーのことが好きだが、ジミーのつれないそぶりに苛

立っている。中性的な雰囲気のバーニーはフィッシュ＆チップス店で働き、3人の女性のうちでも、生活の困窮ぶりが鮮明に描かれている。家は子沢山で、彼女は赤ん坊の面倒を見る生活から抜け出す手段としてバンドを必要としている。3人はそれぞれ個性的で、男性のバンドメンバーが彼女らに向ける露骨な性的関心を辛辣な言葉や態度でうまくあしらっている。

　とはいえ、バンドが最後にばらばらになってしまう原因の一つには、メンバー間の性的な軋轢がある。女性3人がメンバー最年長の中年男ジョーイとそれぞれ関係を持ったことに他の男性メンバーは嫉妬する。さらに、女性3人と男性ヴォーカルのデコとの間で主導権争いがたえず起こる。結局、バンドは成功をつかみかけたところで空中分解する。しかし、ジョーイはジミーに、「世俗的な成功などはくだらない。君は何事かを達成したはずだ。メンバーそれぞれの地平を切り開いたとは思わないか？」という。

　DVD収録のインタビューで、パーカー監督はさらにこう述べる。「ダブリン北部の労働者階級に生まれた若者は、ボクサーかサッカー選手かミュージシャンになるしかないんだ」。アイルランド社会の中で、ひいては、ダブリンという都市の中で周縁化されている労働者階級の若者が、自己の存在証明として音楽をやるという「コミットメンツ」のテーマがこの言葉に集約されている。

止まった時計
『ヒア・マイ・ソング』

Hear My Song （1991年）

前村　敦

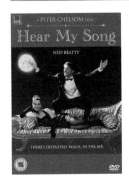

　イギリス西海岸の都市リバプールはアイルランドからの移民が多い町だ。映画『ヒア・マイ・ソング』の主人公ミッキー（エイドリアン・ダンバー）もその一人。稀代のテナー歌手で税金逃れにアイルランドに隠棲しているジョセフ・ロックの興行を仕掛けた。

　ジョセフ・ロックは、ミッキーの恋人ナンシーの母親キャスリーンがかつて愛した人だった。しかし、興行に来たのはそっくりな偽者。ミッキーは偽者だとは知らずにキャスリーンを誘惑させた。しかし、偽者であることが発覚し、彼女の心を深く傷つけた。

　恋人の信頼も失ったミッキーは、本物のジョセフ・ロックを捜しにアイルランドへ向かう。そして、親友のアイルランド人フィンタン（ジェームズ・ネズビット）と一緒に、「妖精」が住むという西の地方へと赴く。

上質なコメディー

　『ヒア・マイ・ソング』の監督はイギリス人ピーター・チェルソム。エイドリアン・ダンバーが監督と共同で脚本を書いている。この作品は①リバプールでのミッキーの失敗②アイルランドでのジョセフ・ロック探し③リバプールでのジョセフ・ロックのリサイタル、という3部構成になっている。ちなみに、ミッキーがリバプールで興行を仕掛けるホールはダブリン市内にある有名なダベンポートホテルが使われている。貴婦人然とした瀟洒な姿が印象的な建物だ。

　ここではアイルランドが舞台になった部分に焦点を当ててみる。

　リバプールにいられなくなったミッキーは失敗を挽回しようと、アイルランド行きを決心する。フェリーに乗ったミッキーは、ダブリンに着くと目をさます。

ダベンポートホテル外観

ミッキーは親友のフィンタンの事務所を訪れ、ジョセフ・ロックを一緒に見つけてくれるよう依頼する。そこから、まるで「妖精」の痕跡を求めるように、ミッキーとフィンタンのジョセフ・ロック探しの旅が始まる。エイドリアン・ダンバーの軽薄だが必死な行動と、ジェームズ・ネズビットの軽妙だが親友を思いやる姿が、上質なコメディーを作り上げている。

「魔法」にかけられたような雰囲気

　自動車での旅は軽快に進むよう思われたが、西に向かっている途中で道に迷う。フィンタンは、いたずらものの「妖精」に化かされたからだと説明し、正しい道を行くおまじないとして、ミッキーに上着を裏返して着るよう促す。
　テントで野宿した翌朝、ミッキーが起きると、そこには、まるで絵ハガキで見るようなアイルランドの緑豊かな自然の風景が広がっていた。流れる音楽も、それまでのテンポの速い陽気なトーンではなく、不安定で「幻想的」な曲が使われている。異郷に入り込んでしまったかのようだ。そしてミッキーは叫ぶ。「ここだ」と。
　ミッキーがアイルランドの西部にいる間、まるで「妖精」に魔法をかけられたような現実離れした雰囲気で物語が進む。
　例を挙げてみよう。
　田舎のパブで老人の虫歯にひもを掛けて抜くのだが、麻酔はないためアイリッシュウイスキーで代用だ。
　ジョセフ・ロックが住む家の風呂場には、ところ狭しと馬だのニワトリだのがいる。
　断崖に近い小屋の中で少女たちがアイリッシュダンスを踊っている。あたかも時間の流れ方が日常と違ったような、このシーンで流れているのも、不安定で「幻想的」な音楽だ。
　ジョセフ・ロックの家の近くの井戸はまるで底なしで、人の力では到底届かないような深さまで掘られている。

狂言回し「フィンタン」

　何とかジョセフ・ロックに会えたものの、イギリスに戻そうと説得するミッキーのことを、脱税の罪を償わせるために

079

来た税務署員ではないかとジョセフ・ロックは疑う。ミッキーが恋人の信頼を取り戻そうという意図を隠しているからだ。「正直に」説明するよう促すフィンタンの忠告を、ミッキーは無視する。

フィンタンは、ジョセフ・ロックの家で止まった時計に目を止める。「フランス製の時計ですね。いつ壊れたんですか」と聞くと、「もう何年も動いていない」と答えが返ってくる。これにフィンタンは「油はあります？」「約束はできませんが、直せるかも」と付け加える。ミッキーがジョセフ・ロックから飲みに誘われたと告げた後のシーンで、フィンタンが直そうとしている時計が大写しになる。時計（つまり時間）を司っており、狂言回しの役割を担っているのがフィンタンであることが示唆されている。

フィンタンと言えば、アイルランドの伝説に登場するノアの洪水の生き残りの人物が想定される。「歴史まがいの話」*1 と言われる 12 世紀に書かれた『侵略の書』に出てくる人物だ。この中で、フィンタンは鮭やワシやタカに姿を変え、古い時代にアイルランドに攻め入った人々について語っている。

ジョセフ・ロックに連れて行かれたミッキーは、車の中で女性客など大勢のファンが待っていることを、とうとうと話す。ジョセフ・ロックは西海岸にあるモハーの断崖*2 にミッキーを連れて行き、「昔の世界の果て」「この先はニューヨークさ」と語る。それから、ミッキーは断崖の切っ先に連れて行かれ、大西洋に落とされそうになる。そこで、初めて恋人のことを白状する。「ナンシーのために来たんだ」と。そして、恋人の母親をジョセフ・ロックの偽物に誘惑させ、絶望させたことを打ち明ける。

ジョセフ・ロックは、かつてアイルランドに逃げた時に、イギリスに残していった恋人のことを思い出す。このままミッキーがジョセフ・ロックを連れ帰れずにイギリスに戻らなければ、自分と同じ過ちを犯すことになる。彼は「私と同じ目に遭わせたくない」と、イギリスに戻ることを決心する。

ちなみに、ジョセフ・ロックは 1940〜50 年代にアイルランドやイギリスで絶大な人気を博した実在の人物。北アイルランド生まれのテナー歌手で、税金逃れのためにアイラン

*1
プロインシァス・マッカーナ著、松田幸雄訳『ケルト神話』青土社 1991 年

*2
モハーの断崖
クレア州の大西洋岸にある 8 キロにわたって広がる切り立った崖。海面から 200 メートル以上の場所もある。景観の素晴らしさから『ヒア・マイ・ソング』や『ライアンの娘』『白馬の伝説』などのロケ地になっている。

ドに隠遁した後、再びイギリスで活躍。1999年にアイルランドで亡くなった。彼の人生も、この映画のストーリーと重なる部分が大きいと言えよう。

元に戻る時間

　映画に戻ろう。ミッキーたちが家に帰ってくる。「何時だ」とジョセフ・ロックが聞いたとたんに、壊れていた時計が時を告げる。時を司るフィンタン。ミッキーがジョセフ・ロックを説得している間に時計を直していた。そして、ジョセフ・ロックはアイルランドを離れ、イギリスに帰還する。フィンタンによって止まった時計が動き出し、時間は元に戻されるのだ。

　パレスチナ系アメリカ人の比較文学者エドワード・サイードが、「オリエント」について過去の著作家の例を挙げながら指摘している言葉を引用すると理解しやすいかもしれない。「『オリエンタル』という語は、アマチュアと専門家とを問わずすべてアジア的なるものに対する熱狂と同義であり、そしてアジア的なものとは、異国性、神秘性、深遠さ、生殖力などと驚くべき符合をみせていた」「オリエンタリストのオリエントはあるがままのオリエントではなく、オリエント化されてきたオリエントである」。*3

　この中の「オリエント」や「アジア」を、「アイルランド」あるいは「ケルト」と置き換えてみよう。ミッキーとフィンタンは、「あるがままの」アイルランドではなく、現実とはかけ離れた「神秘性」や「深遠さ」たっぷりな「ケルト」化された世界に出会うのだ。

「これこそアイルランドだ」

　映画はミッキーの成長を描いている。優柔不断だった気持ちがアイルランドで浄化され、恋人に「愛している」とはっきりと言えるようになる。映画『フールズ・オブ・フォーチュン』で主人公ウイリーがアラン諸島で「浄化」されたのと同様な効果を生じさせている。

　アイルランドの自然はあくまでも優しい。都会の人間にとって、故郷のような安心できる土地であることに変わりな

*3
E.W. サイード著、板垣雄三・杉田英明監修、今沢紀子訳『オリエンタリズム』平凡社ライブラリー 1993年

北アイルランドのデリーにあるジョセフ・ロックの記念碑

い。しかし、そこに批判の目はない。『ヒア・マイ・ソング』でも、現実のアイルランドを見ているわけではなく、「こうであってほしい」という、心地のいい想像のアイルランドが提示されているだけだ。観客はそれを見て安心する。「これこそアイルランドだ」と。そして、ミッキーも同じように「ここだ」と叫ぶのだ。

　この映画は後半で、ミッキーがリバプールに戻り、恋人とよりを戻すことになる。ジョセフ・ロックは別れた恋人と再会する。そしてリバプールのホールでリサイタルを開く。『白馬の伝説』や『フィオナの海』と同じように、アイルランドの「神秘的」な田舎で「浄化」された主人公にとって、すべてが元通りに戻っていく物語だといえる。

アイルランド・ナショナリズムとアイデンティティー
『クライング・ゲーム』
The Crying Game （1992年）

岩見寿子

　ジム・シェリダン監督の『マイ・レフトフット』に続いて、同じくアイルランド出身のニール・ジョーダン監督自身が手がけた『クライング・ゲーム』のシナリオが、米国アカデミー賞の最優秀脚本賞を受賞したとき、アイルランド国内は自国の監督の成功に沸いた。皮肉なことに、この映画にはアイルランドの資本は入っておらず、「アイルランド映画」とはならなかった。アメリカでの配給会社ミラマックスの宣伝戦略により、映画批評家までも巻き込んで作品中の驚くべき「秘密」を守らせた結果、好奇心を掻き立てられた観客の動員に成功し、アメリカ市場で外国映画作品としては記録的な興行収入をもたらすことにもなったが、アイルランドはその恩恵にあずかることはなかったのである。

男たちの絆

　この映画の前半で要となるのは、逮捕された仲間との交換目的で、IRAの人質にされた英国軍の黒人兵ジョディである。彼と監視役のIRAメンバーであるファーガスとの間には、しだいに奇妙な友情が芽生えるのだが、二人がそれぞれ得意にしているスポーツを自慢しあう場面がある。ファーガスはいかにもナショナリストらしく、アイルランドの民族競技であるハーリングが最高だというのに対し、かつての英領西インド諸島出身のジョディはクリケットの投手で、グーグリーと呼ばれる変化球の名手だという。[*1] 彼が変化球を投げるというのは、このあとの展開の伏線になっている。

　ジョーダン監督が述べるように[*2]、敵対する関係にある二人の男、捕虜と監視役の立場にわかれた男同士の間に生まれた絆が国家への忠誠やイデオロギーを超えるという設定は、アイルランドの文学史上に2度登場する。フランク・オコナー[*3]の短編『国賓』（1931）とブレンダン・ビーハン[*4]の

*1
ハーリングとクリケット
ハーリングはスティックとボールを使用して野外で行うアイルランドの伝統スポーツ。一方、クリケットは野球の原型ともいわれる英国の国民的競技。大英帝国時代の海外植民地にも広まった。

*2
ニール・ジョーダン著、武満真樹訳『クライング・ゲーム SCREENPLAY BOOK』キネマ旬報社　1993年

083

＊3
フランク・オコナー
(Frank O'Connor 1903〜
1966)
アイルランドのコーク出身。
短編小説の名手として知ら
れる。青年時代は英愛条約
反対派のIRA活動家として
逮捕された経歴を持つ。
1950年に渡米し、大学で教
える傍ら作家としての名声
を得た。2005年に彼の業績
を顕彰して、フランク・オ
コナー国際短編賞が創設さ
れ、2006年には村上春樹が
受賞している。
『国賓』の邦訳は橋本槇矩
編訳『アイルランド短篇選』
(岩波文庫　2000年)所収。

＊4
ブレンダン・ビーハン
(Brendan Behan 1923〜
1964)
ダブリン出身。少年時代か
らIRAに加入し少年院に入
れられる。その経験が後の
自伝的な作品に反映されて
いる。『人質』は1958年に
アイルランド語で書かれ、
後にビーハン自身が英語に
書き改め国際的に成功を収
めた。

戯曲『人質』(An Giall / The Hostage, 1958) である。この枠組を踏
まえたうえで、監督は二人の男に愛されるもう一人の人物を
加えることで、男たちのホモソーシャルな関係からさらに踏
み込んでエロティックな要素を前景化したのだという。

　ジョディは、クリケットとハーリングの話題でファーガス
と打ち解けたあと、彼に用を足すのを手伝わせる。生理的要
求に事寄せてセクシュアルな要素を暗示しているのだが、こ
のときジョディはファーガスを試してもいる。ファーガスの
人間性を見極めた彼は、翌日、自分が死んだら恋人のディル
に会ってやってほしいと頼む。

　人質交換の要求がイギリス軍によって拒否され、ファーガ
スはジョディを処刑する任務を負うが、ジョディはファーガ
スの追跡から逃れようとして、IRAのアジトを急襲するため
やってきたイギリス軍の装甲車に轢かれて命を落とす。

ロンドンに舞台を移して

　アジトが陥落して行き場を失ったファーガスは単身ロンド
ンに行って、ジミーという偽名でジョディの恋人であった美
容師のディルに近づく。物語がロンドンに移った最初の場面
では、建設現場で働くファーガスの姿がある。彼の視線は、
遠くの競技場でクリケットをしている人々に向けられている。
おそらく脳裏には、かつてジョディが「故郷のアンティグア
では、クリケットは黒人のスポーツだが、トテナムでは気
取った奴ばかりがやるスポーツだ」という言葉が蘇っている
のだろう。また別の場面では、クリケットのバットの素振り
をしているファーガスの前にホワイトカラーの現場監督が現
れ嫌味をいう。北アイルランドにおいて二人の男のナショナ
リティや文化的バックグラウンドの違いを示す記号として使
われたクリケットが、ロンドンにおいては階級を示す記号と
なっている。海を渡った瞬間に、ファーガスの立場はナショ
ナリストの闘士ではなくて、北アイルランド出身の一人の肉
体労働者に変わったのだ。

　ジョディの恋人のディルは、突如現れたファーガスをその
アクセントからスコットランド人と思うが、実のところ彼が
どこの出身かということには全く関心がない。ミステリアス

な雰囲気のこの女性に次第に惹かれていったファーガスは、彼女につきまとっていた暴力的な男から守ってやったことで、ディルの信頼を勝ち得る。

ファーガスは招き入れられたディルの部屋で、クリケットのユニフォームを着たジョディの写真が到るところに貼られているのを目にする。そこからファーガスのオブセッションが観客にも明らかになってくる。その後、彼がジョディの夢を見るシーンが3回登場するのだが、最初の夢の場面は、ファーガスがディルに初めて性的欲望を感じた直後に出てくる。次は、彼がディルの愛撫を受けるときで、ジョディの写真のカットに切り替わり、そのままオーバーラップしてクリケットのピッチングのモーションをする2度目のジョディの夢のシーンにつながっていく。そしてディルが実は女装していた男性であることが明らかになった晩に、彼は3度目の夢を見る。そのときのジョディは過去2回のものと同じではなく、ピッチングをすると見せかけて球は投げず、してやったりという顔で退場していく。

ディルが女性ではなかったことを知ったファーガスの衝撃も大きいが、ディルは、ファーガスが自分のセクシュアリティを知ったうえで近づいてきたと思い込んでいただけに、ファーガスの反応にひどく心を傷つけられる。このあと、ディルを傷つけたことを率直に詫びたファーガスに対し、ディルは「あなたは紳士ね」といって、積極的に彼との関係を発展させようとする。ファーガスが「君が女だったらなあ」と躊躇を示すのに対し「そんなのは大したことじゃないわ」と軽くいなしたうえで、「私が女だというフリをすればいいのよ」という。彼女にとって生物学的な性は単なる「そぶり」でしかなく、自分は女装のゲイであるというセクシュアル・アイデンティティーの方がはるかに重要なのだ。ファーガスはそれまでと一転して、ディルとの関係は受け身にならざるを得ないが、それでも彼はディルを大切に思い、女性以上に女性らしい彼女を守ろうとする。

ロンドンに行ってからのファーガスは、ジョディの追体験をすることで、彼に対する「喪」の行為をしているかのように見える。北アイルランドにおけるジョディがそうだったよ

085

うに、ロンドンでのファーガスは異邦人であり、ディルとの関係においては、ジョディになり代わって彼女の保護者になる。

動き出す歯車

　二人の関係がいくらか安定してきた矢先に、イギリス軍の襲撃を生き延びたIRAの同志ジュードが突如として姿をあらわす。彼女はかつてファーガスの恋人でもあった。彼女は落伍者となったファーガスをなじり、ロンドンでの要人暗殺の計画に彼を加担させようとする。断ればディルの安全は保証しないという脅しを受けたファーガスは、ディルの髪を短く切り、ジョディのクリケット・ユニフォームを着せて小さなホテルに隠そうとする。ファーガスからは何の説明もなく、とまどうディルは「私をジョディのようにしたいの？」と問いかける。

　ここから物語の歯車は大きく動き出す。要人暗殺の任務から生きては帰れないと覚悟したファーガスがディルを守るためにした行動を誤解したディルは、隠れ場所のホテルから抜け出し、酔いつぶれて自分のアパートに戻ってしまう。姿を消したディルを心配して後を追ってきたファーガスは、やむなく自分の正体を明かし、北アイルランドでの出来事と、自分がジョディの死に責任があることを打ち明ける。すべてを知ったディルは、疲れきって眠り込んだファーガスをベッドに縛り付け、彼に銃口を向ける。その間、ファーガスが約束の場所にこなかったため、IRAのリーダー、マグワイアは要人暗殺を単独で決行しようとして逆に射殺されてしまう。怒り狂ったジュードはそのまま車でディルの家に向かう。この2つの一連の出来事はジョーダンが好んで使うクロス・カッティング*5によって同時並行的に語られ、緊迫の度合いが頂点に達した瞬間に、ジュードがディルの家に到着する。ディルは、ジュードがかつてジョディを誘惑して死に導いた張本人と知り、彼女に復讐の銃弾を撃ち込む。

　その後自殺を図ったディルを押しとどめたファーガスは、ディルを逃し、ピストルの指紋を拭き取ったあと、それを自分で握りながら静かに椅子に腰掛けて警察がやってくるのを

＊5
クロス・カッティング
映画・映像用語。同じ時間に異なった場所で起こっている出来事を交互に編集する技法。複数の出来事の進行に伴って編集間隔を短くすることによって観客に緊張感を与える効果を生む。

待つ。そのとき、彼の背後には同じように腰掛けて顔をこちら側に向けたジョディの写真が写っていて、画面の暗転の前に、背中合わせで同じようなポーズをとった両者の姿が観客の目に焼き付くことになる。

一体化する男たち

　この鏡像関係にある両者のカットの意味を考えてみよう。ロンドンに来てからのファーガスとディルの間には、不在の人物であるジョディが常に介在していた。ジョディの行動を追体験したファーガスはいつしか自分をジョディに同一化させてゆく。あるいは、ファーガスはディルを通してジョディを求めているようにも取れる。それは前に触れたディルを変装させるときに、ジョディのような姿にしたことからも推論できることだ。本論の冒頭部分で引用したジョーダンの言葉に立ち返れば、文学作品で描かれた二人の男たちの関係は単純な友情で終わっているが、（ビーハンの場合は男性同士のセクシュアリティに力点を移してはいても、時代の制約を受けていた）、主人公たちにとって救いとなり得たかもしれないエロティックな可能性が潜んでいたかもしれないのだと述べている。現実には愛しあうことがなかったジョディとファーガスは、ディルという生身の存在を通じて愛を確認しているのかもしれない。

　さらに二人の男たちの同一化というのは、「サソリとカエル」のイソップめいた寓話*6 が語られる場面からも推論できる。最初にこの寓話が語られるのは、囚われの身であったジョディが、ファーガスに人間の性(さが)を説明するためのたとえ話としてであった。河を渡りたいのに泳げないサソリは、カエルに自分を背負って渡ってくれないかと頼む。気のいいカエルは、自分を刺したりしないなら引き受けようと言ってサソリを背負って泳ぎ始める。しかし途中でサソリはカエルを刺してしまい、結局両者は溺れてしまう。ジョディは、人間の本性とは、サソリのように奪うものとカエルのように与えるものの２つのタイプがあり、そのような人間の性(さが)は変えられないと思っている。そしてファーガスは後者のタイプであると確信したためにディルを託す決心をしたのだ。我々は、サソリとカエルがそれぞれ何を指し示すのかを考えたい誘惑

*6
「サソリとカエル」の寓話
イソップの中には該当する寓話はない。この寓話の比較的早い用例としてはオーソン・ウェルズ監督『秘められた過去』*Mr.Arkadin*（1955年、日本未公開、ヴィデオ発売）がある。

にかられる。しかし問題なのは、この寓話が意味するものではなく、この話が物語られるシチュエーションにある。

　ファーガスは監禁場所である空き家の一角にある温室で、木のフレーム越しにジョディの話を聞く。彼とジョディの間を木の棚が隔てている。この場面とまさに対になるのがエピローグの場面である。ディルの身代わりに服役しているファーガスのもとに面会にやってきた彼女に、ファーガスはおもむろに「サソリとカエル」の寓話を語り始める。物語るファーガスの前には鉄格子があって二人の間を隔てている。物語る人物はジョディからファーガスに移っており、聞き役はファーガスからディルに変わっている。この状況の再現はそれぞれのキャラクターの関係性を示唆してはいないだろうか。ここでも、ファーガスは、かつて自分に物語ったジョディの役割を追体験することで、彼との一体化を達成している。

アイデンティティー回復のための「危険なゲーム」

　映画は怪物化したジュードが殺され、不在のジョディも含めて男たちの絆が確認され、ある意味ではハッピーエンドに終わる。それに対して一部のフェミニスト批評家から、女性の排除によって男たちの共同体が自己完結している作品だという批判が出た。北アイルランドでは無造作なブロンドヘアに、ジーンズとアランセーター*7といった素朴な姿のジュードが、ロンドンでファーガスの前に現れたときには、ボブカットのダークヘアで、一分の隙もないようなキャリアウーマン風ファッションに身を固めた姿に変わっていた。冷酷で大義にとりつかれているジュードの形象は「キャスリーン・ニ・フーリハン」の歪んだ変形だともいえる。「キャスリーン・ニ・フーリハン」とはイギリスに侵略される以前のアイルランドを女性化した名である。虐げられた貧しい老女（伝統的アイルランド）のために若者が血を流して戦うとき、彼女は若く美しい姿として立ち現れるという。この伝承を下敷きにイェイツは同名の戯曲を書いた。

　「キャスリーン・ニ・フーリハン」のフェミニスト的解釈では、男性的支配者であるイギリスが、アイルランドという

＊7
アランセーター
Aran sweater
アイルランド西端のアラン諸島を発祥とする、晒していない羊毛で複雑な縄目模様を編みこんだ乳白色のセーター。伝統的に漁師の家で仕事着として女性たちが編み、家ごとに違うパターンで編まれたので、遭難の際の身元が判別できたといわれる。しかし、この伝承は事実とは異なることを検証したのが、野沢弥市朗著『アイルランド／アランセーターの伝説』繊研新聞社　2002年

088

乙女を陵辱し、アイルランドの男たちは、彼女（母国）を救うことができなかったことで、男性性を喪失する。そのため、彼らが担う独立運動は、ヒロイズムという形での男性性の回復という意味合いを帯びてくる。＊8

　これをファーガスのジェンダー・アイデンティティーの問題として考えてみたい。彼はジョディの処刑という任務に失敗し、さらにIRAの仲間を見殺しにしたことで、ナショナリストとしての男性性を見失ってしまう。ロンドンでディルに会い、ジョディになりかわって彼女の保護者になることで、男性性をいったんは回復するかに見える。しかし、ディルが男性であったために、今度は性的なアイデンティティーの危機に見舞われることになる。映画タイトルの〈クライング・ゲーム〉とは、実のところアイデンティティー獲得のための、非常にきわどく困難なプロセスのことを指しているのかもしれない。

　ニール・ジョーダンによれば、ファーガスは「思いやりと理解」という女性的な美徳を受け入れたために生き延びることができた。逆にジュードは男以上にタフで冷酷な存在になり滅びてゆくのだという。＊9 最終的にファーガスは、女性としてのジェンダー・アイデンティティーを持つディルを受け入れることによって、男性性を回復するに至る。しかも彼は硬直した男性的アイデンティティーからは解放されたのだ。さらに注目すべきは、ファーガスはアイデンティティーの回復を、自分がかつて関わっていたIRAの政治闘争から切り離したことである。先に述べたように、アイルランド独立闘争が男性性の回復のためのヒロイックな闘いであるとするならば、このようにジェンダー化されたアイルランド・ナショナリズムを、ニール・ジョーダンはこの映画で解体してみせたといえないだろうか。

　その一方で、「キャスリーン・ニ・フーリハン」、言い換えれば「支配的な母」と化したジュードが無慈悲に排除されたように、アイルランド独立闘争における女性の形象は、いつまでもステレオタイプのまま、あるいは抽象化されたまま、アイデンティティーの政治学の中で置き去りにされているのではないかというフェミニスト批評家の懸念も無視すること

＊8
大野光子著「『ケルトの女神』の再発見　アイルランドの女性たちの試み」（『ユリイカ』青土社 1998 年 12 月号）

＊9
Neil Jordan Interview, *Film Ireland* No.34, 1993.

はできない。

　この映画は最初に述べたように、どこに到達するのか先の読めない変化球のような内容を持つが、最終的に意味していたのは、ジェンダー、人種、ナショナリティ、そしてそれらを基盤にしたアイデンティティーとは、決して所与のものではなく人為的な構築物であり、いくらでも変容可能なものであるというメッセージである。さらに、現代社会にあっては性的欲望という極めて私的な領域にあると思われるものでも、政治や権力という公的なものとは無縁でありえないということを、大胆に示した作品であるといえるのではないだろうか。

西へ〜異郷への眼差し
『白馬の伝説』
Into the West （1992年）

前村　敦

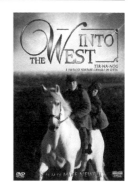

　アイルランド人は、死者や霊魂、妖怪、妖精などが住む異郷をどのように想像してきたのだろうか。異郷の住人がいるのは、ごつごつした岩肌の丘の地下や緑の茂みの中、海の上や底だ。そして、海辺などの境界に出没して人間と出会う。海に囲まれたアイルランドでは、広く大西洋が広がる西の方角に異郷を思い描いてきた。同じく島国である日本と重ね合わせてみると、理解しやすいだろう。

　アイルランド映画の中にも『レプリコーン　妖精伝説』(*The Magical Legend of the Leprechauns*, 1999) や『プランケット城への招待状』(*High Spirits*, 1988) といった、異郷やその住人が登場する作品がある一方、『オンディーヌ 海辺の恋人』(*Ondine*, 2009) のように異郷の存在そのものは現れなくても、物語の重要な鍵になる場合もある。

常若の国

　アイルランド人の異郷への眼差しを提示してくれる代表的な映画の一つが『白馬の伝説』だ。この映画では、アイルランドの人々が想像してきた異郷を知る際に重要な「西」「死者」「海」といった要素が織り込まれている。

　ダブリン空港に近い団地に定住を始めた漂泊民（トラベラー、イティナラント、ティンカーなどと呼ばれる）＊1 の父親パパ・ライリーと、その2人の息子、弟オシー、兄ティトーの物語である。

　兄弟の祖父が西の地方から白馬を連れて来る。白馬は不思議とオシーには従順だった。兄弟は白馬をチル・ナ・ヌオグ（Tir na nÓg = 常若の国）と名付け団地で飼い始めるが、住民の通報で警察に連れて行かれる。白馬は跳躍力が抜群で、悪徳警官が馬術好きの富豪に売ってしまう。馬術大会の会場で何とか馬を取り返した兄弟は、2人だけで白馬に乗り、カウボーイ気取りで西の地方（「西部」）に逃げる。警察と富豪は白

＊1
漂泊民
『アイルランドの漂泊民』（ジョージ・グメルク）などの書籍や資料によると、トラベラー (traveller) は漂泊民が自らを表現する言葉。ティンカー (tinker) は主に定住者が漂泊民を指す際に用いる。イティナラント (itinerant) は政府やメディアが使う用語とされる。

ロケで使われた、ダブリンのハーフペニーブリッジ

馬を奪うため、そしてパパ・ライリーと漂泊民の仲間は兄弟を救うため、それぞれ彼らの後を追う。

監督はイギリス生まれのマイク・ニューウェル。『フォー・ウェディング』(1994)、『モナリザ・スマイル』(2003) などで知られ、ハリー・ポッターシリーズの『ハリー・ポッターと炎のゴブレット』(2005) でもメガホンを執った。脚本は祖国にこだわった映画を撮り続けているアイルランド人ジム・シェリダン。父親役のガブリエル・バーンはアイルランドを代表する俳優の一人だ。兄弟を演じるのは、ティトー役にルーアリー・コンロイ。オシー役はキアラン・フィッツジェラルド。この2人は子役として、『ナッシング・パーソナル』(1995) でも共演している。兄弟の祖父役にデヴィッド・ケリー。アイルランド映画では常連のコルム・ミーニイや、撮影当時ガブリエル・バーンの妻だったエレン・バーキンらが脇を固めている。

『白馬の伝説』の原題は *Into the West*。アイルランドの海の異郷は、西の海の彼方に存在する幸福な場所がよく知られている。典型的な異郷のうち、多くは海の彼方や底に設定されている。Tír na hÓige（チル・ナ・ホイゲ）、Hy Brasil（ハイ・ブラゼル）といった名前が付いている異郷の場合、そこの風景や住人たちの姿も、詳しく描写されていることが多い。これらは、チル・ナ・ヌオグに代表されていると言っていいだろう。

異郷チル・ナ・ヌオグは、ジェームズ・キャメロン監督の『タイタニック』(1997) でも描かれる。間もなく沈没しそうなタイタニックの船内で、母親が子供たちに常若の国として海の底にあるチル・ナ・ヌオグの話を聞かせ、寝かしつけようとしている。アイルランドのクイーンズタウン（現コーヴ）が最後の寄港地だったタイタニック号。この家族はアイルランドから乗り込んだのだろう。そして、観客は、チル・ナ・ヌオグがアイルランドのポピュラーな異郷の名前だと知らされる。

境界に現れる者たち

『白馬の伝説』は、原題 *Into the West* が示唆する通り、西

への旅が物語を進める原動力になっている。チル・ナ・ヌオグの場所が想定されているアイルランドの西の海には荒れ狂うイメージが付きまとう。大西洋に面した都市ゴールウェイから船でイニシュモア（アラン諸島）に向かうとき、ひどい船酔いになるほど、激しい波に揺られることがある。アラン諸島から見る海では、小舟が波に翻弄されながら木の葉のように揺れている。アイルランドの人々はこんな光景に、古い時代の英雄や死者が赴いた異郷を想像（創造）したのだろう。

『白馬の伝説』は「オシーン、アイルランドへ帰る」などのタイトルで知られる伝説が下敷きになっている。日本の「浦島太郎」によく似たストーリーだ。「浦島太郎」では、竜宮城という異郷へ、海辺でいじめられていた亀がいざなう。異郷の存在者は境界に現れる。『白馬の伝説』に登場する白馬も異郷の「住人」であり、映画の冒頭で海辺に現れる。

オシーンの伝説は、バリエーションがあるが、おおむね以下のような筋立てになっている。

古代の騎士団の英雄オシーンが、ある娘に出会う。娘はアイルランド西方の海の中にあるチル・ナ・ヌオグの王女だった。オシーンは娘と白馬で海の中にあるチル・ナ・ヌオグに行き、そこで3年間過ごす。故郷が恋しくなって帰る際、アイルランドの土に触れてはいけないと忠告を受ける。白馬に乗って戻るが、陸の上では300年たっており、知り合いは一人もいない。大きな岩を動かそうとしている人々を助けたオシーンは、誤って土に触れる。白馬は去り、オシーンは煙か霧のようになってしまう。

映画の中で、オシーンの物語を兄弟の祖父が語る印象的なシーンがある。この中でオシーンは、「美しい若者がいた(Oisin was the most handsome traveller.)」「彼はトラベラーだったから、仲間を恋しがった（He missed the caravan.)」と描かれ、漂泊民であることが強調されている。キャラバン（caravan）は漂泊民が移動や寝泊まりに使う馬車のことだ。伝説に登場するチル・ナ・ヌオグは、白馬に付けられた名前。そして、もちろん主人公の少年オシー＝オシーンだ。

093

[*2] 稲田浩二著『昔話の年輪 80 選』ちくまライブラリー 1989 年

人は異界から差し伸べられる援助や、異能を持った人・動物などの援助なくしては到底、異界へわたることはできていない。その動物たちも多くは異界の住人たちとされる。「浦島太郎」の亀は異界の海の王国から遣わされた使者である*2

「西」の意味

映画の後半で、白馬は兄弟を彼らの母の墓にいざなう。兄弟が白馬と一緒に西の地方に逃れ、母の墓に着いた場面では雪が降っていた。死者の上に降る雪は、ジェイムズ・ジョイスの短編小説 The Dead を思い起こさせる。小説の最後で、主人公は死者のいる「西部」に旅立とうとしている。アイルランドを描いた小説や映画では、死者や人々が帰る場所は西の方向に設定されている。

[*3] ヘンリー・グラッシー編 大澤正佳・大澤薫訳『アイルランドの民話』青土社 1994 年

同じように海に囲まれている日本に重ねて考えると分かりやすい。まるで「西方浄土」であるかのように死者の世界と西の方角（土地）が結び付く。ヘンリー・グラッシー編の『アイルランドの民話』*3 に収録されている「オシーン、アイルランドへ帰る」（グレゴリー夫人記）では、チル・ナ・ヌオグの場所として「さて、方角のことだが、オシーンが連れて行かれたのは西の方で、帰ってきたのはクレアの海辺だ」と語られている。

『白馬の伝説』のロケ地となったモハーの断崖

『白馬の伝説』で、富豪たちに捕まりそうになった白馬は、オシーを乗せたまま荒々しい海に逃げ、波に飲み込まれる。おぼれたオシーは海の中で誰かの手に救い上げられる。それは死んだ母親の手だった。

アイルランドの西海岸では、漁師が荒れた海で遭難しそうになったとき、海の中からこの世のものではない女性の腕が現われ、ボートを安全な場所に引っ張って行ったという民話が語り継がれている。*4 海の中にいる「この世のものでない」（つまり「異郷の」、あるいは「亡くなった」）存在が、人間を救い出してくれるのだ。

[*4] Seán ÓhEochaidh, Máire NíNéill, Séamas ÓCatháin. *Fairy Legends from Donegal*, Comhairle Bhéaloideas Éireann, Dublin, 1977.

戻るべき場所へ

　異郷の住人は古い時代の英雄や妖精、死者たちだ。土地の神々や先住民族は、あとから来た神々（人々）に海の底や地下に追いやられたとも言われる。キリスト教のような新しい強大な文化や宗教に追われたが、しぶとく人々の心の中に生き残ったものたち。それが異郷の住人になった。同じく異郷の存在者である日本の妖怪にも同様のことが言えるようだ。「神々や祖霊はのちに零落して妖怪となる。新しい神に追われていったのである」。＊5

　白馬は自分の世界へと向かう。西の方向にある海の中の国チル・ナ・ヌオグへ戻って行った。漂泊民は、再び旅の生活に帰って行くことになるだろう。オシーたち兄弟は、やっと母親の死を受け入れられるようになり、父親のもとに戻る。これで、母親はようやく鎮魂された。

　最後のシーンでは、冒頭と同じように浜辺で白馬が走る姿が描かれる。それぞれがみな、戻るべき場所に納まり、この物語は終わるのである。

＊5
前出＊2参照。

北アイルランドの「父」と「息子」
『父の祈りを』
In the Name of the Father（1993 年）

岩見寿子

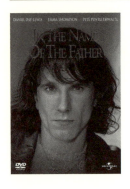

*1
Gerry Conlon , David Palliseter, *Proved Innocent: The Story of Gerry Conlon of the Guildford Four*, 1990.
（ゲリー・コンロン著，水上峰雄訳『父の祈りを』集英社文庫 1994 年）

　北アイルランド紛争が激化した 1970 年代、IRA の爆弾テロはイギリス本土にも及んだ。1974 年 10 月 5 日にロンドン郊外ギルフォードでパブ爆破事件が起こるが、本作は、実行犯として終身刑を宣告され 15 年間服役した後に無罪を勝ち取ったジェリー・コンロンの自伝*1 をジム・シェリダン監督が映画化したものである。監督の前の 2 作『マイ・レフトフット』『ザ・フィールド』（*The Field*, 1990）とは作風が一転し、北アイルランド問題を背景に冤罪事件を扱った政治性の濃い内容となっている。ジム・シェリダンとテリー・ジョージが立ち上げた制作会社ヘルズ・キッチンの第 1 作で、続いてテリー・ジョージが監督し、シェリダンがプロデュースに回った *Some Mother's Son*（1996）と、シェリダンが監督した『ボクサー』（*The Boxer*, 1997）は〈北アイルランド三部作〉とも称される。3 本ともシェリダンとテリー・ジョージの共同脚本である。

　テリー・ジョージは若い頃、IRA から分派した過激派組織 INLA（アイルランド民族解放軍）の政治部門であるアイルランド共和社会党に参加して服役したこともある。釈放後は大学で学び、その後ニューヨークに家族とともに移住した。そこで初めて書いた舞台劇をシェリダンが監督して当地で上演したというのが両者の繋がりの発端であるようだ。

　『父の祈りを』は実際の冤罪事件を下敷きにしているとはいえ、ジェリー・コンロンの原作をかなり大胆に改編している。イギリスの司法制度や警察機構への告発がテーマであるだけに、公開当時はイギリスの一部のマスコミや批評家などからは事実関係の脚色に対する手厳しい批判を招くことになった。しかし、アメリカでは興行的に大成功を収め、批評家からも高い評価を得た。

　アイルランドでも興行成績は極めて良好だったが、冤罪事

件そのものの考察や背景にある北アイルランド問題への分析が中途半端であり、見かけは社会派映画でも、実際は父と息子の心理的葛藤をメインにした家族メロドラマ的な面が焦点になっているのを遺憾とする評価も少なくなかった。

『父』とは誰か

In the Name of the Father というタイトルは、キリスト教の祈りの言葉を連想させ、大文字で Father と表記すれば「父なる神」の意味になる。しかし、タイトルの「父」が複合的意味を持つことは言うまでもないだろう。この映画における父とは、まず主人公ジェリーの実の父であるジュゼッペである。彼はベルファストの造船所で船舶の塗装の仕事に長年従事していたために肺を病み失業。カトリックに対する差別で、まともな職を見つけることができず、競馬の賭け屋の仕事でかろうじて大家族を養っている。長男のジェリーは幼い頃から、病弱だが息子を厳しくしつけようとする父に反発し、成人になってからはけちな泥棒稼業で IRA ににらまれ、父の手配でロンドンに逃れることになる。船上で再会した幼なじみのポール・ヒルとともに、ジェリーはヒッピーたちが不法占拠し共同生活をしている住宅に転がり込む。だが、平和と博愛をモットーとするヒッピーのコミュニティにも、アイルランド人に差別的な視線を向ける者がいたために口論になり、出ていくことになる。彼らは野宿するつもりで行った公園で、ホームレスの年取ったアイルランド人、チャーリー・バークと言葉を交わす。偶然にすぎないこの出会いが、後にジェリーたちの運命を大きく変えることになる。

　ギルフォードのパブ爆破事件の犯人として、ジェリーとポール、ヒッピー仲間のパディとキャロル（彼女を除く男性3人はアイルランド人）の4人が検挙される。彼らは肉体的精神的に過酷な取り調べによって自白に追い込まれ、それだけで有罪の判決を受ける。しかも、ジェリーの叔母のマグワイア一家と、事件直後にマグワイア家を訪問した父のジュゼッペも事件に連座して有罪とされてしまう。

　刑務所でジェリーと父のジュゼッペは同じ房で生活することになる。この設定は事実に反しているが、映画の展開にお

いては必然的な改編部分である。ジュゼッペは無罪を証明する希望を棄てず再審請求の請願書を書き続けるが、ジェリーはそのような父の行為には全く冷淡な態度をとり続ける。

　刑務所内でも大英帝国の植民地的秩序が幅をきかせており、イギリス人服役囚が顔役として、アイルランド人やジャマイカ人たちを敵視していた。ジャマイカ人がジェリーにジグソーパズルの世界地図を示し、パズルのピースが欠けているのを、大英帝国の版図は縮小の一途をたどっているよと皮肉る場面もある。

ジェリー父子の収監された刑務所として撮影された「キルメイナム刑務所」(ダブリン)

　その後、IRA のテロ実行犯であるジョー・マクアンドリューが新顔の囚人として現れる。彼こそがギルフォードのパブ爆破事件の首謀者であり、逮捕の際、自らその事実を告げたにもかかわらず、警察は沈黙を守っていることを暴露して、ジェリーたちを唖然とさせる。彼は獄中でもリーダーシップを発揮し、イギリス人服役囚の迫害からマイノリティ集団を守ろうとする。ジェリーにとって、マクアンドリューはジュゼッペからは得られなかった、行動によって権力と闘う「父親」イメージを提供することになった。

　シェリダン監督は、弱々しい父親の形象が破壊された文化の象徴になると述べている。植民地での「父」は権威や法を代表することはできない。権威は宗主国によって剥奪されている。あるいは宗主国自身が「悪しき父」の役割を担う。弱者であり、虐げられた存在としての「父」を見てきた植民地の「息子」は、父の二の舞になることを恐れてその場所から逃げ出すか、そこにとどまって抵抗することによって、失われた父性を回復しようとする。*2

*2
Ruth Barton, 'In the Name of the Father : A Political Cinema?' *Jim Sheridan: Framing the Nation*, Dublin: The Liffey Press, 2002.

　ジェリーにとって、ジュゼッペは弱いだけの父親であり権力の犠牲者にすぎない。マクアンドリューこそは武力行使によって独立を勝ち取ろうとする植民地のあるべき「強い父」のイメージであった。しかしながら、看守長を焼き殺そうとするマクアンドリューの非道な行為を目の当たりにして、彼の気持ちは急速に離れていく。この時、ジェリーはマクアンドリューに「俺を直視できるか」と詰問する。この視線の問題はこのあともしばしば登場する。ある雪の日に、身体の弱ったジュゼッペは独房の窓から、看守が鳩に餌をやってい

る様子をみつめている。そこに中庭で雪合戦をしていたジェリーのナレーションがかぶる。「父に手を振ろうとしたが、彼は何かほかのものを見つめていた」。それまでジュゼッペはマクアンドリューを正面から見ようともしなかったし、ジェリーともまともに視線をあわせようとしなかった。それがジェリーには父の弱さの現れにしか思えなかったのだが、ここで突然、ジェリーは父の見ていたものが、自分の見ていたものとは違う何かであったことに気付く。

アイルランド移民の姿

　ジュゼッペが肺の疾患で非業の死を遂げたあと、面会にきたガレス・ピアース弁護士にジェリーは「罪を認めさせる方法がある。相手の目をずっと見続けることだ」と語る。この場面は物語上の転回点であるとともに、時制が切り替わるポイントにもなっている。映画の冒頭、車の中でジェリーの証言テープを聞くピアース弁護士の姿が映るように、ジェリーが故郷をあとにする契機となったベルファストでの出来事から刑務所での父の死に至るまでは、ジェリーがテープに向かって語った回想場面に相当する。そしてこの面談以後、ジェリーのナレーションはなくなり、物語は現在進行形になっていく。

　この後の法廷場面が物語のヤマ場になるのだが、その中でも劇的に演出されるのは、ピアース弁護士がチャーリー・バークの顔写真を頭上に掲げながら、警察はジェリーらのアリバイを証明する彼の証言を取ったのに、まるでそんな人間はいなかったかのように、証言を抹殺したことを糾弾するくだりである。騒然となった中で、彼女は叫ぶ。「彼はまずい時にまずい所にいて、しかもアイリッシュだったからです」と。＊3

　ここで突然ホームレスの老人バークの存在がクローズアップされる。ジェリーがなぜバークのことを記憶していたかといえば、この浮浪者が自分の未来の姿であるかもしれないという恐怖感を与えたからであった。英国の権力機構において、ホームレスの老人は法的にほとんど存在しないも同然であり、したがってその証言は顧みられることがなかった。

＊3
英国では弁護士資格にはソリシター（Solicitor）とバリスター（Barrister）の2種類がある。前者は一般的な訴訟手続きを代行する「事務弁護士」であり、後者は前者の依頼を受けて法廷弁論をおこなう「法廷弁護士」である。ピアース弁護士はソリシターで、法廷で弁論に立つことはなかったので、ここもフィクショナルな部分である。

099

*4
『モリー・マローン』
Molly Malone
19世紀にアイルランドはじめ英国やアメリカに広まったポピュラーソング。魚の行商をしていた娘モリーが、熱病のため若くして亡くなるという内容が歌われる。ダブリンのグラフトン通りに魚貝を積んだ荷車を押す彼女の銅像がある。

ダブリン市内にあるモリー・マローン像

*5
『追憶のアイルランド』(*I Could Read the Sky*, 1999)もロンドンで孤独に年老いて、故郷を回想するアイルランド移民の心象風景を映像化している。

　スタンリー・キューブリック監督の『時計じかけのオレンジ』(1971)は、路上で飲んだくれて、アイルランドのトラッドソング『モリー・マローン』*4を歌っている年取った浮浪者が、理由もなく不良少年らの暴行を受けるショッキングな場面から始まる。この映画は近未来に設定されているにもかかわらず、映画の制作当時のロンドンで、アイルランド移民のホームレスという典型的イメージが投影されていたと考えることができる。同様に、『父の祈りを』でのチャーリー・バークは、植民地の弱い「父」のもとから逃げた息子が、金をためていつか故郷に帰ろうと思いながら果たせないまま、異郷でどのような末路を辿るかというアイルランド移民の恐ろしい運命を可視化させる存在になっているのである。*5

　先に見たように、この映画は前半3分の2まではジェリーの回想であり、そこで語られる内容は、父に対する息子の精神的葛藤であった。その後、獄中のジェリーは幾多の精神的危機や父との死別を乗り越えて一人前の男として成長する。獄死したジュゼッペはカトリックの殉教者であり、「父の名において」ジェリーは父と自分の失われた名誉と権利を回復しようと立ち上がる。この映画では社会や宗教は父親イメージで構造化される。英国はアイルランドが長年争ってきた「強く悪しき父親」である。

　「強く悪しき父」イギリスの国家権力に対して、ジェリーたちを助けたのがガレス・ピアースというイギリス人の女性弁護士であったというのも偶然ではない。現実には複数の支援者を、映画では彼女一人の存在に集約したのはフィクショナルな産物であるが、それは父子が獄中で同房だったというのと同じように必然的な作為であった。彼女や、「ギルフォードの4人」の無罪を主張して立ち上がった人権団体の存在が、公的権力とは別個にある英国の良心を代表し、映画の主題がイギリス対アイルランドという単純な二項対立に陥ることを妨げてもいるのである。

アメリカへ〜誰に向かって描いたのか
『フィオナの海』
The Secret of Roan Inish （1994年）

前村　敦

　他者の文化を検討しようとする者は、アイルランド西部で民話を蒐集したアメリカの人類学者のためになる話を、肝に命じておかなければなるまい。ある村で特定の型の物語があまりにも多く見いだされることに驚いて、その人類学者は、いったいどうしてそんなことになっているのか、ある老女に尋ねた。「そうだね」とその女性は答えた。「たぶん戦後アメリカの人類学者がおおぜい押し寄せてきたこととなにか関係あるんだろうね」＊1

原作にない挿話

　『フィオナの海』は、主人公の女の子を演じるジェニ・コートニーの可憐な姿が印象的な映画だ。アイルランド西部沿岸の島を舞台に、海で行方不明になった弟を少女が探し出す物語。弟はアザラシに育てられていた。
　登場するのは、昔ながらの漁をして生活する人々だ。主人公フィオナ（Fiona）は都会の生活が合わず、祖父母の住む土地へと向かう。
　アイルランドはイギリスに占領され、公用語として英語が押しつけられた。その結果、アイルランド語が日常会話でも使われる地域（ゲールタハト）は主に西の地方に限定されるようになった。
　この映画では、そうしたイギリスとの複雑な関係も描かれている。フィオナの祖父が炉辺で、島に住んでいた自分たちコネリー一族について語る場面だ。
　祖父は「わしの父親の父親の父親の話だ」と語り始める。そのころ、イングランド人が国を支配し、学校では英語が強要された。少年ショーンは学校でアイルランド語を話した罰として、教師によって、わらで作った襟を首に巻かれた。屈辱に耐えかねたショーンは、教師に向かって殴りかかった。

＊1
テリー・イーグルトン著、鈴木聡訳『表象のアイルランド』紀伊國屋書店 1997年

「おれをバカにしやがって！ この外国人め！」と叫びながら。

その後、ショーンは父親たちと漁に出るが、船が高波にもまれて転覆した。遭難したショーンはある島の浜で女性たちに助けられた。そこに運んでくれたのはアザラシだった。父親たちは死に、コネリー一族で生き残ったのはショーンだけだった。その後、50歳でショーンは投獄されて死んだ。アイルランド独立のために戦うフィニアン団に武器を密輸したからだ。

映画の主人公フィオナの祖先は、アイルランド独立のために戦う「フィニアン団」と関係が深かった。「フィニアン団」とは、アイルランド共和主義者同盟（IRB）のこと。19世紀中ごろ、アメリカに逃れたアイルランド移民がニューヨークで設立した。同時期にダブリンでも結成されている。

原作者のロザリー・K・フライは、カナダ生まれのイギリスの女性作家。そして、監督ジョン・セイルズはアメリカ人。原作はスコットランドが舞台なので、元々、フィニアン団の挿話は小説にはない。映画化された時に付け加えられた。

「フィオナ」という名前

アイルランド人の名前に関する本によると、「フィオナ」は、古くからの純粋なアイルランドの名前ではない。19〜20世紀のスコットランドの小説家ウィリアム・シャープ（1855〜1905）が作ったペンネーム（フィオナ・マクラウド）が最初だったという。アイルランド古代の英雄などで知られている「フィン（Finn）」の女性型として「発明」されたと言われている。スコットランドから広がって、北アイルランドやアイルランドでも使われるようになった。

フィオナ・マクラウドの作品は、『ケルト民話集』や『ケルト幻想作品集』といった書名で日本でも出版されている。「幻想的」な作風で小説を書いた。19世紀から20世紀にかけてアイルランドやスコットランドで盛んになった文芸復興運動「ケルティック・リバイバル」の代表的人物としても知られている。

フィオナ・マクラウドという名前も、原作も映画もそうだが、この「ケルト」的な名前が主人公に付いている理由につ

いても考える必要があるだろう。

アザラシと「天人女房」

『フィオナの海』はアイルランドの西北部の大西洋に面したドニゴルで撮影された。西の地方では、ごつごつした岩肌の海岸から眺めると、彼方まで大西洋が広がっている。こうした場所では、超自然的な存在を信じる想像力が刺激されたとしても不思議ではない。

この映画の中に登場する超自然的な存在はアザラシだ。アザラシが皮を脱いで若い女性の姿で水浴びをしているのを見た漁師が、その皮を隠すという、日本の昔話「天人女房」とそっくりな設定が重要な伏線になっている。

アザラシは、アイルランドの西の海をめぐる口承文芸ではとても重要な「登場人物」だ。いまや世界中から旅行者が訪れる観光地となっているアラン諸島でも、海岸近くに行けば、アザラシを見ることができる。

西の地方では、「アザラシは呪いをかけられた人間」という民話が語り継がれている。アイルランドの田舎を、古代から変わらない場所として想像し、そこに住む人々は、超自然の存在＝妖精を今でも信じている。そして、妖精の末裔がフィオナなのだ。

彼方まで広がる大西洋（アラン諸島から）

ルーツ探しと「桃源郷」への回帰

西欧の想像力が〈場所〉の上にファンタジーを投影してゆくとき、その「空想の土地」はイマジネーションの遊戯場としてのはなやかな様相を呈すると同時に、ある種の崇高さをたたえた桃源郷的なトポスとしても立ち現われる*2

*2
今福龍太著『クレオール主義』青土社 2001 年

『フィオナの海』で「幻想的」なイメージが強調される理由は、改めてこの映画が誰に向けて描かれたのか考えれば納得できる。つまり、アイルランドの西の地方を、アメリカ人の眼差しで眺めた「桃源郷的なトポス」として扱っているのではないか。アイルランド系のアメリカ人にとって、アイルランド（特に西の地方）は郷愁を感じながら訪れる場所として

103

「設定」されているのだ。原作にないフィニアン団の挿話を織り込んだ理由も同様であろう。

　筆者にも、次のような経験がある。西海岸の都市ゴールウェイの書店で、アメリカ人の旅行者と思われる家族がいた。母親が、棚の本を取り出し、ページをめくって息子に盛んに教えている。「おまえの名前の意味はこれだよ」と。棚は、「ケルトコーナー」といった趣で、アイルランドや「ケルト」に関する多くの本が置かれてある。目立つのは、「ファミリーネーム」とか、「あなたのルーツはここにいた」といったたぐいの数多の本。つまり、アイルランドから移民したアメリカ人の子孫向けの、ルーツ探しのコーナーなのだ。

　アイルランドを舞台にした映画の中で、同様の「眼差し」をもつ作品は少なくない。『ネフュー』(1998)、『フィオナが恋していた頃』(同)、『レプリコーン　妖精伝説』(1999) など。

　『フィオナの海』では、弟がいると信じている島で、祖父母がそこに住んでいたころの生活を取り戻そうと、フィオナは家の修繕を始める。そして、祖父母がフィオナを追って島に着いた後、アザラシたちがフィオナの弟を島に戻す。

　アイルランドに祖先をもつアメリカ人は、ルーツがいた場所に強く心を引かれる。しかし、アメリカ人が思い描く「故郷」は、今では想像や映画の中にしか存在しない。そして、テリー・イーグルトンが言うように「アイルランド西部で民話を蒐集したアメリカの人類学者のためになる話」が、ここかしこに存在するのだ。

　フィオナが住もうとしている島は「桃源郷的なトポス」である。そして、観客が予想した（望んだ）通り、弟をアザラシから取り戻し、島の生活が再び始まる場面で終わる。予定調和のようにフィオナや祖父母たちは、その場所に回帰していく。

分断された都市の運命
『ナッシング・パーソナル』
Nothing Personal （1995年）

岩見寿子

　北アイルランド紛争を扱った映画では、IRA（アイルランド共和軍）に焦点をあてたものが圧倒的に多いが、サディアス・オサリヴァン監督による本作はプロテスタント側の非合法武装組織を描いている希少な映画である。1975年に紛争の当事者同士が一時的に停戦したという歴史的事実を背景にしており、1990年代に進捗した北アイルランド和平への動きを意識して作られた一連の作品のひとつとみなされている。ただし、停戦をテーマにしているとはいうものの、映画の冒頭で引用されるW.B.イェイツの詩「再臨」(1920)の一節は、世紀末的な恐怖と絶望感に満ちている。

> The blood-dimmed tide is loosed, and everywhere
> The ceremony of innocence is drowned;
> The best lack all conviction, while the worst
> Are full of passionate intensity.

> 血に混濁した潮が解き放たれ、いたるところで
> 無垢の典礼が水に呑まれる。
> 最良の者たちがあらゆる信念を見失い、最悪の者らは
> 強烈な情熱に満ち満ちている。

（高松雄一編『対訳イェイツ詩集』岩波文庫　2009年）

『邪魔者は殺せ』との類似

　映画研究者のジョン・ヒルは、この作品がプロットや映像スタイルにおいてキャロル・リード監督の『邪魔者は殺せ』を意識的に踏襲していると指摘する。*1『邪魔者は殺せ』では過激派組織のリーダー、ジョニーが傷ついた身で、一晩中ベルファストの街をさまようが、『ナッシング・パーソナル』

*1
John Hill, *Cinema and Northern Ireland: Film, Culture and Politics*, London: British Film Institute, 2006. 『邪魔者は殺せ』については第2章Part1参照。

ではカトリックの普通の市民であるリーアムがバリケードで怪我をして街をさまよう。彼の行方を探す女性がいる点にも共通性があり、恋人と娘という立場の違いはあるが、どちらもキャスリーンという名前である。また、傷ついた主人公を家の中に入れて手当てをする女性が登場する。前者ではイギリス人の姉妹、後者ではプロテスタントの女性である。『邪魔者は殺せ』でも明確に表明されていたように、男性たちは大義のため暴力に身を投じる「公的な世界」に生き、そして死ぬのに対し、女性たちは暴力に反対するにもかかわらず、否応なくそれに巻き込まれていく。

　時間と空間の設定にも両者には共通性がある。『邪魔者は殺せ』では午後4時から真夜中の12時までの間に、ベルファストの街を彷徨するジョニーの運命が時間の経過とともに描かれる。『ナッシング・パーソナル』は、主要人物の生死を決める重要な出来事は一晩のうちに起こり、空間的にもベルファストの街路に限定されている。しかもカメラが捉えた夜の街路は、陰影が濃く、何が起こるのか油断ができず危険に満ちた、フィルム・ノワールに登場する虚構の都市のような印象をあたえる。

北アイルランドの宗派主義

　むろん両者には違いもある。『邪魔者は殺せ』では、あえて宗教的・政治的な背景をぼかしていたが、『ナッシング・パーソナル』では、逆に宗派間の対立の不毛さが大きな焦点になっている。したがって主要な登場人物たちがカトリックであるかプロテスタントであるかという情報は、明確に観客に伝えられる。

　しかし、その一方で、両者が住む住宅の外観や内部、行きつけのパブの内部、そこに集まる人々の言葉遣いや服装、画面の中で流れている当時のポップ・ミュージックなどからでは、ほとんど両者の区別はつかない。かろうじて区別できるのは、パブや街路に翻っているのがアイルランド共和国の三色旗なのか、英国のユニオンジャックなのか、あるいは壁画に描かれている内容が、ナショナリストの共和主義的メッセージなのか、プロテスタント・ロイヤリストが好んで描く

ボイン河の戦い*2 に勝利したウィリアム3世に因んだ絵なのかといった違いでしかわからない。

すなわち、北アイルランドの宗派主義 (sectarianism) というのは、当事者以外には極めて区別しにくい、実のところ同質性の高いものであることを映像は雄弁に表現しているともいえる。

ベルファストでは、プロテスタントとカトリックの居住地区はバリケードで仕切られている。リーアムと娘のキャスリーンはこのバリケードを越える。この越境はいうまでもなく物理的であると同時に、象徴的なものである。バリケードを越えるというのは、宗派間の壁を超えるということでもある。リーアムはプロテスタント居住区に誤って入り込んでしまったことによって、怪我の手当をしてくれたアンと知り合う。彼女はプロテスタント武装組織のリーダーであるケニーの別居中の妻である。ケニーが政治運動に没頭して家庭を顧みなくなったために夫婦仲は冷えきっている。

一方、リーアムの方も妻が家庭を捨ててイギリス人と出奔してしまい、リーアムは二人の子供を男手ひとつで育てている。お互いの境遇を語り合ううちに、二人は互いに心が通い合うのを感じる。そこでは二人の宗教的な違いは何の障害にもなっていない。

しかし、アンの家を出たリーアムには大変な災厄が待っている。プロテスタント地区の自警団の役割を担っているケニーたちに見咎められ、パブを爆破したIRAの仲間ではないかと疑われて拷問を受ける。その渦中で、ケニーはリーアムが幼いころの友達であったことに気づく。ケニーは二人だけになったところを見はからって、リーアムに互いの父親の思い出を語りかける。

リーアムとケニーの父たちの世代では、プロテスタントとカトリック間の対立は表面化しておらず、ドイツ軍と戦った第二次世界大戦中の共通の経験と、共有できる思い出があり、両者は友情を結ぶことができたのである。ケニーはリーアムに拷問を加えたことを詫び、「個人的な恨みではない」(nothing personal) とつぶやく。かつての彼には揺るがぬ信条があったのだが、もはや彼自身にすら、今やっていることが「大義」

*2
ボイン河の戦い
Battle of the Boyne
名誉革命後、プロテスタント勢力にイングランド国王として迎えられたウィリアム3世軍と、カトリック勢力を代表する前国王ジェイムズ2世軍の間で、1690年にアイルランドで行われた天下分け目の戦闘。

ベルファストのプロテスタント地区を示す壁画

107

のための行動であるとの確信がもてなくなっているかのようでもある。

エピローグの意味するところ

　映画は宗派の異なる者同士の交流の可能性を示唆しながら、その後はどんどん破滅に向かって突き進んでゆく。ケニーの手下の一人、ジンジャーは、カトリックを無条件に敵とみなし、自らの手中におちた犠牲者をいたぶるサディスティックな人間である。『極悪人』(*Resurrection Man*, 1998) の主人公も同タイプの人間として描かれていたが、政治的・宗派的対立の名を借りて、暴力や殺人に魅入られているサイコパス（精神病質者）であり、彼らのような存在は、和平の進展に対して障害にしかならない。カトリック側との停戦に合意したプロテスタント組織の最高責任者であるレナードは、ジンジャーを始末するようケニーに密かに指令を出す。

　ケニーは、ジンジャーがリーアムに対し必要以上の暴行を加えようとするのを何とか止めるが、父親の行方を一晩中探しまわっていたリーアムの娘キャスリーンが、カトリック側の血気にはやった少年の銃口をそらそうとして撃たれ命を落とす。その直後イギリス軍に包囲された車の中で、ケニーはジンジャーを銃で撃ち、その結果、イギリス軍からの一斉射撃を浴びてケニーも絶命する。死を覚悟した彼の行為は、『邪魔者は殺せ』において、キャスリーンが撃った銃に反応した警官隊の銃撃でジョニーと彼女が死ぬ結末を連想させる。

　その後の場面では、誰もいない寒々とした夜の街路に『ビリー・マクファジェン』*3 の物悲しい調べが流れていく。ケニーたちは大義のために闘ったつもりではあったが、結局は政治の道具として使い捨てにされる存在に過ぎなかった。

　原作小説*4 では、アンとリーアムはその後再び会うことはなく、リーアムと残された息子がイギリスに渡るところで終わる。しかし、映画では、互いの家族を埋葬した墓地で両者が再会するエピローグが用意されている。『邪魔者は殺せ』がそうであったように、この映画も運命の歯車が回りだしたらもはや後戻りができない宿命論的色彩と、悲観主義が全編を覆っている。父親たちの世代とは異なり、リーアムやケ

*3
『ビリー・マクファジェン』
Billy McFadzean
1916 年、第一次世界大戦中のソンムの戦闘で、自分の身を犠牲にして仲間を救った若き兵士ビリーの英雄的行為をたたえた歌で、北アイルランドではロイヤリストの愛唱歌となった。

*4
原作は Daniel Mornin, *All Our Fault*, London: Hutchinson 1991.

ニーたちの世代には埋めようのない宗派間の溝が横たわって
おり、彼らの子供たちは親の世代の憎しみと暴力の犠牲者で
ある。キャスリーンを誤って殺してしまったカトリック側の
少年の行動のように、暴力の連鎖を断ち切るのは全く容易で
はないが、このエピローグには、映画が制作された当時の停
戦*5から生まれた一筋の光明が反映されていると見ること
もできるかもしれない。

＊5
1994 年の停戦
1994 年 8 月 31 日、IRA の
停戦宣言によって、長年に
わたる北アイルランド紛争
はようやく紛争解決に向け
ての光明が見え始めた。そ
の後も停戦への道のりは平
坦ではなかったが、粘り強
く和平合意への努力が続け
られた。

映画技法から見えてくる主題
『マイケル・コリンズ』
Michael Collins （1996 年）

岩見寿子

*1
「ニール・ジョーダン監督、『マイケル・コリンズ』を語る」（映画公開時のプレス向け資料パンフレットより）

*2
『ブラディ・サンデー』については第 2 章 Part2 を参照。

　作品タイトルになっているマイケル・コリンズとは、実在したアイルランド独立運動の闘士であり政治家である。彼の波乱の人生を通してアイルランド共和国の起源を語るという、ニール・ジョーダン監督が長年にわたって企画を温めていた野心作である。ジョーダンは、「本作の趣旨は、歴史を描くことであって、なんら政治的主張を打ち出すことではない」と述べている。*1 マイケル・コリンズは IRA の創始者と考えられており、北アイルランド和平に向けて IRA が武装放棄を決断するか否かが大きな焦点となっていた時期にこの映画が公開されたために、ジョーダンはあえてこのようなコメントをしたのだろう。それについては後でやや立ち入って考察することにするが、ともあれ、歴史的事実を現代の観客に提示する方法として、ジョーダン監督は『ブラディ・サンデー』(*Bloody Sunday*, 2002) のようなドキュメンタリー的な手法ではなく*2、あえてハリウッド資本による大作として制作する方法を選んだ。そのためにこの映画では、常套的なハリウッド映画の叙述スタイルが随所に採用されている。それが歴史を描く場合にどのような「功罪」をもたらすことになったかを見ていくことにしたい。

クロス・カッティング編集

　映画のプロローグでは、ベッドに臥っているコリンズのフィアンセであるキティに、コリンズの腹心であるジョー・オライリーが、彼は偉大な人物だったと過去形で語りかける。ゆえに冒頭で観客は、主人公がすでに亡くなっていることを知らされることになる。この二人の場面は当初の構想にはなく後から付け加えられたものだという。アメリカ人観客の一般的嗜好を熟知しているスタンリー・キューブリック監督から、商業映画では、観客に悲劇的な結末への心構えをあらか

じめ与える方が好ましい、さもないと大きな失望感を与えることになるというアドバイスがあったためであった。*3 プロローグの場面は、エピローグとして再び登場するので、その間の本編は両者の長い回想ともみなすことができる。プロローグから画面は1916年のイースター蜂起の生々しいシーンへとつながっていく。

さらにこの映画では、クロス・カッティング編集の印象的な場面が2か所あり、いずれも重要なシーンとなっている。クロス・カッティングとは、同じ時間に、別々の空間で起こっている複数の出来事を交互に提示する編集技法である。

コリンズはアイルランド独立運動に壊滅的打撃を与えるために派遣された、カイロ・ギャング*4 と呼ばれる辣腕のイギリス情報将校グループの名前と住所を密かに入手し、配下の腕利きの若者12人を暗殺者として明け方に送り出す。

その間コリンズはキティとダブリンのグレシャムホテルの一室で夜を明かすのだが、彼らはこの段階では恋人同士ではなく、コリンズはキティの身の安全のために、むりやりホテルに連れて行ったのだ。ホテルの一室に二人だけで、途切れがちな会話を続ける様子と、街路や公園やホテルの浴室や寝室で繰り広げられる血なまぐさい暗殺の様子が交互に描かれる。多くの批評家が指摘するように、一連の暗殺場面は『ゴッドファーザー』(1972)を筆頭とするスタイリッシュなギャング映画の如く、陰惨でありながら審美的でもある。

また、コリンズの「十二使徒」の一人は、暗殺を実行する前に教会で祈っており、慈悲に満ちたキリストのまなざしが祈っている彼に注がれる。暴力と信仰との複雑な関係はジョーダンのほかの作品でも特徴的に示されているが、それは何がしかのアイロニーを見る者に抱かせる。キティは、バレンタインのバラの代わりに鉛の弾丸をたずさえた「十二使徒」に託したコリンズの「ラブレター」の中身を尋ねる。それは、この国に生きる希望を再びもたらすというメッセージだという答えに、彼女は「愛もあるのね、相手はそのメッセージを受け取ったと思う?」と問いなおす。

そのあとに続くのは、英国軍の装甲車がクローク・パーク競技場に侵入する場面である。装甲車はゲーリック・フット

*3
Neil Jordan, *Michael Collins: Screenplay and Film Diary*, London: Vintage, 1996.

*4
カイロ・ギャング
The Cairo Gang
独立戦争期、IRAの動向を探りコリンズ配下の組織をつぶすために、ダブリンに派遣された英国の諜報グループのこと。この名はエジプトのカイロで、英国陸軍諜報部の将校たちがアイルランドでの諜報活動について協議したことに由来するとされるが、一説にはダブリンのグラフトン通りにあった「カフェ・カイロ」でしばしば会合を持っていたことから後にこの名で呼ばれるようになったともいわれる。

ボールの試合をしている選手や観客に向かって突然発砲を始める。この襲撃は英国将校暗殺の報復として行われたもので、キティが発した問いの答えは、ほかならぬ「血の日曜日」として返ってきたのだった。この一連のシークエンスは、暴力が暴力を生む連鎖の恐怖を示していると同時に、アイルランド側も英国側も容赦のない暴力を行使する意味では同じであると告発している。

　ジョーダン監督は、冷酷さと優しさを併せもつマイケル・コリンズの二面性に惹かれたと語っている。＊5 グレシャムホテルでのコリンズはまさにその両面性を外在化している。しかし、ジョーダンの演出が実に手馴れた身振りで、暴力的な場面も映画的な美学でもってスタイリッシュに提示すればするほど、マイケル・コリンズが暴力に魅せられた危険な人物であるというイメージは拭いがたいものになる。したがって、イギリス情報将校暗殺のエピソードと血の日曜日事件を連続して描いているのは、主人公たるコリンズの冷酷さが観客の反感を買わないようにするための演出上の意図を感じさせもする。

　2番目の特徴的なクロス・カッティング編集は大詰めの場面で見られる。独立戦争に終止符を打つためにコリンズら代表団がロンドンで調印した英愛条約をめぐって、アイルランドは二分した。条約を受け入れることは、英国の自治領という地位を受け入れ、南北アイルランドの分離を意味することになるからだ。ついには、完全独立を主張するデ・ヴァレラ率いる条約反対派と、条約は独立を達成するための第一歩だとするコリンズら条約賛成派との間に内戦が始まる。かつては独立のために闘った仲間が敵味方に分かれることになったのである。

　コリンズは内戦を終わらせるべくデ・ヴァレラと会談するために敵方の本拠地、西コークに向かう。そこは急進的ナショナリズムの牙城であり、ほかならぬコリンズの生まれ故郷でもあった。腹心のジョー・オライリーとジープに乗って、まもなく予定されているキティとの結婚式のことを楽しそうに話しているコリンズ、同じ頃ダブリンの店でウェディン

＊5
『マイケル・コリンズ』DVD
特別版（ワーナー・ホーム・
ビデオ）収録のドキュメン
タリーより。

112

グ・ドレスを選んでいるキティ、そしてコリンズらを乗せた
ジープを待ち伏せし、狙撃するために崖の上を目指して集
まっていく若者たちの三者三様の状況が短いカットで交互に
提示される。クロス・カッティング編集は時間的な同時性を
示すのに加え、対立する概念を比較対照してみせる効果もあ
る。ここで対比されているのが「愛」と「死」であることは
あまりにも明らかだろう。

　この場面のバックにはシンニード・オコナーの歌うアカペ
ラの曲 She Moves Through the Fair ＊6 が流れるが、それは
かつてキティの実家にコリンズと親友のハリー・ボランドが
滞在していたときに彼女自身が歌った曲でもある。幸福感に
満ちたホームパーティの席上で歌われた歌が、この場面では
コリンズの死が間近に迫っていることを予感させる哀切な響
きに満ちている。

　さらに狙撃者の若者が目指す断崖の先端には巨大な白い
マリア像が立っていて、ジョーダンの映画で、暴力が牙を剥こ
うとするときに登場する宗教的アイコンの使用は、ここでも
例外ではない。

存在感の薄い女性像

　先にあげた重要な2つの場面のいずれにも、キティはキー
パーソンとして登場する。それにもかかわらず、彼女の存在
感はあまり大きくない。コリンズの親友ハリー・ボランドは
もちろんのこと、独立派を弾圧する立場のアイルランド警察
の人間でありながら、運動に共感してコリンズに情報を提供
し虐殺されるネッド・ブロイなどの男たちの描写と較べて、
キティという個人の描写は非常に浅いレベルにとどまってい
る。

　ゲリラ戦術を生み出し、独立戦争を冷徹に遂行していく独
立の闘士というコリンズの公的な面が主流になってドラマが
展開するなかで、彼のプライベートな部分を担っているのが
キティという存在である。しかし、ボランドが彼女をめぐっ
てコリンズの恋のライバルとして関わってくるために、この
三角関係では男女関係よりも、むしろ男同士の絆というホモ
ソーシャルな関係に重点が移行してしまう。彼女は生身の女

＊6
She Moves Through the Fair
アイルランドの伝承歌。
She Moved Through the Fair
という表記もある。歌詞に
はいくつかのバージョンが
あるが、本作では結ばれな
かった恋人たちの哀しい顛
末が歌われている。

*7
『クライング・ゲーム』については第2章Part2参照。

フォー・コーツ

*8
フォー・コーツ
The Four Courts
ダブリン中心部を流れるリフィー川沿いに立つ歴史的建築。18世紀末から19世紀初頭に建てられたもので、4つの裁判所が集合しているため、この名で呼ばれる。内戦で英愛条約に反対する共和主義者が立てこもり、アイルランド自由国軍が攻撃したため建物のかなりの部分が破壊されたが、1932年に再建された。

*9
『マイケル・コリンズ』DVD特別版（ワーナー・ホーム・ビデオ）収録のドキュメンタリーより。

性としての存在感が薄く、コリンズの「愛」の対象という象徴的な存在になっているにすぎない。

『クライング・ゲーム』*7でもそうだったように、愛情というプライベートな領域に、政治や独立運動という「公的領域」がたえず侵食してきて、ついには「私的な領域」を破壊してしまうというのが、この映画の1つ目の主題である。

類似性を強調する編集

2つ目の主題も映画技法の面から導き出すことが可能である。映画の始めの部分でのイースター蜂起の描写と、中盤での内戦の始まりを告げる自由国軍によるフォー・コーツ*8攻撃の場面は、画面の構図や色調やバックの音楽などを通して、明らかに類似性を意識して編集されている。フォー・コーツのシーンを見た観客が「おや、この場面はどこかで見たような気がするぞ」と感じるような効果が計算されているのだ。では、なぜ、観客にそのような印象を与えようとしているのだろうか？

イースター蜂起の場面とフォー・コーツ攻撃の場面の類似性が示しているのは、2つの出来事の連続性であると思われる。ジョーダン監督は、独立戦争も英国に対する戦いというだけでなく、アイルランド人同士が殺しあったという意味では内戦という色彩を強く帯びていたのだと述べている。*9コリンズの主導したゲリラ戦の標的になったのは、イギリス軍だけでなく、イギリス側について権力を行使するアイルランド人たちであった。

ジョーダンが強調したかったのは、独立戦争というのは、アイルランドとイギリスとの戦いである以前にアイルランド人同士の戦いでもあったという事実である。その意味で独立戦争はその後の内戦につながる要素をすでにはらんでいたことになる。

独立戦争が圧倒的に優位な大英帝国に対し、祖国の解放を目指す戦いであると単純化され、輝かしく語られてきた一方で、共に戦った者同士が敵対し、多くの同胞が犠牲になった内戦の傷痕は大きく、そのトラウマのために内戦をタブー視してきたナショナリズム史観へのジョーダン流の反論であっ

114

た。独立戦争と内戦とを、連続するものではなくて別の位相で捉えようとする従来の歴史観が、独立戦争の立役者でありながら英愛条約を締結し祖国を裏切ったとして、コリンズの評価を難しいものにしたのである。

　条約交渉の代表になったことでコリンズはジレンマに陥る。すなわち流血の代償を払っても成功の見込みがない独立の理想にしがみつくか、それとも現実主義的な立場で妥協を受け入れるかというジレンマである。ジョーダンが後者の立場をとったコリンズの選択を支持しているのはいうまでもない。

　『クライング・ゲーム』で描いてみせたように、監督は本質主義や理想主義には明らかに懐疑的な立場をとっている。したがって、内戦を引き起こした責任は、条約に調印したコリンズ側ではなく、絵に描いた餅のような独立国家にこだわったデ・ヴァレラ側にあり、彼の理想主義、原理主義に批判の矛先が向けられることになる。ただしハリウッド流に人間関係が「わかりやすく」描写されているためか、デ・ヴァレラは矮小化された敵役に堕してしまうことになった。

本作のロケ地となったダブリン城

激しい議論の中で

　この映画はイギリスやアイルランドで多くの議論を巻き起こした。イギリスの保守系メディアは、コリンズをIRAの創始者であると捉え、彼を賛美することは、北アイルランドでのテロを助長することにつながると批判した。IRAの政治組織であるシン・フェインの機関誌がこの映画を好意的に評価したことも、保守系の人々の怒りをかきたてたといわれる。実のところ北アイルランドのIRAは、コリンズに敵対した条約反対派の流れを汲んでいることを考えると、このような現象は皮肉以外の何物でもない。

　一方、アイルランド国内でも、歴史的事実であると明確には判断できない映画上の作為、特にデ・ヴァレラがコリンズの暗殺に関与していたのかどうかという問題をめぐって批判的な論評が少なくなかった。これらの批判に対して、ジョーダン監督は粘り強く反論している。本論のはじめに触れた「本作の趣旨は、歴史を描くことであって、なんら政治的主張を打ち出すことではない」というのも、北アイルランド問

題と結びつけて映画を評価することへの反論としてなされた
ものである。

　ともあれ、この映画の制作は1990年代半ばの北アイルラ
ンド情勢に大きく左右されていた。IRAが停戦に合意した時
期だったために、何とかクランクインすることができたのだ。
停戦が破られたときも映画の撮影は続いていたが、少なから
ぬイギリス人スタッフたちは完成のために労力を惜しまな
かったと、本作のプロデューサーでジョーダンの長年のパー
トナーである、イギリス人のスティーヴン・ウーリーは証言
している。*10 ブライアン・マッキルロイは『マイケル・コ
リンズ』を評して、アイルランドが新しく平和的な国家にな
るために暴力の中から生まれてきたのだということを、人々
に改めて意識させることになったこと、そのため、この映画
は北アイルランド問題のメタファーとみなされるのだと指摘
する。*11

　映画のラストシーンは、コリンズの葬儀のために多数の市
民が参列する当時のニュース映像を使用している。それは、
本編がキティやオライリーによる個人的なコリンズの回想に
とどまらず、アイルランド人の集団的記憶をたどるものであ
ることをも示している。そこにかぶさるクレジットでは、
イースター蜂起50周年にあたる1966年にデ・ヴァレラが
述べた「コリンズは20世紀アイルランドの歴史で最も重要
な人物であることを証明するだろう、私の犠牲において」と
いうコメントが引用される。コリンズの暗殺から5年後の
1927年、デ・ヴァレラが共和党 (Fiánna Fail) を結成して国民
議会に復帰したのは、歴史的な客観性に立てば、結局はコリ
ンズの路線を受け入れたことになる。彼自身がそのことをよ
く認識していたのではあるまいか。

　『マイケル・コリンズ』は、アイルランドで公開された映
画興行収入の最高記録を打ち立てた。一般大衆から国民的映
画として受けとめられたのである。不思議なことにアイルラ
ンドの人々にとって、この映画が「アメリカ映画」であると
いう事実は全く問題にはならなかった。

　ジョーダンは一国の歴史を叙述するうえで、商業映画の大
作として制作することの限界を知らないはずはなかったであ

*10
『マイケル・コリンズ』DVD
特別版（ワーナー・ホーム・
ビデオ）収録のドキュメン
タリーより。

*11
Brian McIlroy, 'History
Without Borders', James
MacKillop（ed.）
Contemporary Irish Cinema,
New York: Syracuse
University Press, 1999.

ろう。しかしながら、一般的にはほとんど知られていない小
国の苦痛と悲しみに満ちた独立への歩みを、ハリウッド資本
を利用して全世界に発信することの意味の大きさを、彼はし
たたかに計算したに違いない。

戻れない物語
『ジェネラル　天国は血の匂い』
The General （1998年）

前村　敦

　『ジェネラル　天国は血の匂い』（以下『ジェネラル』）は、ダブリンに実在し、稀代の盗賊と言われたマーティン・カハルの少年時代から死ぬまでの生きざまを描いた作品である。マーティン・カハルはダブリンを流れるリフィー川の北で生まれた。育ったのは、川の南側のラスマインズにある「ホリーフィールド・ビルディングズ」（Hollyfield Buildings）と呼ばれる、古くて粗末なアパート。ここは、ホームレス一歩手前の人々が住む場所だった。宝石店強盗や絵画の盗難などさまざまな犯罪に手を染めた。フェルメールの絵を盗んだことでも有名だ。犯罪者としてのし上がっていくが、最後にはホリーフィールドの仲間たちは離れていき、残ったのは家族だけ。そして、平穏な生活が戻ったかと思った矢先、暗殺者に命を奪われてしまう。

　『ジェネラル』は、『白馬の伝説』や『フィオナの海』といった「回帰」することがテーマになっている映画とは異なり、「戻れない」物語と言える。

　監督は『エクスカリバー』(1981)などで知られるジョン・ブアマン。イギリス生まれだが、アイルランドに拠点を移して映画を作っている。主役のマーティン・カハルを演じるのは、ダブリン出身のブレンダン・グリーソン。本作の公開当時は日本ではあまり有名ではなかったかもしれないが、その後、ハリー・ポッターシリーズに起用され、広く知られるようになった。彼を追い詰める警官役に、『真夜中のカーボーイ』(1969)や『エネミー・オブ・アメリカ』(1998)などに出演したアメリカの俳優ジョン・ヴォイトを配置した。脇を、エイドリアン・ダンバーやマリア・ドイル・ケネディー、ショーン・マッギンレーなどアイルランド・北アイルランド出身の芸達者が固めている。

権威への反発

　映画は、ダブリンの街角を俯瞰するショットから始まり、マーティン・カハルの家、そして彼が射殺されるシーンに続く。ダブリン中心部から2004年開業の市電（Luas）のグリーンラインが南に延びている。始点のセント・スティーブンス・グリーン駅から三つめの駅ラネラー（Ranelagh）を降り、歩いて数分の住宅街にマーティン・カハルが住んでいた。当時はまだLuasは通っていなかったが、彼が殺されたのは、その近くにあるT字路だった。

マーティン・カハルが殺された現場

　1994年8月18日の午後、いつも彼の家を見張っていた警官はいなかった。レンタルビデオを返そうと、彼は自宅から車で出掛け、近くのT字路に差し掛かったところで撃たれて死んだ。IRA（アイルランド共和軍）のヒットマンだった。

　マーティン・カハルが生まれたのは1949年。彼が育った当時のアイルランドにも、高い失業率、貧しい暮らし、飲酒、北アイルランド問題などが存在していた。

　人々を苦しめてきたアイルランドの権威（警察、教会、政府）に対するマーティン・カハルの反発が物語の底流を流れている。映画でも、権威に反発するシーンを見ることができる。代表的な例は、非行少年の更生を目的とした職業訓練学校（矯正施設）に入れられた子ども時代のカハルの姿だ。映画では、司祭から性的な行為を求められるのに抗ったカハルは、こっぴどく殴られる。

　また、ホリーフィールドを追い出されそうになったマーティン・カハルが、その土地で最初はトレーラーハウスにこもり、次にはテントを立て、次々にやって来る「行政」や「教会」の権威たちに悪態をつく。「欧州の人権裁判所に訴えてやる」「都合よく"ここに住め""出て行け"と指図したとな」「帰れ　貧乏人をいじめやがって」

　マーティン・カハルは、さまざまな犯罪に手を染めていく。初めのうちはあまり大物を狙わなかった。盗みに入った家では、おもちゃの汽車を取り上げる。自分の子どもに渡すためだ。家が欲しいという妻たちの願いに「手を尽くしてみるか」と応じる。家族にはあくまでも優しい面を見せる。趣味

は鳩レースだ。ドラッグには手をつけない。ビリヤード場で貧乏な住民にほどこしをするマーティン・カハル。義賊と言われたロビン・フッドになぞらえているようだ。

次には有名宝石店を襲い、大量の貴金属を奪う。その時、サッカーチームのように仲間とおそろいの服を着ている。背中には Hollyfield United。まさに、ホリーフィールドを大切にするマーティン・カハルの気持ちが表れているシーンだ。

家を買う時には現金（紙幣）が信用されず、小切手でなければ買えない。マーティン・カハルは「いんちきな世の中だ」と嘆く。盗んだゴールドレコード（一定の基準を上回った売り上げを記録したレコードに与えられる賞）を掲げ、「これがゴールドディスクだとさ」と簡単に真っ二つに割ってみせる。金色をつけただけで、本物の金（ゴールド）ではないのだ。ちなみに、監督ジョン・ブアマンの家から、マーティン・カハルが実際にゴールドディスクを盗んでいるといい、そのエピソードを映画でも使ったようだ。これは 1972 年公開の映画『脱出』（*Deliverance*, 1972）のサウンドトラックで監督自身が受賞したゴールドディスクだった。

一方で、裏切ったと誤解した仲間の掌を容赦なくビリヤード台に釘で打ちつける。ゲームセンターに強盗に入った時の証拠調べをした鑑識医の車に爆弾を仕掛け、大けがを負わせてしまう。冷徹な残酷さも持ち合わせている。

宝石店強盗をした後、同じ店を狙っていた IRA から分け前を渡すように迫られる。しかし、「欲しけりゃ自分たちで盗め！」「一銭もやるか、ボケ」「泥棒から泥棒するな！」と一蹴する。マーティン・カハルは IRA からも目をつけられるようになる。手下はドラッグに手を出しており、IRA はそれも気に入らない。

美術品を盗難

IRA と決定的に決裂した原因は、盗んだ美術品の処分先だった。マーティン・カハルが盗難のターゲットにしたのは、絵画コレクターとして有名な富豪アルフレッド・バイト卿が集めた美術品が収められているラスバラ・ハウス。フェルメールなどそうそうたる画家の絵が幾つも飾られている。警

察をあざむき、たくさんの名画を盗み出した。

　警察はマーティン・カハル本人と家を徹底的に監視する。最も信頼していた幼なじみの仲間であるノエルが、監視は絵が原因であり、賞金をもらって終わりにしようと説得するが、その言葉を受けつけない。糖尿病で倒れたマーティン・カハルは「みんな敵だ。家を買わなきゃ。こんな……」「自由がない」とうわごとを言う。結局、絵を処分する相手をなかなか見つけられなかった。最終的にプロテスタント系の過激派組織 UVF（アルスター義勇軍）＊1 と取り引きすることにした。UVF は IRA とは敵対する組織だ。マーティン・カハルは警察だけでなく IRA からもさらに敵視されることになる。

　『盗まれたフェルメール』＊2 によると、「80 年代半ばの好景気が続く中、美術市場はどんどん拡大し、美術品の値段は上昇した。投機対象として美術品を購入することが流行したのも、この時期である」「こういった時代背景を反映して、美術品の窃盗も、絵を売って、あるいは持ち主と取り引きをして現金を得ることを目的とした犯罪に変化していく。また、麻薬や武器の密売などを手がけている大規模な犯罪組織が美術品を盗み出し、麻薬や武器を流通させるルートにのせて盗品を売りさばくというパターンも、80 年代の特徴のひとつとなった」。そして、マーティン・カハルは「盗んだ絵を処分することができず、彼は故買屋、犯罪者、テロリストと様々な個人や組織に手当たり次第に声をかけるが、けっきょくそれが原因で自らの墓穴を掘ることになる」

ホリーフィールドには戻れない

　『ジェネラル』では、ホリーフィールドの仲間が離れていく様子が描かれる。ノエルはドラッグ反対の住民運動に負けて自首をする。残り少なくなった幼なじみの手下であるガリーは酒浸りでドラッグもやっており、UVF との取り引きで相当な緊張を強いられ、酔って実の娘を死んだ妻と間違えてレイプしてしまう。いずれも、マーティン・カハルが破滅に向かって突き進む中での犠牲者ともいえる。

　「昔はよかった」と繰り返すマーティン・カハルは、コミュニティーのつながりの中で楽しく生きてきたアイルラン

＊1
UVF（アルスター義勇軍）
1966 年に IRA との闘争と北アイルランドのイギリスへの残留を目的に設立されたプロテスタント系の過激派組織。「旅団参謀」という指導部の下で活動していた。2009 年には武装解除を完了したが、その後も影響力を保っているという。

＊2
朽木ゆり子著『盗まれたフェルメール』新潮選書2000 年

121

ド人が、さまざまなしがらみによって、窮屈に生きざるを得
なくなった状況の象徴だろう。彼の破滅を描くことで、監督
は、現在のアイルランドに「これでいいのか」という問いを
突きつけているようだ。ブアマンは、この映画を「善であり
えた悪人の悲劇」と説明している。

*3
Paul Williams,
THE GENERAL, New York,
A Tom Doherty Associates
Book, 1998.

　ホリーフィールドの住民は社会のアウトカーストとし
て扱われていた。……この孤立化は排他的なコミュニ
ティーにつながり、多くはマーティン・カハルと同様に
互いに結婚するようになった。ホリーフィールドの住民
は忠節心と権威を軽蔑することでしっかりと結びついて
いた。マーティン・カハルの複雑な性格を形づくる要素
だった。彼は不思議なアンダーワールドの中で幸せだっ
た。彼の領地を囲む壁の向こうの社会のやり方に順応し
ようとも望まなかった。彼はしばしば、自分の手下・家
族に自分がどこから来たのかと、自分のルーツに誇りを
持つことを忘れないよう助言していた。*3

　結局、マーティン・カハルが描いていた昔の姿に誰も戻れ
ない。ホリーフィールドには誰も戻って来ない。

　マーティン・カハルは『ジェネラル』以外でも映画に取り
上げられた人気のキャラクターだ。ケヴィン・スペイシーが
主演し、アイルランド人のサディアス・オサリヴァンが監督
した『私が愛したギャングスター』（2000）と、『ヴェロニ
カ・ゲリン』（2003）だ。
　『私が愛したギャングスター』では、ケヴィン・スペイ
シーがマーティン・カハル（映画の中ではマイケル・リンチ）を演
じている。『ジェネラル』と同じような犯罪が描かれるが、
『私が愛したギャングスター』の中では、あくまでもマー
ティン・カハルはスタイリッシュで軽妙であり、ファンタ
ジーの中にいるような雰囲気だ。
　一方、女優ケイト・ブランシェットが主演した『ヴェロニ
カ・ゲリン』は、アイルランドの実在のジャーナリストであ
るヴェロニカ・ゲリンが主人公。ドラッグを扱うギャングに

ペンで立ち向かったが、ギャングに撃ち殺される。この映画でのマーティン・カハルのイメージは『ジェネラル』とは少し異なり、陰の大物が他にいることになっている。マーティン・カハルは、ドラッグを扱っていると疑われる陰湿で残酷な犯罪者として表現されている。

　『私が愛したギャングスター』も『ヴェロニカ・ゲリン』も、主役がハリウッドスターだからかもしれないが、日本で封切られた。一方、『ジェネラル』は1998年のカンヌ国際映画祭で監督賞を受けたにもかかわらず、日本で劇場公開されなかった。DVDやビデオでは見ることができる。ただ、国際的に評価が高いアイルランド映画がなかなか日本で広く見られないことは残念でならない。

モダン都市ダブリンの大人のファンタジー
『アバウト・アダム　アダムにも秘密がある』
付論『サークル・オブ・フレンズ』

About Adam（2000年）　Circle of Friends（1995年）　　　　　　　　　　岩見寿子

本作の監督であり、脚本も書いたジェラルド・ステンブリッジはアイルランド、リムリック州の出身で、映画監督としてのキャリアのほか作家としても知られている。この映画と同じ時期に公開された、ダブリンを舞台にした犯罪映画『私が愛したギャングスター』（Ordinary Decent Criminal, 2000）と、ジェイムズ・ジョイスの妻を主人公にした文芸作品『ノーラ・ジョイス 或る小説家の妻』（Nora, 2000）のシナリオも手がけているが、3作とも全く異なったタイプの作品であることに、ステンブリッジの多才ぶりが窺われる。

語りの仕掛け

『アバウト・アダム』は、それまでアイルランドを舞台にした映画では取り上げられることが極めて少なかった、ダブリンに住む中流階級の人々の考え方やライフスタイルに焦点をあてたラブ・コメディである。ただし容易に先の展開が読めるような類型的なものではなく、語りにはある仕掛けが施されている。

3人姉妹の三女で異性関係が派手なルーシーは、バーでウェイトレス兼歌手の仕事をしている。そこでアダムという身なりがよくセクシーな青年と知り合い、順調に交際が始まる。やがて母の誕生パーティの席上でルーシーの方からアダムに求婚し、彼もそれを受け入れて家族公認の仲になる。ここで物語の中心であるかに見えた三女は急速に後景に退き、替わって次女のローラに焦点が移る。彼女は修士論文を準備中の英文学専攻の大学院生で、恋愛体験はほとんどない。彼女から見たアダムは、家族を失うという悲しい過去をもったロマンティックな人物で、彼女が好きなクリスティーナ・ロセッティ*1 の詩を暗誦してみせるほどに知的な人物である。アダムは彼女にアプローチし、相手が妹のフィアンセである

*1
クリスティーナ・ロセッティ
（Christina Rossetti, 1830～1894）
ロンドン生まれの詩人。叙情的なものから童謡など多彩な作品で知られる。兄は画家で詩人のダンテ・ゲイブリエル・ロセッティで、彼女をモデルにした絵画を残している。

124

ことを意識しながらもローラは急速に彼に惹かれていく。

　ここで我々観客はアダムが嘘つきの女たらしであると判断をくだそうとするわけだが、我々が見ているものは彼についてのすべてではないことが次第に明らかになっていく。いくつかの同じ場面を別々の視点から見せられることにより、少しずつ異なった角度からの情報が付け加えられてゆくのだ。

　3人姉妹の末の弟から見たアダムについてのエピソードをはさみ、ついには、シニカルに世間を見ているはずの既婚者の長女アリスまでもがアダムと肉体関係をもつにいたって、すっかり我々は混乱させられてしまう。いったい、アダムとは何者なのか？稀代のペテン師なのか、あるいは、誰にでも幸せと満足をもたらす天使の如き人物なのだろうか？　映画のタイトル通り、3人姉妹と弟それぞれの視点からの「アダムについて」の語りを通して、4人の個性や悩みや夢が浮き彫りにされる。けれども肝心のアダムが、いったいどういう人物なのかは最後まで謎のままだ。彼は相手が望む通りのキャラクターになり、自身の過去や家族の物語もそれに合わせて変化する。しかも、愛車であるジャガーのスポーツカーがどうして自分のものになったかという4通りの異なった話を通して、彼の身の上話が語られるのがバカバカしくも可笑しい。

『サークル・オブ・フレンズ』との比較

　本作がアイルランド映画としてユニークなのは、同様のジャンルに属する『サークル・オブ・フレンズ』と比較すると明らかになってくる。1950年代のアイルランドを舞台に、幼なじみの3人の少女が大学生になり、罪、恥、堕落といった性をとりまくタブーに囲まれた社会で恋愛し、やがて望まない妊娠、嘘と裏切りの試練を経て成長していくという、アイルランド出身のパット・オコナー監督による青春映画である。若い女性たちが性への関心と、教会の説く抑圧的な性道徳との乖離に悩むというのは、1970年代始めくらいまで、カトリックの道徳観が長く一般庶民の生活や意識を支配していたアイルランドでこそ成立するドラマであるといえるだろう。

　アイルランドのベストセラー作家、メイヴ・ビンチー*2

*2
メイヴ・ビンチー
(Maeve Binchy, 1940〜2012)
ダブリン生まれの作家・ジャーナリスト。ユニバーシティ・カレッジ・ダブリンを卒業後、教師やニュース・リポーターを経て作家となる。生涯に16本の長編小説を書き、その多くは国際的なベストセラーとなっており、日本でも翻訳が何冊か出ている。

*3
アングロ・アイリッシュ
Anglo-Irish
アイルランドに植民し、定住した英国人の子孫を指す。その多くはプロテスタントで18世紀から20世紀初頭まで、カトリックの一般大衆に対して、地主や官僚、専門職などの地位を占め、アイルランドの支配階級を形成した。

ダブリン市内にあるデパート、ブラウン・トマス

*4
チーフタンズ
The Chieftains
アイルランドの伝統音楽のバンド。1962年にダブリンで結成され、伝統音楽をモダンなアレンジで演奏したり、さまざまジャンルのミュージシャンと共演し伝統音楽と融合したりする試みでも知られる。スタンリー・キューブリック監督『バリー・リンドン』の映画音楽を担当して国際的に広く知られるようになった。

の自伝的ともいえる小説を原作とするこの映画は、カトリック的倫理観のほかにも、いかにもアイルランドらしいアイコンを過剰に備えている。小さな村落共同体、修道院、家族の絆、ビッグハウスと呼ばれる屋敷に住むアングロ・アイリッシュ*3の人たちなどなど。物語の中心であるベニーは、両親の住むノックグレン村と大学のあるダブリンを毎日往復する。村では良きにつけ悪しきにつけアイルランドの古い伝統が存続しているが、都会のダブリンではアメリカナイズされた若い男女の社交生活があり、両親や教会の干渉の及ばない自由な空間が広がっている。

　3人の幼なじみがそれぞれ大学生活で夢見る自分の将来像は異なっている。労働者階級出身で容姿に自信のあるナンは、ビッグハウスの御曹司と交際することで階級的な上昇を目論むが、望まない妊娠という大問題に直面する。修道院育ちの孤児であるイブは大学進学によって、これまでの閉塞的環境から抜けだそうとする。三人のなかではベニーが最も等身大で観客がシンパシーを覚えるキャラクターである。彼女は迷い苦しみながら父の死や恋愛問題の挫折を乗り越え、アイルランド人の性意識と未開人の性生活の比較をテーマにした卒業論文が評価されて作家への道が開ける。

　『サークル・オブ・フレンズ』の冒頭では、観光絵葉書のような石橋や古い教会や美しい緑に溢れたノックグレン村の風景に続いて、堅信礼での白いヴェールと衣装を身につけた少女たちや、晴れの姿を写真に収めようとする親たちの様子が描かれる。この映画がアメリカでヒットした理由の一端は、このような、あからさまな「アイルランドらしさ」と懐旧趣味に求められるかもしれない。

　それに対し『アバウト・アダム』は驚くほど、アイルランド的な要素は少ない。ブラウン・トマスという老舗デパートが実名で登場し、お洒落な一角であるテンプル・バー界隈や、郊外の山頂からの眺望など、実際のダブリンの風景がカメラに収められているが、これみよがしのアイルランドではなく、どこの都市でも代替可能な風景である。使用される音楽も、『サークル・オブ・フレンズ』では、チーフタンズ*4の演奏によるアイルランド伝統音楽が主体だったのに対し、『アバ

ウト・アダム』では、ルーシーがバーで歌っているのはフランク・シナトラやペギー・リーなどアメリカのスタンダード曲である。

次女のローラが友人と観に行く芝居は『ドラキュラ』で、原作者のブラム・ストーカー*5 はアイルランド出身であることはよく知られているけれども、ローラのとりくんでいるフェミニズム研究のためという設定であって、アイルランド色を出すための道具だてではない。一方、『サークル・オブ・フレンズ』では、両親が勝手に結婚相手に決めたショーンと、ベニーがいやいやながらデートで見る映画はアメリカ映画『波止場』(1954) で、アイルランド系の港湾労働者の話である。

また、『サークル・オブ・フレンズ』では、カトリック的道徳観に基づく性に対する罪の意識、恐れや恥の感覚が前面に出ていたのに対し、『アバウト・アダム』には宗教色は一切ないどころか、3 人姉妹がそれぞれ同じ相手とベッドインすることに対する葛藤や罪悪感はほとんど見られない。後者は、一般的な道徳を完全に不問に付すことによって成り立つコメディであり、前者では現代からすると、あまりに古風に感じるアイルランドの性意識のズレ具合に観客は微苦笑するのだ。

このように見ると、『アバウト・アダム』がアイルランド人監督によるオリジナル脚本であるのに、アイルランド色を一切排除しているのは、それが明白な意図に基づくものであることが理解できる。現代の都市であれば世界中のどこででも置き換え可能な、いわば大人のメルヘンなのであり、ウディ・アレン風のきわどいけれども機知に富んだ都会のラブ・コメディが、ダブリンを舞台にして作られたことにアイルランド映画としての成熟を感じないわけにはいかない。

韓国でリメイク

『アバウト・アダム』がどこの都市でも成立しうるというのは、この映画が韓国で『誰にでも秘密がある』(2004) というタイトルでリメイクされた事実が証明している。実のところ日本では韓流ブームの影響もあり、この韓国映画が先に公

*5
ブラム・ストーカー
(Bram Stoker, 1847 〜 1912)
ダブリン生まれの作家。1897 年に発表した怪奇小説『吸血鬼ドラキュラ』の作者として最もよく知られる。若い頃には劇評を手掛け、イギリスの名優ヘンリー・アーヴィングの知遇を得る。その後長年にわたってアーヴィングを助け、彼の所有するロンドンの劇場マネージャーなどを務めた。

開され、その話題に便乗するような形で『アバウト・アダム　アダムにも秘密がある』というタイトルをつけられ、DVDがリリースされた（劇場未公開）という経緯がある。この韓国版とオリジナルのアイルランド版を比較してみると、そっくりシチュエーションを移し替えているように見えて、細部の描写やらエピソードは韓国の観客にとって違和感のない設定に替えられており、何よりもアダムの存在についての解釈が決定的に異なっている。どこが似ているかではなくて、どこが異なっているかを検証することで、その映画をリメイクした国の文化や社会状況が浮かび上がってくるのは興味深い事実であるが、それはまた別の機会に考察してみたい。

ドキュメンタリーとフィクションの境界
『ブラディ・サンデー』
Bloody Sunday （2002年）

岩見寿子

アイルランドの歴史上で、「血の日曜日」と名付けられた事件はいくつか起こっている。中でも有名なのは2つで、一つは1920年、アイルランド独立戦争のさなかに、ダブリンのクローク・パーク競技場で、イギリスから派遣された治安部隊のブラック・アンド・タンズが、観客と選手に向かって発砲した事件。もう一つは、1972年に北アイルランドのデリーで、公民権運動*1のデモ隊がイギリス軍パラシュート部隊によって銃撃された事件で、13名が死亡、14名が負傷（後に1名死亡）した事件である。前者はニール・ジョーダン監督の『マイケル・コリンズ』*2の中で描写されており、後者は、イギリス人監督のポール・グリーングラスが文字通り『ブラディ・サンデー』のタイトルで映画化した。どちらもベルリン国際映画祭で最高賞にあたる金熊賞を受賞しているのは興味深い一致だが、この2作品はあらゆる意味で対照的である。

ジョーダン監督は、平均的なアメリカ人観客にとってなじみのないアイルランドの現代史をわかりやすく伝えるために、ハリウッド流ギャング映画の叙述スタイルを取り入れているが、グリーングラス監督は徹頭徹尾、ドキュメンタリー風の描写にこだわっている。そして、この作品とフラハティ監督の『アラン』を比較してみると、ドキュメンタリーとフィクションの境界のあいまいさ、定義の難しさが浮き彫りになってくる。

実際の事件を再現する試み

『ブラディ・サンデー』は脚本も担当したグリーングラス監督が、1972年1月30日の出来事はこのように起こったに違いないという、監督自身の解釈による「事件の再現」なのである。そのために描写はどこまでもリアルでなくてはなら

*1
北アイルランド公民権運動
1967年、北アイルランドのカトリック系住民が、プロテスタントに有利な選挙制度や雇用差別などの不平等是正を訴えて公民権協会を結成。翌年より大規模なデモを展開したが、北アイルランド自治政府はデモを禁止した。

*2
『マイケル・コリンズ』については第2章Part2参照。

なかった。監督はリアリティを追求するために、端役やエキストラにはデリー市民を起用したが、その中には事件当時デモに参加した人、事件の犠牲者の家族などもいた。また、パラシュート部隊の隊員は実際に英国軍の兵士だった人々が演じている。主役の一人、下院議員でデリー公民権運動のリーダーであるアイヴァン・クーパーは、プロの俳優であるジェームズ・ネズビットが演じているが、彼自身も北アイルランド出身で、クーパーと同じくプロテスタントである。逆説的だが、監督は同じくリアリティを追求するという理由から、デリーでの現地撮影にはこだわっていない。もはや事件当時の面影をとどめていないデリーのカトリック居住地区ではなく、ダブリンの労働者地区であるバリーマンで多くの重要場面が撮影されている。

　何よりも観客に迫真性を感じさせるのは撮影方法や音声面の効果が大きい。手持ちカメラで長回しし、照明を使わず自然光だけで撮影しており、さらに、本編ではいっさいBGMや人工的な効果音は入らない。このようなドキュメンタリー風スタイルによって、観客である我々は、あたかも現場に入り込んだカメラマンが映し出す生々しい映像を見ているような臨場感を覚えるのだ。

4つのグループの中心になる人たち

　映画はプロローグとして、デモの主催者側とイギリス側当事者の2つの記者会見がクロス・カッティングで示される。クーパー下院議員がデリー公民権協会の代表として、デモの目的はインターンメント*3に反対を表明することであり、あくまで平和的なものであることを強調する。それに対し、イギリス軍のフォード少将は記者に向かって、デモは違法であり、いかなる暴力行為にも断固とした態度で臨むと厳しい口調で述べる。

Bloody Sunday のタイトルクレジットの後はデリーの夜景場面となり、ランドマークであるギルドホール（市庁舎）の時計塔が午前0時を示しているところから本編が始まる。公民権協会が主導するデモ隊、イギリス軍から「フーリガン」と呼ばれる反英的な若者グループ、そして現場に派遣された

＊3
インターンメント
Internment
強制的に拘禁すること。北アイルランドでは1971年8月の特別権限法によって、テロ容疑者と目された人物を令状なしに逮捕し、一定期間拘留することが可能になった。

イギリス軍パラシュート部隊、デモの情勢を見守るイギリス
駐留軍作戦本部という4つのグループの描写が均等に映し出
される。監督はそれらのグループの中で、いずれも穏健派な
いしは中道派に属する人物に焦点をあてる。すなわち、デモ
隊のリーダーであるクーパー下院議員、若者グループの一人
でプロテスタントの恋人がいるジェリー、パラシュート部隊
の通信兵、そして軍の作戦本部にいるマクレラン准将である。
彼らは立場こそ違うが、穏健派であるがゆえに、情勢が緊迫
してくると強硬路線を唱える仲間うちで孤立し、事件後は犠
牲者の一人になったジェリーを除き、一様に無力感に囚われ
るという運命において共通している。

　ニュース映像のように乾いたタッチで、気分を盛り上げる
音楽もなく、見るものの安易な感情移入を拒むように事態が
展開していく中で、2組のカップルの描写がいくらかドラマ
性の高い場面となっている。クーパーとジェリーは、それぞ
れ自分とは宗派を異にする恋人がいる。彼らが恋人と過ごせ
る時間はとても短く、また障害も大きい。だが、それだから
こそ、恋人との未来のために現在の過酷な状況を何とか変え
ていきたいと願う個人的な動機があることを示してもいて、
それが強い説得力を生む。人は大義やイデオロギーだけで生
きているわけではないのだ。

　パラシュート部隊の中には、最初から他の仲間とは違う反
応を示して、観客の注目を集める一人の若い兵士がいる。彼
は現場に移送中のトラックの窓から「イギリス軍は出てい
け」と壁に描かれた落書きを不安そうな眼差しで見ている。
その後もフーリガンやデモ隊に眼にもの見せてやるという現
場の兵士の荒っぽい発言の中にあって、ささやかにではある
が異議を申し立てる。軍隊との衝突を避けるためにコースを
変更したデモ隊の先導に従わなかった若者グループは、バリ
ケードを挟んでイギリス軍と対峙して緊張が高まる。若者た
ちは投石をはじめ、デモ対策本部は注水や催涙弾で応戦する
指示を出す。その混乱のさなかに最初の銃声が響く。退却を
はじめた若者グループを追って、イギリス軍はバリケードを
越えてカトリック居住区に侵入し、デモ隊に向かって発砲を
はじめる。「テロリストの奴ら」と叫んで銃撃を続ける仲間

131

に対して、「敵はいない」「相手は市民だ」と言い続けるのは、くだんの若い兵士だが、興奮状態の中で彼のことばは聞き入れられない。その前の兵士たちの会話では、デモ隊とフーリガン、さらにはIRAとをほとんど同一視しているような発言が出てくる。

軍の上層部にいるフォード少将も、当初からデモ隊鎮圧の目的をもっているが、そもそもデモ隊の背後にはIRAがいて、必ずやデモ隊は暴徒化するであろうという予測があり、それに対して万全の態勢を整えていたことが窺われる。

ところが、デリーの公民権デモはIRAとは関係がないことは、デモが始まる前の場面ではっきりと表明されている。30日の朝、クーパーはボグサイド*4の入り口であるフリーデリーコーナーに向かい、一方の通路をバリケードで封鎖しているイギリス軍のところに行き、もう少し下がって欲しいと頼む。デモは違法だとにべもなく言われると、「ここは民主国家だろう、平和なデモも認めないのか」と食い下がる。そしてきびすを返すと広場の反対側の道路に止めた車の中にいるIRAの幹部に、「デモにはくれぐれも介入しないように」と言い渡す。幹部は「デモなんかでは何も解決しないぞ」と言い放つ。クーパーは英軍そしてIRA双方の態度に怒りをかき立てられるのだが、逆に、何としてでも平和的にデモをやりとげようと決意を固める場面でもある。

真実のあくなき追求

発砲が収束して英軍が現場を去ったあと、市内の病院には死傷者が運び込まれ、家族や知り合いの安否を尋ね回る人、興奮の極みで泣き叫ぶ人たちで大混乱になっている。そのような病院の中にすら、銃を市民たちに向けている警察官や兵士がいる。やがて冒頭と同じギルドホールの時計塔が午前0時を指し、長い1日はようやく終わろうとしている。デモの責任者であるクーパーとエイモン・マッカン、バーナデット・デブリン*5の3人が記者会見に臨み、クーパーは沈鬱な表情で声明を出す。「今日の午後27名が銃弾を受け、今までに13名が死亡しました。何の罪もない人びとです。これは我々のシャープビルであり、アミリツァールの虐殺であ

*4
ボグサイド
The Bogside
中世の城壁都市の名残を留めるデリーの郊外に、カトリック居住区であるボグサイド地区がある。この地区は、1960年代から70年代にかけて多くの暴動やデモ、軍事衝突などが発生し、テロ多発地帯として世界中に知られるようになった。

フリーデリーコーナー

*5
エイモン・マッカン
(Eamonn McCann 1943〜)
ジャーナリストとして長らく「血の日曜日」事件の真相究明のために活動した。2016年に北アイルランド自治議会選挙で初当選。

バーナデット・デブリン
(Bernadette Devlin 1947〜)
1969年、21歳の大学生のとき、イギリス下院議員補欠選挙で当選し、以後、北アイルランド公民権運動のリーダーとして活動した。

ります」。DVDの日本語字幕では省略されているが、クーパーが言及したシャープビルとは1960年3月21日に南アフリカで起きた虐殺であり、アミリツァールとは1919年4月13日にインドで起きた虐殺をさす。クーパーはさらに続ける。「イギリス政府に言いたい、あなた方は今日、公民権運動を潰し、IRAに大きな勝利をもたらした。今夜この町では多くの若者がIRAに入るはずだ。あなた方はいつかその報いを受けるだろう」

この会見の場面の後にクレジットが入る。「事件直後、調査会が開かれ、英軍兵士は全員無罪となり指揮官は女王より勲章を授与された。」この調査会では、最初に発砲したのはデモ隊側とされ、英軍は武装した者だけに銃を向けたとされる。しかし現実には死者の多くは17歳から20歳くらいの若者で、彼らは武器などをいっさい所持していなかったのは明らかだった。

ドン・マレンの著作*6を読んで映画化を決意したグリーングラスとプロデューサーのレッドヘッドはドン・マレンに映画化の計画をもちかける。ドン・マレンは2人のイギリス人からの申し出に驚くが、彼らの熱意にこたえるべく自らも共同制作者となり、演技の経験はないながら神父役で出演もしている。映画が制作された2002年には新しい調査委員会*7の審議が継続中だったが、映画では一部公開された証言内容を忠実に盛り込んでいる。たとえば混乱のさなか銃をもったIRAの男が英軍に発砲しようとするのを市民たちに取り押さえられている場面や、イギリス軍とにらみあった若者グループの一人が、バリケードの前で抗議の意思表示として突如座り込みをはじめる場面などがそうであるとのことだ。また英軍兵士の良心を代表する通信兵は、調査委員会報告では「兵士027」と呼ばれる人物で、役名のクレジットもそうなっている。彼は、最初の調査では上官や同僚と口裏を合わせて責任を回避したが、再調査が始まると以前の証言を撤回して、当日の出来事をありのままに語り、その内容はデモ隊参加者の証言とほぼ一致していたという。*8

この作品ではさまざまな立場の人々の観点から事件を再構成しようとしている。制作側も、先に述べた通り原作者のド

*6
Don Mullen, John Scally , *Eyewitness Bloody Sunday*,Merlin, 2002.
ドン・マレンは事件当時15歳で、デリーの公民権デモに参加した一人である。彼は犠牲者の遺族やデモ参加者の証言を丹念に集め、事件の真相と考えられるものを提示した。

*7
サヴィル委員会
事件直後、ウィジェリー卿を委員長とする事件調査委員会が設置され、市民側が先に発砲したのであり、英国軍兵士は正当防衛とみなされ、全員無罪となった。しかし事件犠牲者の遺族の粘り強い要望により、1998年、労働党のブレア政権のときに、事件の再調査が始まり、そのとき設置された調査委員会は委員長の名をとって、サヴィル委員会と呼ばれた。事件から38年後の2010年にサヴィル委員会の調査報告書が発表され、最初に発砲したのは英国軍であり、しかも武器をもたない人びとに発砲したことを明らかにした。これを受けて当時のキャメロン首相が議会において、政府を代表し正式に謝罪した。

*8
Joseph Moser, 'Bloody Sunday as documentary and discourse', Brian McIlroy (ed.) *Genre and Cinema: Ireland and Transnationalism*, New York : Routledge, 2007.

133

*9
『ブラディ・サンデー　スペシャル・エディション』DVD（パラマウント・ホーム・エンタテインメント・ジャパン）所収のドキュメンタリー「『ブラディ・サンデー』再び語られる歴史」より。

ン・マレンはアイルランド人、監督兼脚本はイギリス人のグリーングラス、制作総指揮は監督としても知られるアイルランド人のジム・シェリダンというように英愛双方の人々が協力している点も特筆すべきである。グリーングラス監督は、アイルランドではいつまでも消えない痛みとなっている事件なのに、イギリスではほとんど知られていないことが映画制作の動機となったと言う。*9

　本編では禁欲的ともいえるほどに、背景の音楽をいっさい使わなかったこの映画は、エンド・タイトルバックには、アイルランドを代表するロックバンドＵ２の『ブラディ・サンデー』が流れ、映画を見ていた間ずっと緊張を強いられた観客にカタルシスをもたらす。この歌はプロテストではなく、鎮魂の歌として私達の心に届くのだ。

イギリス第一番目の植民地が経た苦悩
『麦の穂をゆらす風』
The Wind That Shakes The Barley （2006年）

宮地裕美子

日常化した独立を求める戦いの恐ろしさ

2006年、アイルランド義勇軍がイギリスからの独立を求めて戦った1916年のイースター蜂起から90年の記念の年の5月に、ケン・ローチ監督は『麦の穂をゆらす風』をフランスのカンヌ国際映画祭に出品した。その結果、彼は最高賞のパルムドール賞を受賞し、次のようなスピーチを行い、聴衆の歓声に応えた。

> Our film is a little step in the British confronting their imperialist history. Maybe if we tell the truth about the past we can tell the truth about the present.（この映画が、イギリスが帝国主義の過去の歴史と対峙するための小さな一歩になればいいと思っています。私たちに、過去について真実を話す勇気さえあれば、現在についての真実を話す勇気ももてるのではないでしょうか）

イギリス人のケン・ローチ（Ken Loach。初期の頃、本名のケネス・ローチを使用）が戦争や市民生活の真実を描きたいと思うようになるにいたったのには、イギリス公共放送BBCでドラマ制作に携わっていたことがあるだろう。ローチは1975年、BBCのテレビドラマ、Days of Hope の4回シリーズで、第一次世界大戦の最中である1916年から1926年の炭鉱ストまでの10年余にわたる社会変化を脚本のジム・アレンと共に描いた。

脚本家ジム・アレンとの仕事はローチのそれ以降の社会派スタイルを決定付けたといってもいい。アレンの執筆スタイルは現代史において、市民生活に密着し、できるだけ真実に近付けた形で忠実に描写しようとするものだった。社会を鋭く精緻に見つめるアレンとの共同作業はローチにとり、刺激

的なものであったに違いない。

　ローチとアレンの2人は、1990年、『ブラック・アジェンダ／隠された真相』(Hidden Agenda) でもタグを組み、北アイルランドの現状をリアルに描き出そうとした。95年の『大地と自由』(Land and Freedom) では、スペイン内戦で義勇兵として戦った経験を心奥にしまい込み、死の間際まで周囲に語ることなく平穏に過ごそうとした一人のイギリス人を主人公にして彼の心のひだを描く。43年のハリウッド映画『誰が為に鐘は鳴る』と同様にスペイン内戦をテーマにしている。両者の趣を異にするのは、ローチの『大地と自由』が、過去にあった戦争を単に再現しようとしたものではなく、この戦争が政治的な戦争であったとする点だ。ファシズム勢力や世界中に起こりつつあったある種同じ様な保守主義に立ち向かおうというメッセージが込められている。

　アレンは99年6月に72歳で死去する直前まで、1916年のイースター蜂起で中心的役割を果たした人物、ジェイムズ・コノリー*1を映像化したいと思っていた。アイルランド独立戦争に至る歴史的事実を検証し映像化しようとしていた。63年、ローチはBBCに入社して以来、アレンの下、脚本と演出の腕を磨き、ドラマ制作や監督をこなしていく中、ドキュメンタリーとドラマの融合、ローチ独特の演出法「ドキュドラマ」なる手法を編み出し駆使する術を培った。労働者だけでなく経済不安の時代に暮らす人間にとって、ホームレスや失業といった不安がなくなることはない。一寸先は闇の状況は世界中どこにいてもいつの時代にも、いたるところで起こり得る。ローチはそうした危険な日常と表裏一体になった普通の人々の普通の生活をテーマにしてきた。

　ローチは67年に『夜空に星のあるように』(Poor Cow) で劇場映画デビューを果たしたものの、91年頃まで、映画制作とテレビの仕事をかけもちしていた。彼がテレビの仕事を続けていたのは、仕事そのものへの愛着とともに映画制作の費用を捻出するためと思われる。ローチのところには、ハリウッド映画界からは幾度となく制作依頼の誘いがあったが、彼は断わっていた。社会派を自称する映画監督とはいえ、商業主義的な予算の誘惑に負けそうになることも多々あったであろ

＊1
ジェイムズ・コノリー
(James Connolly, 1868 ～ 1916)
エジンバラの貧困家庭に生まれ、14歳から7年間兵籍に入る。後年、アイルランド労働党を設立。1913年、労働者の権利保護の目的で交通ストを指導。イースター蜂起で逮捕。5月12日、銃殺される。

う。しかしローチは、社会派としての誇りや自負心だけでなく、気骨ある監督の姿を依然として見せようとしたのではないか。制作費を自ら稼ぎ出し、徹底的なリアリズムを追究し、普通の人々、労働者階級の人々など、職人映画監督ケン・ローチらしい誠実さとまなざしで映像を紡ぎだしていく。彼にモノを作る人間の芯の強さや一徹さを垣間見るのは筆者だけではないだろう。

　ある時、ローチに幸運が舞い込んだ。素晴らしい才能との遭遇だ。90年代後半、ローチはポール・ラヴァティと出会った。インドのカルカッタ（現コルカタ）に生まれ、アイルランド人の母とスコットランド人の父をもち、ローマの大学で哲学を修め、卒業後は世界を巡る旅に出て内紛地域にも足を運んだ。ラヴァティの得難い経験は、ローチにさらなる映画制作のヒントをもたらしていく。

　ラヴァティは南米で人権擁護団体と共に働き、内戦ただ中のグアテマラやエルサルバドルなどの中米を旅して回った。紛争地域や政情不安の国で得た経験談を書き溜め、映画化の話をローチの下に持ち込んだ。ラヴァティの企画はローチ映画の方向性と合致し、後に作品化される。1996年の『カルラの歌』(*Carla's Song*) と 2000年の『ブレッド＆ローズ』(*Bread and Roses*) は、ラヴァティとの出会いなくしては生まれなかった。

　2006年、ケン・ローチ監督は、先輩アレンの遺志を受け継ぐべく、映画『麦の穂をゆらす風』を発表する。アイルランド独立運動への想い、アイルランドはなぜ分割されたのか、なぜ北アイルランドで紛争が始まったのか。こうした疑問は、ローチの心にいつも引っかかっていた。アイルランド人がアイルランド独立の闘士を描くのは普通のことかも知れない。ニール・ジョーダンは『マイケル・コリンズ』で描いた。パット・オコナーは『キャル』で描いた。しかし、イギリス人のローチが、700年以上にわたり、母国イギリスが支配してきた植民地アイルランドをアイルランド人に寄り添う形で描こうとした。イギリス人を個人として描くのでなく、集団として描くことにより、アイルランド人の独立運動への真剣な関与が並々ならないものであることを自国のイギリス人に

137

知らせたかった。

　イギリス人のローチが『麦の穂をゆらす風』を監督したことは重要な事実である。アイルランドの名のある人の生涯ではなく、普通の人の姿を通して、何のために戦うかを考える。戦いがいつの間にか現実になり、日常化してしまう恐ろしさを描きたかった。だから、主人公の性格を掘り下げる必要はなかった。しかし、主人公デミアンの職業は医者でなくてはならなかった。人の命を救うはずの医者を志した人間が、次の瞬間には仲間を銃で見せしめに処刑している。

　『麦の穂をゆらす風』を見た人のなかには、主人公やその兄の性格や心理描写が十分でないと批判する人もいる。しかし、彼らの性格をどれだけ掘り下げればよいのだろうか。ローチが描きたかった本当の主人公は時代そのものであり、アイルランドの普通の若者、礼儀をわきまえ、知性も教養もある若者という一般化された若者像で事足りる。むしろ歴史や歴史の事象に信憑性をもたせることがローチの関心事であったように思う。深く掘り下げられた脚本を自由に時間軸の通りに演じて、ローチの期待に応えて、弟デミアン役を演じたキリアン・マーフィーや兄テディ役のポードリック・ディレーニーの苦悩は没個性的なものであるのだ。誰でも、その時代の若者ならば、どの瞬間にでも取って代わることのできるポジションなのだ。

　ローチとラヴァティは、映画の監督と脚本家の関係に留まらず、アイルランドをまるで恋人のように恋心を燃やしながら、2人で物語を紡いで書いていった。『麦の穂をゆらす風』は実に5人から6人の歴史アドバイザーを傍らに、彼らは何度も議論し、アイルランドの歴史を検証した。歴史家が時代考証し裏を取りながらローチらは歴史的事象を検証した。

　アイルランドの歴史はアイルランドの人々の現在の日常に直接連なることばかりである。日常的に彼らの話題に上る出来事である。些細なことでも虚偽や薄っぺらなおそまつな描き方などをしていたら、映画を見るアイルランド人に許してはもらえまい。

　ローチがどんなに深くアイルランドの過去の事実、史実を掘り下げていこうとも、いつも心の隅に引っかかることが

あった。それは自分がアイルランド人ではないということではなかったか。イギリス人の自分がなぜこれほどまでにアイルランドにこだわるのか。アイルランド人を支配し搾取したイギリス人に何がわかるかという非難も浴びせられるかもしれない。だが、ローチは決して怯まなかった。反イギリスに偏らなかった。反アイルランドにも偏らなかった。ましてどちらにも偏っていないからと言って、適当に描いてなどいない。そこには反イギリスでもなく、反アイルランドでもない、ローチ独自の思想、バランスの取れた思想が見え隠れしているだけである。しかし、映像表現から、問題が見え隠れする。それは、ローチはアイルランド人に寄り添おうとするあまり、必要以上にイギリス兵、否イギリス人を顔のない存在にしてしまったことだ。

　とはいえ、IRA になったばかりの主人公と仲間たちが爆弾事件で捕らえられ、尋問されるシーンで、イギリス軍の上官兵士役は次のように吐露する。「我々はソンムで戦った。塹壕で泥まみれになり多くの戦友を失った」

　ソンムの戦いは、第一次世界大戦の各会戦の中でも激しい攻防戦が繰り広げられたもののひとつといわれる。1916 年の 7 月から 11 月まで北フランスのソンムでイギリス軍が中心になってドイツ軍と戦った。1 日の戦いで全イギリス兵の半数に及ぶ 6 万の死傷者を出したという。そのような戦いを終えて帰国して間もないアイルランド派兵であるとしたら、このイギリス兵においても、国の政策の犠牲者といえるのかも知れない。

　ラヴァティという類まれな才能と共に、ローチはアイルランドの普通の青年が独立戦争に巻き込まれる話を書き上げた。強力な創作ユニットの土台は着実に固められていった。かつてローチが BBC に在籍していた時、アレンと密接に協調して作り上げた制作現場がここに再現される。

　社会の問題と向き合う人たち、歴史に翻弄されながらも自らの生き方に尊厳を見出そうとする市井の人々。そんな人々に寄り添う監督として、ローチの映画作りの姿勢は、『麦の穂をゆらす風』でも変わらない。アイルランド史という紛れもなく伝えられてきた事実の中で、この映画で、設定された

1920年は、歴史の転換点として厳然として意義がある。設定はもとより、現実味を出すために配置する人々の人間像にどれだけ膨らみや深みをもたせられるか。役者がうまくその役を演じられるか、その役になりきれるかどうかは脚本の良し悪しにかかってくる。

「この映画を撮ったのは歴史を語るためだ。北アイルランドを巡る内戦の発端はイギリスによる植民地支配にほかならない。イギリスの支配階級によるアイルランド政策があった。イギリスの第1番目の植民地となったアイルランドの苦悩を克明に描きたかった」「歴史において何が起きたかを理解し、それをひとつの物語のかたちに発展させようと思った。1919年のマイケル・コリンズらの独立宣言を契機にアイルランドは独立国家への道を求め、新たな戦いに突入する。イギリスは軍隊を送り、武力で動きを鎮圧しようとする。この物語を通じてその事実とメッセージを伝えたかった」とローチはドイツの字幕付きニュース映像のインタビューなどで語っている。

タイトルにこめられた意味

*2
ユナイテッド・アイリッシュメン
United Irishmen
フランス革命の影響下、キリスト教の新旧宗派を超えて、1791年、ベルファストとダブリンで同時発生した共和主義運動。イギリスの弾圧を受け、創設者の一人・ウルフ・トーンは1798年蜂起するも失敗し、自殺した。

『麦の穂をゆらす風』のタイトルはアイルランドの民衆が戦いに出た恋人を想い歌った歌のタイトルだ。その戦いとは、1798年、アイルランド独立を目指し、5月26日と27日の2日間にわたった、ホローとウーラートの戦いといわれる。これら2つのウェクスフォードの丘での戦いは幸先よくユナイテッド・アイリッシュメン*2側がイギリス軍に勝利し、その後5月末から10月にかけてアイルランド各地で起こった40近い蜂起、「ウルフ・トーンの蜂起」へと連なる。

「麦」はアイルランド・ナショナリズムの象徴、抵抗の象徴であり、「風」は抵抗そのものを表す。「風」はまた歴史を通じ、常に我々人間のなかに吹き荒れているものであり、権力や搾取に対する強い反骨精神の表れだとする。この映画にはもうひとつ、よく知られたレベル・ソングである Óró, Sé do Bheatha Abhaile（Cheer, you are welcome home）が歌われる。レベル・ソングとは、主としてイギリスに対する反抗・抵抗の歌を意味する。1798年の「ウルフ・トーンの蜂起」がレベ

コーク市内にあるウルフ・トーン像

ル・ソング誕生のきっかけであり、1922年の共和国独立に至るまで数多くのレベル・ソングが生まれた。レベル・バラッドとも呼ばれる。

　Óró, Sé do Bheatha Abhaile の歌詞は、1916年のイースター蜂起の中心的人物のひとりでアイルランド語の学校を運営していたポードリック・マクピリッシュ（英名：パトリック・ピアース）＊3 の手になるものだ。

　「麦」には二重の意味があると思われる。ひとつは、「新約聖書」ヨハネ福音書12章24節のなかに出てくる一節で「一粒の麦」と詠まれ、人間に例えられるもの。キリスト教を信じる人間の進むべき道を示し、キリスト者にとって、「麦」はキリスト教を信じる彼らそのものの比喩である。誰かが犠牲として働かなければ、多くの人に幸せがもたらされることはないという厳しい教えのひとつとなっていた。信仰心の証を示すもので究極の自己犠牲精神でもある。「よくよくあなたがたに言っておく。一粒の麦が地に落ちて死ななければ、それはただ一粒のままである。しかし、もし死んだなら、豊かに実を結ぶようになる」

　もうひとつは、「麦」は行進のときには食糧としてポケットに忍ばせるものであり、イギリス支配に対する抵抗の象徴であり、根絶やしにされることなく、再び実り再生する生命の象徴でもある。

　映画のタイトル、『麦の穂をゆらす風』は19世紀、リムリック生まれの詩人であり教師であり医者でもあったロバート・ドワイヤー・ジョイスが、アイルランド独立を掲げた青年アイルランド党の機関紙『The Nation』に寄稿した詩にヒントを得たものだ。寄稿されたジョイスの詩に同党メンバーの誰かが曲をつけ、イギリス支配への抵抗心を煽る歌として歌われるようになったといわれる。

　『麦の穂をゆらす風』は、恋人を想う歌からやがてレベル・ソングの中でも代表的な曲になり、ローチ映画のタイトルになった。ますます主人公デミアンのモデルがジョイスででもあるかのように思えてくる。そしてこの抵抗歌は、ブラック・アンド・タンズの拷問に屈した少年ミホールの通夜

＊3
ポードリック・マクピリッシュ
(Pádraig Mac Piarais, 1879～1916)
1896年、ゲーリック・リーグに加入し、機関誌の編集に携わる。教育家兼詩人。イースター蜂起の際、臨時大統領として「アイルランド共和国宣言」を読み上げた。5月3日に銃殺。

ポードリック・マクピリッシュと共和国宣言

の席で歌われる。

　少年ミホールは強い意志の持ち主ゆえに、イギリス軍に名前を聞かれても譲らず抵抗し、アイルランド語名を名乗り続けた。17歳という若さがそうさせたのか。20世紀初頭、アイルランド語の使用は禁止されていた。集まってアイルランド固有のスポーツ、ハーリングをやることも禁止されていた。アイルランド語名を名乗ったからといって、戦争、植民地支配の大義の下、平然と若者をリンチした挙句、殺してしまうイギリス兵は悉く残忍だ。

　リンチを知り、温厚でもの静かな性格の主人公デミアンの心は変化の兆しを見せる。これはまるで、穏健だったアイルランドの人々が、ジェイムズ・コノリーの無残な処刑方法を知り、イギリスへの怒りを募らせ憤っていった姿に似ている。コノリーは担架に乗せられたまま、処刑場に運ばれ、椅子に縛りつけられて銃殺された。

　デミアンは敗者の誇りを踏みにじる理不尽な権力や支配者への怒りをじりじりと募らせていく。続く重要な通夜のシーンでミホールの母親役のアマチュア俳優らが歌う抵抗歌「麦の穂をゆらす風」の抵抗の遺志はデミアンに引き継がれた。女性が歌う「麦の穂をゆらす風」を聞き、青年デミアンは祖国を守ることこそ自分の進むべき道であり、身近な人たちの命を守るために自分は生きるべきと理解する。アイルランドが普通に自分たちの言語を話し、自分たちのスポーツをやり、普通に生きていかれる社会でなければならないと悟る。デミアンはロンドン行きを取り止め、約束された医者になる志をきっぱりと断念し、アイルランドの独立運動に身を捧げる決心、麦になる決心をしたのが、イギリス兵に殺された少年の通夜の席だといえる。形見の品、航海の守護聖人クリストフォルスのペンダントを譲り受けたことは、いわばデミアンにとり、ミホールは道標であったことの証だ。

'Twas hard the mournful words to frame

To break the ties that bound us

Ah, but harder still to bear the shame

Of foreign chains around us

…….

The wind that shakes the barley

二人の絆を断ち切るつらい言葉は
なかなか口にできなかった
しかし外国の鎖に縛られることは
もっとつらい屈辱
（中略）
麦の穂をゆらすあの風の音を聞くと
（作詞：ロバート・ドワイヤー・ジョイス、訳詞：茂木健、映画『麦の
穂をゆらす風』パンフレットより）

　1920 年 11 月 21 日、日曜日、ダブリン近郊のクローク・
パーク競技場でハーリングの試合中に、統治者イギリスが禁
止していたアイルランド独自のスポーツ、ハーリングの試合
を観戦していたとの理由でブラック・アンド・タンズは選手
や観客に銃口を向け無差別に発砲した。それにより、選手や
子供を含む多くの犠牲者が出た。この事件はアイルランドの
人々のイギリスに対する敵愾心をさらに激昂させ、イギリス
支配に対する抵抗運動に火をつけることになったといわれて
いる。
　ラヴァティの脚本は、実際にあったクローク・パークの
「血の日曜日事件」をそのまま丸映しの実録にするのではな
く、デミアンとその仲間たちを冒頭シーンでハーリングをし
て親しい時間を過ごしているかのような、のどかな演出で描
いて見せる。このことは、要点やエピソードを挿入すること
で時代の信憑性を得るのに成功したといえる。集会の自由が
禁止され、アイルランド独自の言語の使用、スポーツも禁止
されていた。ブラック・アンド・タンズに狙われた若者たち
は、その理不尽で執拗なリンチの現場に居合わせ、デミアン
が人生の指針を大きく転換させていくきっかけに立ち会うこ
ととなった。
　アイルランド抵抗運動の歴史で、ダブリン生まれの若き弁
護士ウルフ・トーンは、1791 年、「ユナイテッド・アイリッ
シュメン」を創立した。彼は皆が平等に選挙権を獲得するこ

とをスローガンにアイルランド全土を宗教の枠組みを超えた運動に巻き込もうと試みた。運動の中心は北のベルファストに置かれ、トーンはベルファストの新聞社ノーザン・スター社の協力を得て、1792年、フランス革命3年を祝い、「ベルファスト・ハープ・フェスティバル」を開催し南も北もないアイルランドの文化交流を目指していた。

ユナイテッド・アイリッシュメンの思想は多くの支持を得たものの、イギリス支配に歯向かうもの、カトリックを追放するものなど、各地に異なった形で反体制の蜂起の火種を植えつけるものとして捉えられたようだ。そして98年5月、「アイルランド独立」の夢に駆られた人々の機運は頂点に達し、各地で武装蜂起が起こる。前述したように5月から10月までの間、40を超す蜂起が各地で勃発し、その首謀者と目されたのがウルフ・トーンだった。しかし蜂起は当局により徹底的に鎮圧され、イギリス海軍に捕えられたウルフ・トーンは連行中に自害した。この激動のさなか、イギリスに併合されたアイルランドには宗教的な分裂が残されることとなった。

アイルランドの多くの若者は、「ユナイテッド・アイリッシュメン」の蜂起に触発され同調した。1803年、ダブリン城奪取を計画し失敗。反逆罪で処刑されたロバート・エメット*4やパトリック・ウェストン・ジョイス（＝P.W.ジョイス）と前出のロバート・ドワイヤー・ジョイスのジョイス兄弟もそうした人物だ。

ロバート・ドワイヤー・ジョイスは1830年、リムリック州に生まれた。男ばかりの兄弟4人の中で育ち、兄のP.W.ジョイスの後を継ぎ、イギリス国教会付属の小学校長を務めた。熱心なアイルランドの伝統音楽収集家であり、研究にかかる費用を稼ぐため、1842年創刊の the Nation 紙や the Harp 紙などに定期的に詩を寄稿し、原稿料を得ていた。寄稿した数々の詩の中に、アイルランド音楽に関するものとして分類される、「麦の穂をゆらす風」や *The Blacksmith of Limerick* 、*The Boys of Wexford* があった。

「麦の穂をゆらす風」はロバート・ドワイヤー・ジョイスが書いたものの中でも特にアイルランドの人々によく歌い継

*4
ロバート・エメット
（Robert Emmet, 1778～1803）
ユナイテッド・アイリッシュメン蜂起の際、リーダー格であった兄と結び、1803年5月、暴動を謀るが、地雷使用の企ては失敗。捕えられ、絞首刑となった。

がれており、それはこの歌詞が恋人への想いを歌う歌として
歌われる一方、イギリス統治に反対し、独立を願う者が反骨
精神を鼓舞する歌として歌われているからにほかならない。
作詩者自身が、イギリス統治反対派の人物であり、この嘆き
の詩を吟じたジョイスこそが反逆者であった可能性がある。
コークに行き、医学を修め、1865年に医者になっている。同
年、ダブリンのカトリックの大学で英語の教師として赴任し
た。さらにアイルランドで起こったフィニアニズム＊5に共
鳴し、その活動の一環で、ジョイスはボストンに移住する。
半ばアイルランドから移民の姿を借りアメリカへ渡ったよう
にも思える。ジョイスはボストンで医者を開業し、アイルラ
ンドの歌やバラード伝承歌を本にまとめ上げ出版した。1万
部が売れた1876年出版の詩集 *Deirdre* の著作をきっかけに、
彼は1883年、再びダブリンに戻り、故郷で53歳の生涯を
閉じた。こうした彼の人生をひもといてみると、「麦の穂を
ゆらす風」を詠んだ彼こそが医学を学び、数奇な運命に翻弄
され、心ならずも、ケン・ローチが描きだした映画『麦の穂
をゆらす風』の主人公・デミアンのモデルになった人物であ
るように思えてくる。

舞台はコークでなければならない

　1997年5月、イギリス労働党党首トニー・ブレアは先
立って行われた総選挙で圧倒的勝利を果たし、第73代イギ
リス首相の座に就いていた。同じ月の最終週末、ブレア首相
はアイルランド第2の都市コークで行われたアイルランドの
ジャガイモ飢饉150周年記念式典の責任者に手紙を託し、
イギリス首相として初めて、ジャガイモ飢饉の際、アイルラ
ンドの民衆に対してイギリス政府が取った態度を謝罪した。
謝罪文はアイルランド人俳優ガブリエル・バーンによって読
みあげられた。

　　Those who governed in London at the time failed their
people through standing by while a crop failure turned into a
massive human tragedy. We must not forget such a dreadful
event.（ジャガイモの不作がアイルランドにもたらした巨大な悲劇は、

＊5
フィニアニズム
1858年、アイルランドのイ
ギリスからの独立を目指し
てダブリンで結成された団
体フィニアンの基本理念。
アメリカに渡った急進的な
共和主義者を中核とし、名
は伝説の「フィアナ騎士団」
に由来。73年には、Irish
Republican Brotherhood
（IRB）として再編成された。

当時のイギリス政府の無策により引き起こされました。イギリスは、アイルランドに起きた恐ろしいその出来事をただ傍観していたことはいつまでも許されるものではないし、忘れてはなりません）

　コークはヨーロッパ大陸のカトリック最大勢力であるスペインやフランスと交易海運を重ねるうち、発展を遂げてきた。コーク人の誇りは、ダブリンとの意識的な競争心だ。ダブリンは政治の中心で、イギリス支配の出張所である。それに対し、コークは政治的な意味で共和主義者の拠点であり、反英反骨精神の地という意味がある。1922年の内戦の最中、アイルランド独立運動の旗手、マイケル・コリンズが暗殺されたのはコーク郊外だ。

　アイルランドが被ってきた150年の苦痛を詫びる場にイギリスのブレア首相はコークを選んだ。コークは、2006年の統計で人口およそ12万人の町だ。アイルランド島の南西部に位置し、"湿地帯"を意味するアイルランド語コーキー(Corcaigh)から名付けられたといわれる。町は、10世紀にやってきたヴァイキングが港湾に町を建設し、スカンジナビアとの交易の拠点を作って以来、海外に船出する港として栄えてきた。ベルファストで建造された豪華客船タイタニック号の最終寄港地でもあった。

　1977年、ローチはイギリスのエリザベス女王からの大英帝国四等勲士（OBE）授与を辞退した。イギリスラジオタイムズ誌のインタビュー（2001年）で次のように答えている。ローチの叙勲拒否に大方のアイルランド人は大絶賛を送る。"I have always gone against the current" "I turned down the OBE because it's not a club you want to join when you look at the villains who've got it."（私はこれまでもずっと時流に逆らってきました。勲章を手にした悪役たちの顔ぶれを見たら、どうみても仲間になりたいと思う連中じゃないのです。だから、お断りしたまでです）。

　権力に屈しないローチの姿勢は、いまだ健在だ。2012年の『ルート・アイリッシュ』(Route Irish)ではイラク戦争に関与したイギリスの民間軍事会社の利権を暴き、軍事進攻の本質を

描いた。

　映画『麦の穂をゆらす風』の舞台はコークでなければならなかった。またこの映画はケン・ローチだからこそ撮ることができた。

偶然の味わい
『ONCE ダブリンの街角で』
Once （2007年）

宮地裕美子

出会いのきっかけは音楽

　映画『ONCE ダブリンの街角で』は少なくとも2つの偶然が重なって生まれた。ある「男」とある「女」は、あるヨーロッパの街でその日を生きている。「男」も「女」もそのきっかけがなければ会うことはない。半世紀を経ても、1世紀を経ても会うことはない。来世でも会うことはないかも知れない。そのきっかけこそが「男」と「女」を引き合わせる。Onceの出会い、「男」と「女」を引き合わせた偶然、それは音楽。

　監督は、1972年生まれ、ダブリン出身のジョン・カーニー。インディーズ映画の監督として知られる。主演のグレン・ハンサードとはバンド仲間だった。バンドの名は"ザ・フレイムス"。1990年に結成され、今も現役で活動する。カーニーは1990年から93年までボーカル兼ベースギターを受け持ち、歌うだけでなく音楽と触れ合うのが好きで、バンドのプロモーションビデオ撮影もこなし、ダブリンを拠点に音楽活動を続ける。傍ら、本格的に長編映画を手がけるようになり、2001年には『オン・エッジ　19歳のカルテ』(*On the Edge*)を撮った。

　『オン・エッジ』は、キリアン・マーフィー演じる心の不安定な19歳の少年が自殺未遂体験を経て施設に収容され、やがて他の患者たちと触れ合ううちに生きる意味を見出していくという物語だ。カーニーは音楽も担当し、ロックやクラシックを効果的に使用した。

　『ONCE ダブリンの街角で』は、カーニー監督の長編3作目だ。2006年の1月から撮影を開始し、当初の10万ユーロの予算が2万ユーロ超過したが、撮影はわずか17日の日程で終えている。監督は「男」役に『オン・エッジ　19歳の

カルテ』でも起用したキリアン・マーフィーを考えていた。だが、マーフィーは撮影に入る2週間前に出演を辞退し、映画の企画も頓挫した。しかし、制作を中止しようという気持ちはカーニーになかったため、彼は2日2晩じっくり考えた末、仕切り直して再度撮影を始めようと決心する。「女」役のマルケタ・イルグロヴァの父はチェコで海外からミュージシャンを呼ぶ仕事をしていた。2001年、アイルランドから"ザ・フレイムス"を招き、コンサートを開いた。マルケタはその時、わずか13歳。プロモーターの娘である彼女がピアノやギターを演奏するのをハンサードは覚えていた。『ONCE ダブリンの街角で』のキャスト探しが難航した時、彼はチェコで出会ったマルケタをカーニー監督に推薦する。カーニーは、ずっと年上の35歳ぐらいの女性をイメージして脚本を書いていたが、マルケタ本人と面接し、映画のキャストに据えることを決め、登場人物や脚本の軌道修正をする。

　グレン・ハンサードは映画の中で、父と暮らし、掃除機の修理屋を手伝う30歳がらみの男を演じる。実生活の上でも自転車や機械いじりが得意なハンサードは、自転車の骨組みを意味するframeをバンド名につけてしまうぐらいだから、「女」が持ち込む掃除機の修理も真実味がある。やると決めたら、とことんやるようなところは、映画の「男」と実生活のハンサードの区別がつかないくらい行ったり来たりで虚実の区切りがないようにも見える。30歳から40歳の独身男の姿や生活観がかなりリアルだ。

　「撮影のための機材と言えば、僕らの元にはソニーのハンディカムが2台あるだけでした。最初は映画で使われる音楽だけ担当していたが、キリアン・マーフィーが出演を辞退し、急きょ僕が主演することになりました。すべて偶然に次ぐ偶然が重なって出来た映画です」ハンサードは、来日記者会見で語る。

　「男」役に決まったハンサードに映画出演の経験がないわけではない。1991年、アラン・パーカー監督の『ザ・コミットメンツ』でギタリスト、アウトスパン・フォスター役を演じた。簡単な脚本と2〜3曲の歌があればいいじゃないか。予算が少なくても音楽を楽しみ何とか映画を完成させようで

はないか。そんな気持ちがカーニー、ハンサードやマルケタのなかにも芽生えたのだろう。映画制作を中止する気持ちも予算が少ないこともプラス思考に切り替えての挑戦だった。ダブリン市内はもとより、撮影許可もほとんど取らなかったため、「撮影中に警察官がそばを通るとカメラを隠して何も撮っていないようなふりをした」とカーニーは打ち明ける。情熱を傾け無償で映画制作に協力していたスタッフはびくびくだったに違いない。

映画に登場する公園（セント・スティーヴンス・グリーン）

『ONCE ダブリンの街角で』は、ダブリンの若者の音楽への情熱や生活模様を描いている。その点で、『ザ・コミットメンツ』と通じるところがあり、時代を反映する移民問題を含めた部分が新しい。「男」は繁華街のグラフトン・ストリートで街頭ミュージシャン（busker）として歌う。だが路上で歌うだけでは食べていけない。「男」は、掃除機の修理屋を営む父親と2人暮らし。家の仕事を手伝いながら、自分の夢を追っている。通りすがりの人が少しでもいい音楽だと思って立ち止まってくれ、チップをギターケースに入れてくれれば、夢を繋げる。主人公の「男」の恋人がロンドンに行ってしまい、振られたと思い込む。がむしゃらに「男」が歌う姿は、健気だし好感がもてる。しかし、どこか優柔不断な「男」は、CDデビューの夢はあるものの、踏み出せずに悶々としている。そんな時、彼の路上演奏に聞き入るチェコ移民の「女」と出会う。

　主人公たちが「男」と「女」で表される。見ていくうちに、「音楽」そのものがストーリーの核にあり、彼らの生活のバックグラウンドは音楽を通して語られることに気付く。『ONCE ダブリンの街角で』のスタイルは古くて新しい。主人公たちにとって音楽が欠かせないもの、気持ちを奮い立たせてくれるもの。主人公たちにとり、「音楽」は人生そのもの。必要か不要かの議論などなく、「音楽」を通して、人と人とが共感することにあり、気持ちの整理であり、置かれた状況や環境の変化への真摯な向き合い方である。音楽へのひたむきさがあるために、「男」と「女」は、「Once」（ひとたび、～さえあれば、あるいはひとたび、～の力を借りれば）によって、夢の扉に立つのである。

映画祭出品も偶然の成り行き

　『ONCE ダブリンの街角で』は、サンダンス映画祭やトロント映画祭といった名だたる国際映画祭に応募するが、ことごとく落選した。しかし、アイルランド西部ゴールウェイで上映する機会を偶然得たハンサードとマルケタは、一般客に混じり、映画を鑑賞し大感激で会場を出たという。その際、偶然にもその上映会を見て、作品を気に入ったサンダンス映画祭の関係者から、「この作品をぜひ映画祭に出品したい」と声をかけられる。2007 年、『ONCE ダブリンの街角で』の挿入曲 *Falling Slowly* は、サンダンス映画祭でワールドシネマ部門観客賞を受賞、さらに第 80 回アカデミー賞最優秀歌曲賞を受賞した。

　1990 年代後半から 2000 年代の始めまで、アイルランドは「ケルトの虎」と呼ばれていた。その名が示すように、アイルランド史上まれに見る好景気に沸き、アイルランドの経済は飛ぶ鳥を落とす勢いで活気付き、人々は浮き足立っていたという。景気がもたらす需要を見込み、求人も増えた結果、職を求めて、アイルランドには EU 諸国からの移民が大勢やってきた。アイルランド政府は改めて、移民が入ってくることに付随する法律を整備する必要に迫られていった。どの国からの移民なら受け入れてもいいかなど、入ってくる移民の出身国による優先順位さえ設けられ、ゆっくりとしたペースで移民を受け入れるようになっていったという。国の変化を写し取るかのように描かれた『ONCE ダブリンの街角で』は、エンディングのハッピーさも控えめだ。

　「女」は、「男」の誘いや口説きをクールにかわし、凛とした雰囲気を醸し出している。子連れで、母と暮らし、国には夫を残してきたということも、取りたてて説明するでもなく、さらりと見せるところが憎い。音楽を通じた男女の友情の話が本当にあったらいいなと思う。筆者は、「男」の父親の登場シーンを最高のシーンとして挙げたい。それは、「男」の家で、「女」を始め、声をかけた音楽仲間とデモ CD 制作の打ち合わせをするシーンで、父親が紅茶とビスケットをもって「男」の部屋に入ってくる。何と心和むことか！　こんな

理解ある、いい父親のいる「男」はきっとロンドンの音楽世界でも成功するだろうと思えてくる。

　また、一生懸命素直に、「男」の曲に歌詞をつけようとして、CDプレーヤーのイヤホーンをつけたまま、娘のための貯金箱からありったけの小銭をもって電池を買いにコンビニに急ぐ「女」。そんな彼女の姿もジーンとくる。カーニー監督のこうした日常を切り取ったようなシーンが素晴らしい。

　カーニー監督は「女」役をアイルランド人からEU圏のチェコ移民に設定し直した。臨機応変な対応が重ねられ制作された柔軟な映画と言える。驚くことに、映画の中できちんと役名がついたキャストはごくわずかだ。主人公たち、「男」と「女」にはない。名前で呼び合うシーンもない。彼ら以外の登場人物には何かしら役名がある。「女」の子供にも役名が付いている。

　「楽器演奏ができて演技も少しはできるミュージシャンを探しました」とカーニー監督は語る。「男」役に必要なのは本格的な音楽演奏だった。「男」は偶然の出会いで心を通わせ、CDを共同制作し、音楽を通して友情を深めていく。無理やり男女の関係になることなく、それまであったお互いが考える最高の形でハッピーエンドに向かって進む姿は、むしろリアルだ。「ひとたび」の出会いがあったからこそ、音楽が最も身近な幸せと呼べるものに昇華し、人と人とを強く結びつけてくれるもの、さらには前へ進むために背中を押してくれるものになった。

　2017年の夏季には、ダブリンのオリンピア・シアターで2カ月近く舞台ミュージカルOnceとなって上演された。まるで故郷へ錦を飾ったかのようだ。

居場所はどこにあるのか
『ブルックリン』
Brooklyn （2015年）

前村　敦

　『ブルックリン』は、J.F.ケネディ*1 がアメリカの大統領になる少し前の1950年代に、アイルランドからアメリカに移民した女性エイリシュが主人公の映画だ。演じたのは、この両方の国に深いかかわりがあるシアーシャ・ローナン。映画は、エイリシュの成長の物語という筋立てにもなっている。

　監督のジョン・クローリーはアイルランド南部のコーク生まれ。ニール・ジョーダンが制作し、日本でも公開された『ダブリン上等！』（*Intermission*, 2003）の監督として知られている。

移民

　エイリシュはアイルランド東南部の町エニスコーシーに住んでいたが、勤め先である食料雑貨店の女主人の高慢な仕事のやり方に限界を覚えていた。アメリカにいるフラッド神父の勧めで、仕事を求めて渡米し、ニューヨークにある移民が多いエリアであるブルックリンに住むようになる。

　『アイルランドからアメリカへ』*2 などによると、1840年代（『ブルックリン』の時代から100年余り前）のジャガイモの大飢饉から10年間で、アイルランド全人口の30％近くが故国を離れたという。移民先の大部分はアメリカだった。しかし、アメリカでアイルランド人は「ホワイトニグロ」などと呼ばれ、職業でも差別を受けていた。

　同じく移民を描いた映画『アンジェラの灰』（*Angela's Ashes*, 1999）では、貧しい一家が、1930年代に移民先だったアメリカからアイルランドに戻ったものの、苦しい生活からは逃れられない状況が描かれる。

　『ブルックリン』では1950年代と時代設定が少し後になる。移民と言っても、そうしなければ生活ができないほどの切迫感は感じられない。生活できないからアイルランドを離

*1
J.F.ケネディ
1961年に第35代アメリカ合衆国大統領に就任。曽祖父がアイルランドからアメリカに移民してきた。アイルランド系のカトリックの初の大統領となった。アイルランド西部の都市ゴールウェイに記念公園がある。

*2
カービー・ミラー　ポール・ワグナー著　茂木健訳『アイルランドからアメリカへ　700万アイルランド人移民の物語』　東京創元社　1998年

れざるを得ないのではなく、よりよい仕事を求めるという一定の「積極性」を持ってアメリカを目指す女性が主人公になっている。

そしてこの映画では、アイルランド人が差別されていた状況はさほど描かれていない。

緑のコートから赤いコートへ

アメリカに渡ったエイリシュだが、新しい生活にもデパートでの仕事にもなかなか慣れない。ホームシックで悲しみに暮れる姿を見かねたフラッド神父の提案で、簿記を習うために大学に通い始めた。

ダンスホールで知り合った若い男性トニーと愛を育むようになる。彼の英語はアイルランド訛りではない。両親はイタリアからの移民だった。エイリシュが通う大学の玄関でトニーが必ず待っており、彼女を家まで送るのが日課のようになっている。彼女は、だんだん仕事やブルックリンでの生活に慣れてくる。

エイリシュが着ている服の変化によって、アメリカに染まっていくエイリシュの姿が明確にされる。緑のコートを羽織ってアメリカ行きの船に乗っているエイリシュが、ブルックリンでの生活に慣れるにつれ、鮮やかな赤色のコートを着るようになっている。アイルランドを象徴する色である「緑」から脱皮し、新しい世界であるアメリカという派手な「赤」い世界に住むようになっていく。

場面がアイルランドに移る。エイリシュへの手紙を書いている姉のローズが描かれる。地味な服をまとっている。その手紙には「ここと違いすべてが新しく楽しそう」「いつか見に行きたい」「私の心はあなたのそばにある」とつづられている。母親と食事をしているローズの目から、思わず涙がこぼれ落ちる。

エイリシュはアメリカで、明るく黄色い服を着て笑いながら背を伸ばして歩いている。フラッド神父に簿記試験の合格証を見せに行くからだ。神父は「合格証と彼氏か」「家に帰りたがっていたとは思えん」と微笑む。

154

アイルランドは home なのか

　そんなとき、アイルランドで母親を世話していた姉ローズの悲報が届く。ローズ役はアイルランド人の女優フィオナ・グラスコット。初めて出た映画『フィオナが恋していた頃』(*This Is My Father*, 1998) では、まだ若い学生役だったのが、『ブルックリン』では、家族への愛情深い大人の女性を演じている。ローズは自分の死期を悟ったからであろうか、アメリカで仕事をするという夢をエイリシュに託し、アメリカへと送り出す。「いつか見に行きたい」と言っていたローズだが、すでに自分の死期を悟っていたようだ。それゆえ、母親と食事をしているときに涙を見せたのだろう。

　ローズの死を知らされた後、「居場所」についてエイリシュが語る象徴的なシーンがある。アイルランドにいったん戻りたいという気持ちをトニーに告げたとき、エイリシュは "I'm not sure if I have a home anymore." (DVD の字幕では「私の家なのかしら」) とトニーに話す。つまり、自分にとって、家（あるいは故郷）があるのかどうか、もう分からないと話すのだ。すでに、アイルランドは、戻るべき場所ではないことが示唆される。

　エイリシュは、彼女と少しでも離れることが不安になったトニーの思いを受け入れ、他人には秘密にして彼と結婚する。

　エイリシュはアイルランドにいったん戻る。そこでは、新しい恋が待っていた。恋人と夫の 2 人の男性の間で彼女の心は揺れる。結婚していることを明かせない彼女はアイルランドで、新しい恋人との逢瀬を重ねる。亡くなった姉の後任として、得意の簿記を生かす仕事もするようになった。トニーのことは頭の片隅に残っているものの、アイルランドでの生活に染まっていくエイリシュは、アメリカへの帰国の日を先延ばししている。

　しかし、結婚していることが知り合いに知られ、そのことを詰問されたとき、エイリシュは、自分が帰るべき場所はアメリカだと再認識する。アイルランドに居場所はなくなり、アメリカへと向かうのだ。

原作にはない要素〜ラストシーン

*3
コルム・トビーン著、栩木
伸明訳 『ブルックリン』
白水社　2012年

　原作『ブルックリン』*3 にはない要素をピックアップすることで、より鮮明に映画で描きたかった意図がはっきりするだろう。

　たとえば、最初のアメリカ行きの乗船シーンが全く異なる。原作では、ローズがリバプール行きの船に乗るエイリシュを見送りにダブリンに一緒に行ったことになっている。しかし、映画ではアイルランドからアメリカ行きの船に乗るエイリシュを、母親とローズの二人で見送っている。女性が主人公だということの裏返しであろうが、男性の性格付けが薄い。原作には、エイリシュの兄たちが登場するが、映画にはその影すらない。『遥かなる大地へ』(Far and Away, 1992) や『ザ・フィールド』(The Field, 1990) などは、アイルランド人 (特に男性) の土地への執着が映画のテーマの一つになっていた。アイルランド人女性が主人公の『ブルックリン』では、エイリシュにとって、自分の「居場所」＝アイデンティティーは、物理的な土地ではなく、自分が求める人がいる場所として位置づけられている。

　より重要なのは、トニーへの気持ちの変化だ。原作では、既にトニーへの愛情を失っているにもかかわらず、アメリカに帰る決心をするエイリシュだが、映画では、まだトニーへの愛情がなくなったわけではない。結婚していることを詰問されたとき、原作では不安げなエイリシュが強調されるが、映画では「私の名前はエイリシュ・フィオレロ」と挑みかかるように答える。自分の居場所がトニーのいる所であることを自らにも言い聞かせるように夫の姓を名乗る。その後、実家に戻ったときに「彼の所に戻りたい」「夫の所に」と母親に告げる。

　原作では、アメリカに帰るために1人でアイルランド国内で汽車に乗っているシーンで終わる。これに対して映画はアメリカでのトニーとの再会までが描かれる。自分の「居場所」がトニーのいる場所にしかないことを改めて明確にしている。

　自分の居場所、つまりアイデンティティーがどこにあるの

か、あいまいなアイルランド移民。自分の居場所について、アメリカとアイルランドとの対比をこれだけ強調して描いた映画は、過去にはあまり見られなかったのではないか。

コーヴにあるアメリカに渡った移民の銅像

　そして、原作にはない場面がラスト近くに加えられた。エイリシュの成長を描いた部分だ。
　再度、コーヴの港を出てアメリカに渡る船上で、不安げにエイリシュにアメリカのことを聞こうとする女の子がいた。初めてアメリカに渡ろうとしたときのエイリシュにイメージが重なる。アイルランド人が多くて「故郷」みたいだと聞いたと話す女の子に、エイリシュは"Yes, it's just like home."(「そうよ　故郷みたい」)と優しい顔で答える。ここでもhomeという単語が使われている。home＝居場所なのであろう。そして、エイリシュは、かつて自分にかけられた言葉を女の子に語りかける。入国管理局では「アメリカ人のように」毅然として振る舞うようにと。入国管理局のシーンでエイリシュは緑のカーディガンを着ている。彼女にとってhomeの色である緑をまとうことで、これから向かう所も、homeであることを象徴しているのではないか。
　原作にはないエイリシュの成長した姿を見せた理由は何か。それは、この映画が女優シアーシャ・ローナンのために撮られたからであろう。エイリシュの成長を描くことで、女優としての存在感の大きさを伝えようとしているかのようだ。
　ラストシーンで女の子にかけた言葉が続く。まるで自分に言い聞かせるような独白だ。「いつか太陽が昇るわ」「やがて自然と考えるようになる」「新しく出会った人のことなんかを」「あなただけが知る人」「そして気づくわ」「ここに人生があるとね」。成長して戻るべき居場所（ブルックリン）に向かうエイリシュ。そこにはトニーがいる。ラストシーンで２人はきつく抱き合う。自分だけが知るトニーがいる所に「人生」があり、そこが自分の「故郷」(home)であることが強調される。戻るべき居場所に戻ることで、観客、特にアメリカ人は安心して映画館から帰路につけるだろう。
　アメリカ人が好むハリウッド的な再会で、物語の幕が下りるのだ。

Column

「語りの国」のアニメーション映画

　アイルランドは今、ヨーロッパでも有数のアニメーション制作国として知られる。わずか10年ほど前にはいくつかの小規模な制作スタジオに合計70名ほどのスタッフが働いているだけだったのが、2017年には約30のスタジオに1500名以上がフルタイムで働き、今後もさらに多くの雇用が見込まれているという。

　アイルランド国内だけではアニメーションの市場規模はあまりにも小さいので、制作スタジオは当初から海外に目を向けており、アニメーションはいまやアイルランドにとって、極めて強力な輸出産業になるまでに成長した。

　このような隆盛の基礎ができたのは1980年代に遡る。1983年、政府機関である産業開発庁は、アニメーション制作が多くの雇用機会を創出する可能性に着目し、その分野への投資を決めた。当時のアイルランドは高い失業率に苦しんでいたからである。やがて政府の助成金や税制上の優遇措置に惹かれ、アメリカからサリヴァン・ブルース・スタジオ（Sullivan Bluth Studio）が移転してきた。ディズニー社でベテランのアニメーターとして活躍していたドン・ブルースが同社の商業路線に飽き足らず、より芸術的な作品制作をめざしてディズニーから独立して、カリフォルニアで立ち上げた制作会社である。

　アイルランドで最大規模の制作会社として、サリヴァン・ブルース・スタジオは現地で多くの人材を雇用し、アイルランド政府の期待に応えるとともに、教育方面にも乗り出した。ダブリンにある職業専門学校のひとつ、バリーファーモット・シニア・カレッジ（Ballyfermot Senior College、現在の校名はBallyfermot College of Further Education）でアニメーションのコースをスタート

させ、ブルースとスタジオの同僚らが講師を務めて人材育成に貢献したのである。その後、技術革新や不況の波にのまれ、業績不振に陥ったスタジオは1995年に閉鎖され、ここで育ったアニメーターの多くは職を失って国内外に離散した。しかし、スタジオが始めた職業専門学校でのアニメーション・コースはその後も存続し、そこで蒔かれた種からはやがて新しい才能が芽吹いてきた。

　ダブリンの南西にある歴史ある街、キルケニーを拠点とするアニメーション・スタジオのカートゥーン・サルーン（Cartoon Saloon）は、バリーファーモット・シニア・カレッジの卒業生であるトム・ムーア（Tomm Moore）が同級生のポール・ヤング（Paul Young）、ノラ・トゥーミー（Nora Twomey）とともに1999年に立ち上げた制作会社である。

　カートゥーン・サルーンは初めて手掛けたTVシリーズ *Skunk Fu!*（2007-2008）がBAFTA（英国アカデミー賞）児童作品賞にノミネートされるなど、高い評価を得た。しかし何よりも同スタジオの名を国際的に高からしめたのは、長編映画第1作にして米国アカデミー賞の長編アニメーション映画賞にノミネートされた『ブレンダンとケルズの秘密』（トム・ムーアとノラ・トゥーミーの共同監督, *The Secret of Kells*, 2009）である。

　物語は9世紀のアイルランド。東部に位置するケルズの修道院では、バイキングの襲来に備えて周囲に高い壁を建設する作業に追われている。見習い修道士の少年ブレンダンは叔父である修道院長の命令で、修道院の外に出ることを禁じられているが、いつも周囲に広がっている深い森を眺めては、見知らぬ外の世界に好奇心を募らせている。ある日、バイキングに襲われたスコットランドの

アイオナ島から高名な修道士のエイダンが逃れてくる。彼は未完である福音書の装飾写本を携えており、ケルズでそれを何とかして完成させたいと願っていた。エイダン修道士の助手として福音書の制作を手伝うことになったブレンダンが最初に与えられた仕事は、インクの原料になる稀少な植物の実を探してくることだった。彼は密かに森の中に入り、そこで不思議な少女アシュリンに出会う。森の中は生命の危険と太古の驚異に満ちていたが、ブレンダンは白い狼の化身であるアシュリンの助けで無事に植物の実を見つけ、修道院に帰還する。

エイダンとブレンダンは福音書制作に没頭するが、そこにバイキングが襲来し、修道院は炎に包まれる。しかし二人はからくも脱出し、それから長い年月をかけて、写本は完成する。青年になったブレンダンは写本を携えて廃墟同然になったケルズ修道院に向かう…。

この作品のモチーフになっている福音書の装飾写本『ケルズの書』はアイルランドの至宝である。現在はダブリン大学トリニティ・カレッジの図書館が所蔵し、来館者に公開されている。この作品では、ケルズ修道院と『ケルズの書』の制作というキリスト教の世界と、その周囲の森が代表するキリスト教以前の世界との接触が物語を紡ぎだしていく。それはマタイ、マルコ、ルカ、ヨハネの福音書が、古来の渦巻や組紐文様、互いに絡み合う人物や動物といった異教的な装飾で埋め尽くされた『ケルズの書』の真髄を表現するものでもある。

日本では『ブレンダンとケルズの秘密』は2017年に劇場公開された。制作年は後だが、トム・ムーアが監督したカートゥーン・サルーンの長編第2作『ソング・オブ・ザ・シー 海のうた』(Song of the Sea, 2014) が前年に公開されている。『ソング・オブ・ザ・シー』は、アイルランドやスコットランドに伝わるアザラシの妖精セルキーの伝説をテーマにしている。しかしカートゥーン・サルーンが手掛けるのは神話や伝説の世界ばかりではない。2017年にワールドプレミアが予定されている長編第3作 The Breadwinner (ノラ・トゥーミー監督、2017) はタリバンの支配下にあるアフガニスタンに生きる少女を描いており、ハリウッド女優のアンジェリーナ・ジョリーが制作総指揮を務めることでも話題を呼んでいる。

アイルランドにはこのほかにも、ブラウン・バッグ・フィルムズ (Brown Bag Films)、モンスター・エンタテインメント (Monster Entertainment)、ボウルダー・メディア (Boulder Media) など有数のスタジオがある。そこから生み出される作品は、米国アカデミー賞やエミー賞、BAFTAの候補になるなど、高いクオリティと芸術性を兼ね備えており、世界中から熱い視線が注がれている。

(岩見寿子)

『ブレンダンとケルズの秘密』
Blu-ray&DVD
発売元：ミッドシップ
販売元：TCエンタテイメント
©Les Amateurs, Vivi Film, Cartoon Saloon

第3章

テーマから見るアイルランド映画

独立戦争と内戦を描いた作品群

岩見寿子

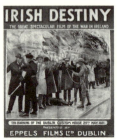

Irish Destiny

*1
 Irish Destiny
アイルランド、73 分、サイレント
監督：George Dewhurst

『男の敵』

*2
リアム・オフラハティ
(Liam O'Flaherty 1896 〜 1984)
小説家。アイルランド西部のアラン諸島イニシュモア生まれ。アイルランド語が話される地域で育ったが、彼の作品はいくつかの短編を例外として、ほとんどが英語で書かれている。*The Informer* は 1925 年に出版された長編小説。

1919 年から 21 年まで続いたアイルランド独立戦争の時期を背景にした映画は、サイレント時代から少なからず作られている。記念すべき最初の作品は、アイルランドで制作された長編映画 *Irish Destiny* (1926)*1 である。この作品は長らくフィルムが失われたと思われていたが、アメリカで発見されたオリジナルプリントから復元版が作られ、1991 年に 65 年ぶりに劇場で上映された。アイルランドではデジタル・リマスター版 DVD も発売され、今では比較的容易に見ることができる。

物語は中産階級出身で IRA に志願した主人公の青年の恋愛を軸に、イギリスから送り込まれたブラック・アンド・タンズと IRA との間で繰り広げられるゲリラ戦や、ブラック・アンド・タンズに密かに協力する主人公の恋敵などが入り乱れての活劇仕立てになっている。当時のニュース映像が盛り込まれたリアルな描写とスピード感あふれる編集は、アイルランド国産映画の水準の高さを示すものである。

1920 年、独立戦争のさなかにあったダブリンで、懸賞金ほしさに仲間を密告した反英組織の男の末路を描いたリアム・オフラハティ*2 の小説は 2 回映画化された。1929 年のイギリス映画 *The Informer* と 1935 年にジョン・フォードが監督したアメリカ映画『男の敵』である。政治的背景は薄められアクション中心のイギリス版に対して、フォードのアメリカ版は密告者である主人公の内面をより深く彫り下げ、名作との評価を得ているが、全編アメリカのスタジオ内のセット撮影であり、アイルランドでのロケは行っていない。

マイケル・コリンズの映画化

1936 年に制作されたアメリカ映画『市街戦』(*Beloved Enemy*) は、冒頭に「この物語は歴史のひとこまを描いたので

はなく、史実からインスパイアされたものであって、すべての登場人物は架空のものである」というテロップが流れる。しかし、主人公のデニス・リオーダンが、アイルランド独立戦争で活躍した実在の革命家で政治家でもあるマイケル・コリンズをモデルにしていることは、この映画の公開時から衆目の一致するところであった。

　ハリウッドの大物プロデューサーであるサミュエル・ゴールドウィンがマイケル・コリンズの生涯を描く企画をもちかけられた時、コリンズがアイルランド現代史において最もヒロイックな人物で、ロマンティックなエピソードもあり、しかも美男子であったことが決め手となり、この映画の制作につながったといわれている。

　60年後にニール・ジョーダン監督が歴史からインスパイアされた架空の物語ではなく、アイルランド現代史を体現する人物としてのマイケル・コリンズを大画面に再現したわけだが＊3、ジョーダン作品ではコリンズが英愛条約の交渉団の主要メンバーとしてロンドンに赴く重要な史実はそっくり省略されている。ところが、『市街戦』ではむしろ、ロンドンでのコリンズ（役名はリオーダン）のロマンスの風聞がドラマの中心になっている。ヒロインのヘレン・ドラモンドのイメージに最も近い実在の人物は、ヘーゼル・ラヴェリーであろう。アイルランド系アメリカ人の家系で、かなり歳の離れた画家の夫とロンドンに居を構えていた。夫のジョン・ラヴェリーはベルファスト出身でアイルランド独立をめぐるさまざまな党派の人脈をもっており、ロンドンの邸宅はアイルランド和平をめぐる非公式の会談に利用されていたといわれる。条約交渉でコリンズがロンドンに滞在していた1921年秋に両者は出会い、恋に落ちたと噂されるが真偽のほどはわからない。

　『市街戦』の前半は独立戦争における主人公のヒロイックな行動とイギリス外交官の令嬢ヘレンとの『ロミオとジュリエット』的なラブロマンスに力点が置かれる。後半では条約交渉をめぐって主人公はジレンマに直面し、平和を得る手段として条約を受け入れるべきだというヘレンの説得によって条約に調印する。しかしイギリス人の恋人のせいで祖国を裏

『市街戦』

＊3
『マイケル・コリンズ』については第2章Part2を参照。

*4
Guests of the Nation
アイルランド、49分、サイレント
監督：Denis Johnston

*5
The Dawn
アイルランド、87分、トーキー
監督：Tom Cooper

*6
Ourselves Alone
イギリス、70分、トーキー
監督：Brian Desmond Hurst, Walter Summers

『ジュノーと孔雀』

切ったとみなされて、リオーダンは暗殺者の凶弾に倒れる。アメリカでの最初の公開のときは、リオーダンの死で終わるものだったが、その後、ハッピー・エンド版も作られ、興行主はどちらかのバージョンを選ぶことができたという。いずれにせよ、この映画では条約を受け入れるか否かでアイルランドが内戦状態になったことには、いっさい触れられないまま終わる。

1930年代には、このほかに独立戦争を描いた映画がアイルランドとイギリスで制作された。Guests of the Nation (1935) *4, The Dawn (1936) *5, Ourselves Alone (1936) *6の3本である。しかし、独立戦争に続いて起こったアイルランドの内戦を扱う映画は、ニール・ジョーダンの『マイケル・コリンズ』(1996) の登場を待たねばならなかった。ショーン・オケイシーの戯曲をアルフレッド・ヒッチコック監督が映画化した『ジュノーと孔雀』(Juno and the Paycock, 1929) は内戦さなかのダブリンが舞台である。この時代特有の不安と絶望感がドラマの骨格を成すとはいえ、内戦そのものの描写はほとんどない。

アイルランドでは1932年の総選挙で、条約をめぐってマイケル・コリンズと対立したデ・ヴァレラ率いる共和党 (Fianna Fáil) が圧勝した。それ以降、第二次世界大戦後の1948年までデ・ヴァレラの長期政権が続くことになる。1930年代には独立戦争や内戦の記憶はいまだ生々しく関係者も数多く生存していた。1936年の『市街戦』の登場人物に実名を使うことがはばかられ、わざわざフィクションであることを観客に断わらなければならなかったのは、そういった事情を配慮したこともあるのかもしれない。

また、反英的な空気の中で、独立戦争の記憶は過度に美化され、独立戦争を扱った映画が民族主義を高揚する手段として制作されたという背景もある。その一方で内戦への言及は長い間タブー視され、客観的な評価がなされないまま長い時間が経過した。しかし過度な民族主義的歴史観を修正しようという動きとともに、『マイケル・コリンズ』が制作されることになったのは決して偶然ではないだろう。

先に触れた『市街戦』の後も、コリンズを主人公にする映画の企画はいくつか存在した。1968年、ハリウッドでプロ

デューサーとして活躍していたアイルランド出身のケヴィン・マクローリーが、フランク・オコナーの書いたコリンズの伝記 The Big Fellow を映画化する計画を公表した。コリンズの妹であるジョアナが制作アドバイザーとなり、主演にはリチャード・ハリスがキャスティングされることになった。しかしどのような事情があったのかは不明だが、この企画はついに実現しなかった。

　ニール・ジョーダンが『マイケル・コリンズ』の完成後に出版した撮影日記 ＊7 によると、そもそもコリンズの伝記映画を制作する企画が彼のもとに持ち込まれたのは撮影開始の12年前に遡るという。企画したのは『炎のランナー』(1981)などで知られるイギリスの大物プロデューサー、デヴィッド・パットナムである。早速ジョーダンは脚本の執筆にとりかかったが、なかなか制作にこぎつけられないため、やむなく別の映画の撮影に入り、その合間にまたコリンズ映画のシナリオの手直しに戻るというパターンが10年以上も続いた。そうこうするうちにパットナムがそれまで所属していた映画会社を移籍することになり、ジョーダンに劣らずコリンズ映画の制作に情熱を傾けていたパットナムは、移籍先の会社でマイケル・チミノなどを監督に起用して映画化しようとした。しかしジョーダンにとっては幸いだったことに、それらは企画倒れに終わったという。その間、『クライング・ゲーム』や『インタビュー・ウィズ・ヴァンパイア』(1994)がアメリカ市場で成功した手腕が買われたジョーダンは、ようやく『マイケル・コリンズ』のクランクインに漕ぎつけたのであった。

＊7
Neil Jordan, *Michael Collins: Screenplay and Film Diary*, London: Vintage, 1996.

トラウマを乗り越えて内戦を描く

　第2章の『マイケル・コリンズ』の項で書いたように、ジョーダンは独立戦争と内戦を切り離して評価する従来の歴史観を修正し、両者には連続性があること、そもそも独立戦争はイギリスを敵としただけでなく、アイルランド内部の対立でもあったことをフィルム上で表現した。『マイケル・コリンズ』には、独立戦争当時の北アイルランド情勢への言及がほとんどないことを指摘する批評家もいたが、それを補足

165

『アイルランド・ライジング』

*8
『麦の穂をゆらす風』については第2章 Part2 を参照。

するような TV ドラマが 2001 年に作られた。BBC 北アイルランドとアイルランドの公共テレビ局である RTÉ が共同制作した『アイルランド・ライジング』(*Rebel Heart*) である。ダブリンの中産階級出身でイースター蜂起に参加した主人公の青年と、労働者階級出身の同志 2 人との友情、そして、主人公とベルファスト出身の女性闘士とのロマンスが軸になっている。主人公はマイケル・コリンズの命令でベルファストにおもむき、そこで北アイルランド警察のナショナリストに対する苛烈な弾圧に直面する。3 人の若者たちの友情が内戦によって無残に壊れていく描写は、『マイケル・コリンズ』におけるコリンズと盟友ハリー・ボランドの関係と同様に悲痛なものである。

　独立戦争で共に闘った者同士が、内戦で殺しあう悲劇は、血を分けた兄弟同士が敵味方に分かれる『麦の穂をゆらす風』(*The Wind That Shakes The Barley*, 2006) において、さらに徹底的に追求される。*8 イギリス人監督ケン・ローチの描く独立戦争におけるイギリス兵による蛮行は、アイルランド人監督ニール・ジョーダンの描写よりも一層容赦がなく、敵対する兄弟の関係も救いがない。感情を極力排して動乱の時代をみつめる監督の冷厳な眼差しに、観客たる我々はたじろぐしかない。『マイケル・コリンズ』から始まった独立戦争と内戦の時代を検証しようとする試みは、長年タブーとされてきた内戦のトラウマを白日の下にさらすことになった。しかし、その時代から 90 年もたつとはいえ、そのような作業が重くつらいことに変わりはない。

文芸作品を
原作とした映画

宮地裕美子

　アイルランドは「文学の国」といわれる。1901 年から始まったノーベル文学賞の受賞者も 4 人いる。作家全員がアイルランド出身の作家であるといい得るかどうかについては異論を唱える人もいるだろう。1923 年の W.B. イェイツ、25 年のジョージ・バーナード・ショー、69 年のサミュエル・ベケット、そして 95 年のシェイマス・ヒーニーだ。生まれはアイルランド島であっても、受賞した 4 人とも活躍の場を国外に得ている。ヒーニーだけは北アイルランドに生まれたが、アイルランド人としてのアイデンティティーを保ち、2013 年 8 月 30 日にダブリンで 74 年の生涯を閉じた。

　アイルランド人として 3 人目のノーベル文学賞受賞者であるサミュエル・ベケットはフランス語と英語とで小説や戯曲を発表し、活動の場を主にフランスに置いた。アイルランドから離れていた同国人の作家ジェイムズ・ジョイスとパリで遭遇し、ジョイスの秘書を務めたこともある。ジョイスはノーベル賞こそ手にすることはなかったが文学史に残る数々の大作をなした。

　映画好きが高じたジョイスは 1909 年、ダブリンにアイルランド初の映画館「ヴォルタ座」を常設した。ジョイスは短編集『ダブリン市民』を 1914 年に発表し、16 年には『若い芸術家の肖像』、22 年には『ユリシーズ』を世に出した。『ダブリン市民』の最終章『死者たち』は 1987 年に映画化され、『ザ・デッド /「ダブリン市民」より』(*The Dead*) の邦題で日本でも公開された。*1 この作品は、アイルランドを愛し、アイルランド西部に居を構えて撮影を続けたアメリカ人監督ジョン・ヒューストンの遺作となった。

　映画情報サイトの "Screenhead" は、2007 年 1 月のブログで、The Unfilmables: A List of the Hardest Novels to Film（「映画化が困難な文学作品：映画化が難しい小説のリスト」）と題し、具体

*1
『ザ・デッド』については第2章 Part1 を参照。

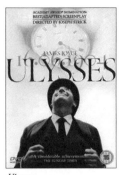
Ulysses

Bloom

ダブリンにあるジョイスの銅像

*2
意識の流れ
ウィリアム・ジェイムズが心理学書『心理学原理』の中でこの用語を最初に用いた。登場人物のさまざまな思考や感情を表現する語りの手法。『ユリシーズ』の挿話で、ブルーム夫人の40数頁にわたる内的独白は特に有名。

的にアイルランド文学の著作をいくつか挙げる。世界中で読まれているアイルランド文学だが、描かれる文学世界は大衆小説とは一線を画しているものが多く、映画化そのものが困難だといわれる作品もかなりあるようだ。とりわけ、ジェイムズ・ジョイスの『ユリシーズ』は、最も映画化しにくい作品の筆頭として名が挙げられている。

1967年に、ジョセフ・ストリック監督が撮った *Ulysses* はジョイスの原題をタイトルに冠した。アイルランド人俳優のマイロ・オシェイ (Milo O'Shea、1926~2013) がレオポルド・ブルーム役を演じ、スコットランド人俳優のモーリス・ローヴがスティーヴン・ディーダラス役を演じた。2003年、ショーン・ウォルシュ監督は、*Bloom* のタイトルで、500万ユーロの予算で映画を制作した。この作品は、翌04年、『ユリシーズ』のブルームズ・デイ100年を記念しアイルランド国内で公開された。ブルーム役を演じたのはスティーヴン・レイ。ディーダラス役には1975年生まれのダブリン出身の俳優、ヒュー・オコナーが扮した。新旧2人の監督は、低予算の制作費でジョイスの「意識の流れ」*2を映像表現しようと試みた。

ユネスコは2004年、新規プロジェクトで、建築、音楽、美術、文学をキーワードに「創造都市ネットワーク」部門を創設した。2010年、アイルランドの首都ダブリンを4番目の「文学の都市」(Literary Heritage) に認定した後、ユネスコのホームページは、ダブリンがアイルランドの文豪たちが成した文学作品と文学の伝統が根付く都市であること、いわばダブリンと文学とが同義語であるとして、その認定理由を明白にする。

ジェイムズ・ジョイスの他、ジョナサン・スウィフト、オスカー・ワイルドといった作家たちはイギリス統治下で活躍した。1888年、23歳のW.B.イェイツはロンドンの美術家や文学者の集まりに顔を出し、バーナード・ショーやウィリアム・モリス、オスカー・ワイルドらと親交を得ていた。イェイツはアイルランドの神話に魅せられていき、1892年、27歳のときダブリンにアイルランド文芸協会を設立し、*The Countess Kathleen* や *Fairy Tales of Ireland* を発表する。

イェイツは伝説上のアイルランドの英雄クハランを自身の作品に登場させ、アイルランドの文学を見直す復興運動をけん引していく。1893年には、学者のダグラス・ハイドと文芸復興運動を掲げ、ゲール同盟を設立し、『ケルトの薄明』(The Celtic Twilight)＊3 を出版する。1934年、彼は心霊術の仲間だったジョージー・ハイド＝リースと結婚していたが、戯曲『窓ガラスに刻まれた言葉』(Words Upon the Window Pane)を刊行し、心霊術に深く寄与する姿を著作に留めた。戯曲の多くが舞台演劇を念頭に執筆されていたが、風合いを異にする『窓ガラスに刻まれた言葉』が映画化されたのは刊行から60年後の1994年のことである。北アイルランド出身の女性監督メアリー・マクガキアンがメガホンを取り、映画監督のジム・シェリダン扮するジョナサン・スウィフトやその愛人ステラが幽霊の姿で現れ、時代を超越した映画に仕上がっている。

　1913年、バーナード・ショーは57歳にして戯曲『ピグマリオン』を発表し、舞台化する。好評を博した作品は、たびたびリメイクされ、38年にミュージカル映画『ピグマリオン』として制作され、米アカデミー脚色賞を獲得する。64年、ショーの戯曲『ピグマリオン』は、『マイ・フェア・レディ』のタイトルで映画化され、オードリー・ヘップバーンを主演に据えて大ヒット。ヘップバーンの名は一躍世界的になる。ショーは1950年、94歳で没している。

　1854年、ダブリンに生まれたオスカー・ワイルドは詩人であり作家としての活躍の場をイギリスに見出した一人だ。アイルランドの古代に興味をもつ眼科兼耳鼻科医師の父と民族独立運動に傾倒する詩人の母のもとに生まれ、ダブリンのトリニティー・カレッジで勉強し、オックスフォード大学でさらに古典を学んだ。ブライアン・ギルバート監督の映画『オスカー・ワイルド』(Wilde、1997)はワイルドの半生を描く。また、ワイルドの唯一の長編小説『ドリアン・グレイの肖像』は The Picture of Dorian Gray (1945)、The Secret of Dorian Gray (1970)、Dorian Gray (2009) のタイトルで3度映画化されている。ワイルドをテーマにした映画の中でも、94年制作の A Man of No Importance は、『ダブリン・バスのオスカー・ワイルド』のタイトルで、日本では96年2月、アイルラン

＊3
井村君江訳『ケルトの薄明』
ちくま文庫 1993 年

Words Upon the Window Pane

『ダブリン・バスのオスカー・ワイルド』

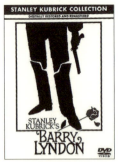

『バリー・リンドン』

Dancing at Lughnasa

『フェリシア』

ドフィルムフェスティバルで上映された。

アルバート・フィニー演じる初老のダブリンの2階建てバスの車掌が主人公。相棒の運転手に心を寄せており、ワイルド愛好家でゲイ。作品はオスカー・ワイルドと同性愛、ゲイをテーマにする異色作だが、描き方は文学的であり、詩的な雰囲気にあふれる。イギリス生まれのスリ・クリシュナーマ監督の優しいまなざしが心地よい。

ワイルドの短編『幸福の王子』は、1974年以降、数回にわたってアニメ化されている。近いところでは、オスカー・ワイルドに心酔するイギリス人俳優ルパート・エヴェレットの脚本・監督のもと、コリン・ファース、エミリー・ワトソン出演の実写版 The Happy Prince (2018) が制作された。

英作家ウィリアム・メークピース・サッカレーの原作、『バリー・リンドン』(Barry Lyndon, 1975) を映画化したのは米のスタンリー・キューブリック監督。破天荒なアイルランド出身の青年バリーを主人公に18世紀ヨーロッパを描く3時間を超える長編大作だ。グラスゴー出身の作家サム・ハンナ・ベル原作の『12月の花嫁』(December Bride, 1991) や北アイルランドのオマー近郊ノックモイル出身の劇作家ブライアン・フリール (1929~2015) の戯曲からは映画 Dancing at Lughnasa (1998) が生まれている。

1998年、アイルランドとイギリスは和平合意を成立させ、北アイルランドを巡る長年の紛争に一応の終止符が打たれた。イギリスとの関係変化の中でアイルランド映画が果たしてきた役割も少なからずあるだろう。

アイルランドのコーク州生まれの作家ウィリアム・トレヴァー (1928~2016) は、歴史や美術の教師を経て、執筆の道に入る。短編小説に優れた作家の作品のいくつかはアイルランドやイギリスでテレビドラマ化されている。1990年の『フールズ・オブ・フォーチュン』(Fools of Fortune) *4、99年の『フェリシア』(Felicia's Journey) などの長編は映画となっており、日本ではそれぞれ92年、2000年に劇場公開された。『フールズ・オブ・フォーチュン』は、プロテスタント支配階級一家に生まれた主人公ウィリー・クィントンが第一次世界大戦ヨーロッパ戦線終了前後のアイルランドを生き抜き、愛する

女性マリアンと再会を果たすまでを描く。アイルランドの
パット・オコナー監督は、トレヴァー原作の小説を丹念に読
み込み、アイルランド独立問題に巻き込まれる一家族の崩壊
と再生の物語を映画化した。

＊4
『フールズ・オブ・フォーチュ
ン』については第2章Part2
を参照。

回想のアイルランド

宮地裕美子

『フィオナが恋していた頃』

過去の痛み――Pain in the past

言葉と土地を奪われたアイルランド。そこから離れていても、どこにいようとも、自分のアイデンティティーのよって立つところを過去のアイルランドに求め、想い起こす作品がある。それをひとつのジャンルとして捉えたい。

1998年、映画『フィオナが恋していた頃』(*This is My Father*) は、俳優のエイダン・クインが総指揮を執り、兄のデクラン・クインが撮影監督、弟のポール・クインが脚本と監督を受け持ち制作された。

アイルランドの片田舎に暮らす農家の青年キアレンは、女学校に通う勝気な女性フィオナに恋をし、やがて2人はお互いを想う仲になる。しかしそれは身分の違う、年の離れた恋。周囲の知るところとなったとき、結ばれぬ運命に悲嘆した青年は自死を選ぶ。青年の子を宿していると知った女性は、因習から逃れるように単身新天地アメリカを目指す。痛ましい中にも希望や救いが全くないわけではなく、女性が忘れ形見の赤子に亡き恋人の名をつけ、逞しく生き延び、育て上げた。

フィオナの息子キアレンはいまや初老のひとりもの。シカゴの高校で歴史を教える。妹の家族と暮らす母フィオナは、発作で倒れ、寝たきりになっていた。母がアイルランドから移民としてやってきたらしいことは聞いているものの、キアレンは自らの出生にまつわる話を母からは聞いたことがない。母の故郷アイルランドに父親の痕跡を探す旅に出ることを決意するキアレン。その頃、キアレンの妹は、思春期の息子ジャックに手を焼き、一緒に甥を連れていってくれと兄に頼む。

1930年代、アイルランドの西ゴールウェイ近郊の村では、誰もが知り合いのような近い関係にあり、家族のようでも

あった。孤児のキアレンは、施設から8、9歳で農家の夫婦に引き取られ、敬虔なカトリックの養父母のもと農作業を手伝う労働力となりつましい暮らしを支えていた。30歳を過ぎても、キアレンは養父母への感謝を忘れず、堅実な日々を過ごしている。一回りも年齢の違う、明るく積極的な少女フィオナに出会い、その魅力に屈服し身分違いの恋心を抱いてしまったことなど、おくびにも出さない。カトリックの戒律に背く行為にまで発展しても大胆に接近してくるフィオナを受け入れずにはいられない。フィオナは、後家で厳格な母とは折り合わず、単身アメリカへの移住すら考えている。

　若いフィオナは身分差、年齢差などお構いなしに朴訥としたキアレンに恋をし、彼を翻弄する。フィオナに悪気はないのだろうが、信仰に根ざした生活の歯車が狂ってしまったかのキアレンは恋の深みにはまっていく。やがてフィオナと結ばれるが、カトリック色の強い狭い社会で、道を外し自責の念にかられたキアレンに生きる道はない。養父母は心を鬼にして家から出ていくようキアレンを諭す。幼い頃、彼を引き取り貧しい中でも愛情を注いでくれた養父母の生活を守るため、泣く泣く養父母のもとを去るキアレン。ほどなくして彼は首を吊り自らの生命を絶ってしまう。

　フィオナには、厳格なカトリックの戒律を重んじる因習から逃れアメリカに単身移住する手立てが残されていた。妊娠の兆候を自覚していたかどうかは不明だが、アメリカに渡り、その後出産し結婚したらしく、アイルランドのキアレンの忘れ形見は父のない子にならずに済む。アイルランドのキアレンのように施設に入ることもなかった。

　20代でアメリカに移り住み、90歳を超えて病床に伏す母フィオナは、電話の向こうの息子キアレンから「アイルランドのキアレン」の名を告げられ、意識が遠のくなかで目に涙を浮かべる。遠いアイルランドで過ごした若かりし頃の淡く悲しいキアレンとの恋を懐かしむかのように。

　クイン兄弟は1959年生まれの2男エイダンほか、5人の兄弟は、シカゴの敬虔なカトリックの両親の下に育つ。教師の父と専業主婦の母は50年代の初め、故国アイルランドからシカゴに移り住み、そこをアメリカ生活の拠点に選んだ。エ

イダンがまだよちよち歩きの時、両親は家族を連れ、故郷ア
イルランド中部のオファリーの町に戻り、1年半あまり滞在
する。シカゴとオファリーを行き来する生活はしばらく続く。
エイダンが13歳の時には、アイルランドの中学校に通うと
いった具合だった。特にエイダンと兄のデクラン、妹のマリ
アンにとって、アイルランドとアメリカを行き来する生活は
ごく当たり前のことになっていった。アイリッシュ・アメリ
カンでも、アメリカン・アイリッシュでもなく、兄弟たちは
2つの文化を自然に受け入れていく。

　ポールは、少年時代、母から聞いたことのある悲恋話を基
に、映画『フィオナが恋していた頃』の脚本のヒントにし、
アイリッシュ・アメリカンの出自を訪ねる話にまとめた。兄
弟たちが自然に受け入れていたアイルランドとシカゴの2つ
の文化がストーリー展開に加味されることになった。

　映画は、現代と1930年代後半とを交差させて描かれる。
アイルランドとアメリカを映像で行き来させて50年の歳月
をもの語る。セピア色とカラーのコントラストを多用し、と
りわけ、若き日の溌剌としたフィオナのルージュのみが過去
を語るとき眩しく映る。アイルランドのキアレンは閉鎖的な
社会通念に押しつぶされて、自らの命を絶ってしまった。ど
れだけ一生懸命生きようとも、どれだけ養父母に尽くそうと
も、一瞬の燃え盛る恋により、キアレンはカトリックの教え
に背いてしまったかに見える。ポール・クイン監督はインタ
ビュー*1で、次のように話す。

*1
"Film Threat"
(http://filmthreat.com/)

　　This is My Father というタイトルだからといって、特
　定の父親の話ではない。我がクイン家の話でもない。母
　が話してくれた幼い頃の記憶にある話、アイルランドの
　若い男女が恋愛トラブルに巻き込まれる。カトリックの
　因習が強く残るためにトラブルを回避し切れずにアイル
　ランドを逃れ、アメリカに移り住んだ人たちもいるだろ
　う。アメリカに移住した事情や経緯を振り返れば、アイ
　ルランドの因習にまつわる経験があるかもしれない。そ
　んなアイルランドを思い出す過去の痛みを進んで話そう
　とする人はいない。母がまた聞きした話にせよ、半世紀

以上経った今、個人的なレベルの話としてではなく過去の話を聞き、痛みを共有してもいい頃ではないか。私はそんな風に思う。映画のイントロは母親の故郷アイルランドに自らのルーツを探しに行く、一見楽しそうに見える設定だが、アメリカに渡った人の子や孫がどこかで家族から聞いたことのある懐かしく痛い過去の記憶は、いい悪いは別にして誰かに伝えておきたい。

痛みを知って前を向く

　アイルランドの過去の痛みや喜びをノスタルジーと捉えるのはクイン兄弟だけではない。テーマは 99 年の『アンジェラの灰』(*Angela's Ashes*)、2007 年の『P. S. アイラブユー』(*P. S. I Love You*)、『あの日の指輪を待つきみへ』(*Closing the Ring*) などにも共通しているようだ。

　リチャード・アッテンボロー監督は『あの日の指輪を待つきみへ』で第二次世界大戦の最中、北アイルランドのベルファストに落ちた爆撃機墜落現場で見つかった指輪の秘密を上手く、現代の北アイルランドの爆弾テロと繋げて見せる。

『あの日の指輪を待つきみへ』

　1941 年、欧州戦線の状況は緊迫し、アメリカが参戦。ミシガンに住む青年テディは親友のジャックやチャックと共に志願し、爆撃兵として戦地へ向かう。その前夜、親友たちの立ち会いの下、テディは恋人のエセル・アンと友人の見習い神父に無理を言い、仮の結婚式を挙行してもらう。カップルの式は簡単ではあったが、お互いの名前のイニシャルが刻まれた指輪交換の儀式の後、テディとエセル・アンは生涯の愛を誓う。出征するテディは 2 人の名を刻んだ指輪を嵌めて出征する。

　3 人の若きアメリカ兵たちはそれぞれの持ち場に就き、激しさの増す空中戦の最中、テディは B17 爆撃機に乗り込む。そして、北アイルランド上空で旋回中、ベルファスト郊外の丘に激突、戦闘機から脱出する間もなく息絶える。

　その惨状を目撃し、助け出そうとした地元の若者がクィンランだった。演じるのはピート・ポスルスウェイト。50 年後の彼に近付いてきた少年ジミーと現場の丘を掘り起こすうち、爆撃機の残がいから、指輪らしきものが含まれた土くれを見

付ける。墜落で犠牲になったテディの指輪に記された名前から、ジミーはミシガンのエセル・アンの連絡先を探し出し、試しに電話する。ベルファストとミシガンは半世紀を超えて、思いがけず過去の痛みを分かち合うことになる。エセル・アンはずっと遠ざけてきた元恋人の死を受け入れられずにきたこと、テディが死してなお断ちがたき絆で縛られてきたこと、そうした過去から続く痛みと向き合い、超えてこそ前を向けるのではないか。そんなメッセージを、作品は伝えようとしている。

　この映画の中で描かれるベルファストの爆弾テロ騒ぎのシーンは、実はそれが過去の痛みではなく、現在も続く終わりなき痛みであるとして描く。エセル・アンは現代のベルファストを訪れ爆発現場を目の当たりにし、ようやく過去の呪縛から解き放たれる。痛みの本質を知り、心の底から泣き、過去に折り合いを付ける。タイトル、*Closing the Ring* の解釈は難解だが、指輪という愛のシンボルの束縛から解き放たれ、主人公たちは50年を経て自由を勝ち取り終結（closing）させたと言っているのかもしれない。

　『アンジェラの灰』は、世界恐慌の影響でアメリカでの生活に見切りをつけ、母アンジェラの故国アイルランドの南西部リムリックに舞い戻った貧困家庭の悲惨な暮らしを描く。ピューリッツァー賞作家フランク・マコートの原作を基にイギリス人監督のアラン・パーカーが撮った。

　雨の多いリムリックで、浸水する家屋に暮らすマコートの家族。生活は悲惨で、どんなに貧しくとも、失業手当をすべて飲み代にしてしまうような父親であっても、マコート家の息子たちは、彼が好きだ。北アイルランド出身の優しい父が時折話してくれるアルスター神話が好きだ。物語を生活の糧にすることはできないのに、まるで食べ物がなくても、心に誇りさえもっていれば、いつか何とかなる。どん底にあっても、夢をもち、希望を失うなと呼びかけているようだ。マコートの経てきた半生を描く映画にはそんな説得力すら感じられる。

　1990年にアメリカのテレビ向けに制作された『秋の旅路』

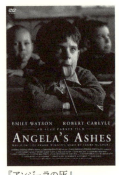

『アンジェラの灰』

（*The Love She Sought*）は、米作家ジョン・ハスラーの小説シリーズの挿話「A Green Journey」をジョゼフ・サージェント監督が撮った。

アンジェラ・ランズベリー扮するアガサは敬虔なクリスチャン。ミネソタ州のカトリック教会が運営する女子校の教師を務め、ずっと独身を貫いてきた。アイルランドに住む男性ジェイムズとここ5年ぐらい文通をしている。相手のジェイムズに対しアガサは少なからず恋心も抱いている。学校に新たに赴任した司教とひと悶着あり、自分のやってきたことに疑問を持ち始める。そんな折、自分の気持を整理するのもいいだろうとアガサはアイルランド行きを思い立つ。文通相手のジェイムズにも会える。

まるでアイルランドにカトリック信仰の原点や懐かしさを見出そうとするようにアイルランドに旅立つ。アガサが求める愛の形は女性としての人間臭い愛なのか、それとも神への愛なのか？　果たしてアガサが恋心を抱くジェイムズは聖職者であった。

人生に悩み、岐路に立ったとき、自分らしさや自分なりの価値観を過去のアイルランドに探し求める。歴史的、経済的状況によって離れなければならなかったアイルランドではあるが、単なるノスタルジアではなく、アイデンティティーの確認作業を契機として、意志をもって別の可能性を断念し切り捨てる。社会との関わりのなかで、その後の人生を進むための手立てとしてアイルランドの記憶と折り合いをつける。このようなテーマが繰り返し描かれてきた意味は大きい。

移民が夢見る「アイルランド」

前村　敦

アイルランドからアメリカに移民した人々を描いた映画は数多い。『ブルックリン横丁』(A Tree Grows in Brooklyn, 1945)、『ヤンキー・ドゥードゥル・ダンディー』(Yankee Doodle Dandy, 1942)、『オンリー・ザ・ロンリー』(Only the Lonely, 1991)など枚挙にいとまがない。

アイルランドを追われてアメリカに移っていく過程を描いた『遥かなる大地へ』(Far and Away, 1992)。アイルランドで自分のルーツ探しをする『フィオナが恋していた頃』(This Is My Father, 1998)。アイルランド系ギャングが登場する『ミラーズ・クロッシング』(Miller's Crossing, 1990)、『ギャング・オブ・ニューヨーク』(Gangs of New York, 2002)、『ステート・オブ・グレース』(State of Grace, 1990)、『ロード・トゥ・パーディション』(Road to Perdition, 2002)、『ディパーテッド』(The Departed, 2006)。アメリカに逃亡・武器調達などに来たIRAに焦点を当てた『デビル』(The Devil's Own, 1997)、『ブローン・アウェイ／復讐の序曲』(Blown Away, 1994)、『ザ・ブレイク』(A Further Gesture, 1996)など。

『ミリオンダラー・ベイビー』

アメリカのアイルランド移民の子孫は4000万人にも上ると言われる。これが、映画制作側にとって魅力的な市場に映り、移民たちにとって口当たりのいい映画づくりが進む。そして、移民の子孫たちがアイルランドを眺める眼差しも固定化されてしまう。移民や、その子孫を描いた映画には、不自然であったり、居心地の悪さが付きまとっていたりする時がある。それは、アメリカにいるアイルランド系の人々を市場として強く意識しているからではないか。

『恋はワンダフル!?』

映画の良し悪しはさておき、アメリカにいるアイルランド移民の子孫たちを描いた映画を題材に、「母国」アイルランドに対する意識を考えてみたい。ここでは『ミリオンダラー・ベイビー』(Million Dollar Baby, 2004)や『恋はワンダフ

ル !?』（*The MatchMaker*, 1997）を取り上げてみる。

不自然な強調 —『ミリオンダラー・ベイビー』

　クリント・イーストウッドが監督し、ヒラリー・スワンク
が主演した『ミリオンダラー・ベイビー』。第 77 回のアカ
デミー賞作品賞、監督賞、主演女優賞、助演男優賞の各部門
を獲得した。

　主人公であるボクシングジムの経営者の名前はフラン
キー・ダンであり、彼を「ボス」と尊敬する女性ボクサーは
マギー・フィッツジェラルド。どちらの名前もアイルランド
系だ。フランキーは暇さえあると、ゲール語（アイルランド語）
の本を読んでいる。マギーは「彼女は生まれついての“貧乏
人”」（"she was trash"）。ここで言う（white）trash は、貧しい白
人の意味であり、アイルランドからの移民だったケースも多
いという。家族がトレーラーに住んでいることからも、アイ
ルランドで差別されてきた漂泊民を思い出させる。

　マギーは母親や妹、つまり家族のために家を買う。しかし、
母親は「あたしに何の相談もせずに！」「生活保護が打ち切
られる」「家なんか買わないでお金をくれりゃいいんだよ！」
と毒づく。

　試合の際に首を損傷し、動くこともできなくなったマギー
のところへ母たちが訪れる。彼らは近くのホテルにいたにも
かかわらず、なかなか病院に現れない。何日かして見舞いに
来た彼らは、遊園地へ行って来た帰りであり、派手なキャラ
クターデザインのTシャツを着ている。服役中だった弟や弁
護士も一緒だ。母親は、マギーの財産（家）を自分の名義に
するための書類をマギーに見せる。母親は「あんたのお金を
守る約束事だ」と言う。書類へのサインのために、マギーの
口にペンをくわえさせようとする母親。マギーは「試合を見
た」と聞く。母親「野蛮だから嫌いだよ」とにべもない。マ
ギーは「信用できないわ」「生活保護をくすねるため、家を
もってないことにしてるわ」「私が望めば、あの家を売って
怠け者を追い出せるのよ」「今度現れたら家を売り払う」と
言い放つ。母親たちは憮然として病院を後にする。

　母親や妹たちにとって、動けないマギーよりも「金」の方

179

が大事だと描かれる。彼らは家族の情もなく、施しを受けるのが当たり前だと思っている。

　もう一つ、不自然なのがイェイツの詩集だ。しかも、わざわざアイルランド語で書かれている本をフランキーがお守りのように抱えている。なぜ、ボクシングジム経営者のフランキーがイェイツの詩集を愛読しているのか。イェイツはアイルランド語では詩を書いていないと言われている。この詩集には、監督のアイルランドへの強いこだわりが感じられる。

　三つ目の不自然な強調点は、これでもか、というような緑色だ。アイルランドは「エメラルドアイランド」とも呼ばれる緑豊かな場所。国旗は、緑と白とオレンジの三色旗。緑はカトリック、オレンジはプロテスタントを、それぞれ象徴しており、白は両者の融和を表すという。その、アイルランドの「色」である緑色が画面に張りついて離れない。壁もガウンもシャツもジムの中の空気も緑色で覆われているようだ。緑色を過度に強調しているように見える。

　試合に臨むマギーにフランキーが緑色のガウンを贈る。その背中に"Mo Cuishle"（正確なスペリングは Mo Chuisle）という言葉とハープの刺繍がしてある。"Mo Cuishle"はアイルランド語で、意味は"my pulse"（私の鼓動）。ハープはアイルランドの象徴だ。ここからマギーは、アイルランド系を売り物にしたボクサーとして注目されるようになる。イギリスの試合では、観客が「モ・クシュラ」と歓声を上げる。

　ヨーロッパを転戦するマギー。ナレーションは「アイルランド人はどこにでもいるらしい」（"Seems there are Irish people everywhere, or people who wanna be."）と語る。アイルランド人だけでなく、「そうでありたいとする人々」も多いという皮肉にも受け止められる。

「民族」なんて幻想 ―『恋はワンダフル!?』

　『恋はワンダフル!?』は、アメリカの政治家が選挙に有利になるよう、女性秘書にアイルランドに先祖探しを命じる作品だ。行き先はアイルランド西部の田舎の架空の港町バリナグラ。奇しくもその町ではマッチメイキング（お見合い）フェスティバルの真っ最中だった。女性秘書は必死に先祖探しを

アイリッシュハープ（ダブリンのトリニティー・カレッジ蔵）

実際に盛大なマッチメイキングフェスティバルが開かれる町（クレア州のリスドゥーンバーナ）にあるバー

180

するが、なかなか思い通りにいかない。

19世紀中頃のアメリカでのアイリッシュの生活は「『最低で、屈辱的で、奴隷のよう』なものであることが多かった」*1。それが、時がたつにつれ、この映画で示されているように、アメリカの選挙でアイルランド系であることを訴えると票が取れるようになった。アイルランド系のケネディが大統領として人気があった影響も大きかったであろう。また、それだけアイルランド系の人々がアメリカに浸透してきたあかしだ。

アイルランド系のアメリカ人にとって郷愁をそそる映画も多い。それを体現したのは『静かなる男』『遥かなる大地へ』などが代表的だ。『恋はワンダフル！？』もアメリカ人向けのアイルランドを舞台にした映画。ただ、アイルランドへの郷愁を正面から皮肉っているのが一味違う。

1997年の制作。監督はマーク・ジョフィ。ロシアで生まれ、ポーランドを経由して家族といっしょに5歳の時にオーストラリアに移住したという。脚本に、アイルランドを舞台にしたBBCの人気ドラマシリーズ『ファーザー・テッド』 (Father Ted) のグラハム・リネハンが加わっている。

主演の女性秘書マーシー役はアメリカ人の女優ジャニーン・ガラファロ。マーシーと絡む元新聞記者のショーン役に『ブレイブハート』(Braveheart,1995) などに出演しているスコットランド系のデヴィッド・オハラ。アイルランド映画に常連の脇役が主演の2人を支えている。マッチメーカーのオブライエン役はマイロ・オシェイ。土産物屋兼家系図センターの主人役のデヴィッド・ケリーは、本作と同じように『ウェイクアップ！ネッド』(1998) でとぼけた役を演じている。アイルランドでのロケ地は西部のゴールウェイにある港町ラウンドストーンとアラン諸島の島イニシュモア。

ルーツ探しをするためにアイルランドを訪れるアメリカ人も多い。アイルランドで旅をしていると、B＆B（Bed & Breakfast、朝食付きの民宿）で、祖先の足跡をたどろうと自転車でアイルランド中を回っているアメリカ人と会うこともあれば、書店のルーツ探しの本を扱っているコーナーで、「お前の名前はこれなのよ」とアメリカからの旅行者らしい母親が子供に説明している光景にも出くわす。アイルランドでは、

*1
カービー・ミラー　ポール・ワグナー著　茂木健訳『アイルランドからアメリカへ　700万アイルランド人移民の物語』 東京創元社 1998年

イニシュモアの港を出るフェリー（右）

街角で「House of Names」という看板の店をしばしば見か
ける。新聞のウエブサイトにも名前から出身地をたどるコー
ナーがあるほどだ。映画では、土産物屋が兼業している「家
系図センター」は、アメリカ人旅行者を狙った商売をしてい
る。

　アイルランドに来るアメリカ人が求めるものを、アイルラ
ンド人が提供する。すると、アメリカ人は自分が思い描いて
きたアイルランドのイメージと同じだと確認して安心する。
そして、アイルランドに今では残されていないような古い、
あるいは誤ったイメージが強く固定される。

　マーシーは「家系図センター」の主人が古い書類の中から
上司の政治家のルーツを探してくれると信じている。彼はあ
たかも、時間をかけて苦労して古い資料の中から探し出すふ
りをしていた。しかし、前時代的な積み上げられたたくさん
の書類の下にはパソコンがあり、検索するとマグローリーと
いう名前は"Not Found"だった。確かに、秘書にルーツ探し
を命じる政治家の名字マグローリー（McGlory）は、実際のア
イルランドの人名事典には見当たらない。

　この映画で批判されているのは、「こうあってほしい」と
いうアイルランドへの視線だ。昔から変わらぬ姿のアイルラ
ンドの風景と人々が、今もそこに変わらずに存在している
という、アメリカ人の「誤解」あるいは「願い」を逆に利用し
ている。

　代表的なシーンを挙げてみよう。政治家の祖先探しに来た
アラン島で、そこの住人オハラが出すのはカプチーノであり、
紅茶でもアイリッシュコーヒーでもない。アラン島が、観光
地として、いわば額縁にはめられた古い絵画のように扱われ
ていることへの反発からか、「美術館ではない」という言葉
をマーシーに投げつける。

　政治家が自分のルーツを探し当てたと誤解し、アメリカか
らわざわざ出向いて訪ねた家には、精神を病んだような家族
がいた。それにあきれた政治家は女性秘書を解雇するとわめ
く。子孫たちを温かく迎えてくれる親切で温和な「そうあっ
てほしいアイルランド」は、そこにはなかった。

　映画後半で、当選したマグローリーの父親とマーシーが話

をする場面がある。ここで、政治家はハンガリー移民の子孫
だったことが明らかにされる。マーシーがバリナグラでの祖
先探しに失敗したことを伝えると、父親は「ブダペストなら
探せたろう」と答える。マーシーは訳が分からず「何と？」
と聞き返す。父親は「出身が違う」(We're not Irish.) と言う。
さらに「ハンガリーだ」「名はミキローシュか何か」「"マグ
ローリー"は移民局でついた名前だ。よくある話だ」「私も
民主党員としてアイルランド系を装ってきたがね」と話す。
その時、演説でマグローリーが「アイルランド系の偉大な日
だ」と叫ぶ。父親はそれを聞き、「ハンガリー系にもな」と
つぶやく。

　「民族」や「国民」は確かなようでいてあいまいな捉え方
だ。「アイルランド系」という幻想が固定化され、あたかも
確実で実態があるようなものとして受け止められている。
『恋はワンダフル!?』は、それを逆手に取った作品だと言え
よう。

アイルランドでも
凶悪犯罪は起きる

前村　敦

　日本人が抱くアイルランドのイメージの中に犯罪の要素はほとんどないだろう。もちろん、IRA などによる政治的なテロが想定される場合もあるが、田舎の緑豊かな風景であったり、いまだに妖精を信じている人々がいたりするというような印象が大部分だ。強盗や窃盗、ドラッグなどの犯罪が想像されるケースはない。しかし、アイルランドでも、特にダブリンや北アイルランドのベルファストといった都市を中心に、さまざまな凶悪犯罪は当然起きており、映画でも形を変えながら扱われている。

　2016 年 6 月現在の日本の外務省の「海外安全ホームページ」は、アイルランド国内の犯罪について以下のように記している。

　「繁華街を中心に窃盗や暴力事案は日本に比べ高い水準で発生しており、旅行や生活で滞在する際は相応の注意が必要です」「2016 年 2 月にダブリン市内北部のリージェンシー・ホテルで発生した銃撃事件以降、ギャング団の抗争とみられる銃撃事件がダブリン市内及び近郊で発生しており、警察が警戒を強化しています」「アイルランドにおけるコカインの消費量は、人口比ベースで欧州の中で上位にあり、深刻な社会問題の一つです」「警察の警戒にもかかわらず、銃器薬物取引に絡む抗争が依然散発しています」

　このうち、薬物汚染一つとっても、かなり以前から問題になっていた。『ジェネラル　天国は血の匂い』の原作[1] は、80 年代の状況について「ダブリン都心部のゲットーは、ひどいヘロインの流行で汚染されていた。校庭でヘロインを自由に与える悪徳な売人のせいで、12 歳くらいの多くの子供が中毒者になっていた」と描いている。

　筆者がアイルランドを訪問していた 2015 年 9 月に、泊まっていたテンプルバー（首都ダブリンの繁華街）のホテルの近

*1
Paul Williams: *THE GENERAL*, New York, A Tom Doherty Associates Book, 1998.

くで殺人事件が起きた。そのニュースを聞いた現地のアイルランド人の知り合いは「ドラッグが原因ではないか」と想像していた。薬物汚染がすぐに殺人事件などの犯罪と密接に結び付いていることがうかがえる。

殺人事件が起きた当日のテンプル・バーの雑踏（2015年9月）

『ザ・クーリア』(The Courier,1988)は、ドラッグやゲイ、銀行強盗など、1980年代のダブリンを舞台に社会の裏側を描いている。交通渋滞も珍しくない都市化したダブリンでは、銀行強盗や薬物汚染が起きている。映画は、バイク便を使ってヘロインが取り引きされている事情をクローズアップする。ドラッグを扱う元締めヴァルが少年を漁り、トレーニングセンターで、彼を自分のものにする場面も出てくる。

『ジェネラル』や、『私が愛したギャングスター』(Ordinary Decent Criminal,2000)は、1980〜90年代にダブリンを舞台に犯罪者として名を馳せていたマーティン・カハルの生きざまを通じ、裏社会を描いた。国際通貨基金（IMF）のレポート（2013年9月版）を見ると、この時期（85〜91年ごろ）にアイルランドの失業率は18％前後という高い数字を示している。『ジェネラル』の原作によると、1949年生まれのマーティン・カハルが育った当時も、アイルランドの失業率は高く、貧しい暮らしが存在していた。彼が子どもの頃に住んでいたのも、ホームレス一歩手前の人々向けのアパートだった。映画では、ここに住み、幼い頃から盗みを働くことで生計を助けていた状況が見て取れる。経済格差が犯罪を生み出してきたことにも焦点を当てている。

『ザ・クーリア』

『私が愛したギャングスター』はケヴィン・スペイシー演じる主人公マイケル・リンチが宝石店を襲ったり、絵画を強奪したり、IRAとの確執があったりするなど『ジェネラル』とエピソードは共通している。しかし、『ジェネラル』とは違い、プロテスタントとIRAの対立や、経済格差など社会問題はほとんど表面に出てこない。あくまでもスタイリッシュな犯罪を仕掛ける主人公がおり、その周辺に、彼を信奉したり裏切ったりする手下たちや、絵を横取りしようとするIRA、リンチ一味を追いかける警察の姿が描かれる。

『ヴェロニカ・ゲリン』(Veronica Guerin,2003)は、犯罪者が

『私が愛したギャングスター』

ダブリンにあるヴェロニカ・ゲリンの記念碑

『ダブリン上等!』

*2
『ナッシング・パーソナル』については第2章Part2を参照。

『極悪人』

主役ではないため、犯罪映画とはいえないかもしれない。ただ、裏社会の犯罪を告発する記事を書き続けた実在したジャーナリストが主人公だ。この作品では、アイルランドの薬物汚染が子供の社会にまで浸透していることが明らかにされる。背景には、ドラッグを扱う陰の大物がおり、その事実を必死になって暴き出したジャーナリストが撃ち殺される。

『ダブリン上等!』(*Intermission*,2003) は、犯罪者予備軍とも言うべき若者たちの不満や暴力沙汰が、コリン・ファレルやキリアン・マーフィーといった若手実力派俳優陣を中心にコミカルに描かれる。

一方、北アイルランドを舞台にしたカトリック (IRA) とプロテスタント過激派との暴力的な抗争を描いたケースでも、見方を変えれば、ギャング同士の縄張り争いとして捉えることができる作品がある。

『ナッシング・パーソナル』(*Nothing Personal*,1995) *2 がそうだろう。この映画には、プロテスタント組織の「親分」(レナード) と有能な「若頭」(ケニー)、跳ね上がりの「鉄砲玉」(ジンジャー) といった、ギャングやマフィアと似たような構造が見て取れる。鉄砲玉が敵対組織の人間に無差別なリンチを加える一方で、親分たちは「手打ち」に向けた駆け引きもしている。だが、その抗争に、無垢な子供など一般の市民も巻き込まれてしまう。犯罪映画でよく見かけるパターンだ。

『極悪人』(*Resurrection Man*,1998) では『ナッシング・パーソナル』を超えた異常な犯罪的行為が描かれる。無差別にカトリックを殺すことに喜びすら見出す主人公ビクターが、北アイルランド最大の都市ベルファストの市内でリンチや残虐な殺人を繰り返す。ビクターの背後には、ナチスを崇拝する説教師の男がおり、ビクターとともにドラッグを吸引しながらカトリックへの憎悪をかきたてていく。ビクターは薬漬けになり、敵も味方もなく残虐な行為をエスカレートさせていく。もはやカトリックとプロテスタントとの宗教、政治、経済的な対立は、物語の遠い背景でしかない。狂気が暴走し、殺人をすることで「支配者」になる幻想に取りつかれていった青年が崩壊していく姿が描かれている。

『ディボーシング・ジャック』（*Divorcing Jack*,1998）は、爆破事件の首謀者であることを隠している北アイルランドの首相候補と、その証拠となるテープを探しだして首相候補を脅し、金を巻き上げようとするIRAくずれのギャングらが登場し、リンチや銃の乱射、殺人などの犯罪を重ねていく。そこには、北アイルランドが抱える政治状況の重さは大きく感じられない。組織対組織を描いたギャング映画というより、まさに、クライムアクションとも言うべき光景がベルファストで繰り広げられる。

『ディボーシング・ジャック』

　裏社会というわけではないが、アイルランドで長い期間隠されてきた修道院や聖職者による犯罪的で異常な行為も映画で垣間見ることができる。カトリック教会の強大な権力によって厳しく規定されてきたアイルランドの社会が、実は大きな矛盾を抱えてきたことが明らかにされる。

　『ブッチャー・ボーイ』（*The Butcher Boy*,1997）や『ジェネラル』は、男性の聖職者による少年への性的に倒錯した行為を描いている。

　実話を基に、より深刻な事態を扱っているのが『マグダレンの祈り』（*The Magdalene Sisters*,2002）だろう。1960年代に未婚の母であるなどの理由で不道徳とみなされ、修道院に収容された少女たちが描かれる。そこでの過酷な状況を乗り越えようとする少女たちの姿が印象的だ。聖職者や修道女は収容された女性に過酷な労働を課すだけでなく、カトリックの教えと相反するような性的な行為すらさせる。カトリックの「教え」に忠実でなければならない聖職者たちの、犯罪的であり反宗教的な行為が明らかにされる。

『マグダレンの祈り』

　いずれの映画も、アイルランドには田舎の緑多い風景が広がっており、素朴な人々しかいないという「神話」が、幻想にすぎないことを分からせてくれる作品だ。アイルランドにも犯罪者はおり、凶悪な事件は起きているのだ。

映画が描く
北アイルランド

岩見寿子

　北アイルランドを舞台にした映画で誰しもが思い浮かべる
のは、長く続いた「紛争」を扱った作品群だろう。ハリウッ
ド映画を筆頭に、イギリス映画でも、南のアイルランド共和
国の作品でも、北アイルランド紛争やカトリック武装組織
IRA が登場する映画は相当な数に及ぶ。

第二次世界大戦後から 1960 年代末の紛争勃発まで

　第二次世界大戦中、当時「エール」という国名であった南
アイルランドでは、首相デ・ヴァレラのリーダーシップのも
とで中立政策をとったが、イギリスの一部である北アイルラ
ンドはイギリスの戦争遂行に全面的に協力し、ベルファスト
はドイツ軍の爆撃を受けた。キャロル・リード監督のイギリ
ス映画『邪魔者は殺せ』(1947)＊1 では、爆撃で倒壊した住宅
地あとの空き地で、ボール遊びに興じる子供、使われずに放
置された防空壕、配給制の食糧を受け取りに行く人ですし詰
め状態の二階建て路面電車など、戦後の傷跡もいまだ生々し
い当時のベルファストの姿がカメラに収められている。同じ
く第二次世界大戦直後、連合国の占領統治下にあるウィーン
を舞台にしたリード監督の代表作『第三の男』(1949) では、
爆撃による廃墟や闇市に群がる飢えた市民たちのリアルな描
写が秀逸であるが、彼はロケーション撮影を巧みに生かして、
独特のサスペンスと臨場感を生み出すテクニックにたけた監
督である。『邪魔者は殺せ』も、当初はベルファストでの全
面的なロケを敢行するはずであった。しかし、北アイルラン
ド当局の許可がおりず、やむなく、大部分の場面はイギリス
のスタジオで撮られた。さらに IRA という名称は使わず、
ベルファストという地名も出さないことによって抽象性が高
まり、致命傷を負った主人公が雪の降りしきる都市の暗闇を
孤独にさまよう、運命論的な色彩の強い作品となっている。

＊1
『邪魔者は殺せ』については
第 2 章 Part1 を参照。

同じくイギリス映画の『ジェントル・ガンマン』(*The Gentle Gunman*, 1952) は1939年のイギリスにおけるIRAの爆弾闘争を下敷きにした作品である。IRAメンバーの中で、武力による強硬路線を主張するタカ派の人物と、武力行使に疑問を抱くハト派の人物との対立を通して描く。この2類型のキャラクター設定は、その後の紛争を扱った多くの作品に共通するパターンとなっており、『クライング・ゲーム』(1992)＊2でも、ファーガスとジュードのように、同様のキャラクターが登場する。

『ジェントル・ガンマン』

英米の作品における「北アイルランド」の表象

『邪魔者は殺せ』が制作された第二次世界大戦直後の北アイルランドは、何ら特別な場所ではなかったが、1969年以降は世界中に北アイルランド紛争のニュースが流れるようになる。1980年代には、アイルランド出身の2人の監督が、イギリスやハリウッドに進出して国際的な注目を浴びたが、両者とも長編デビュー作は北を舞台にした作品である。

＊2
『クライング・ゲーム』については第2章Part2を参照。

その一人ニール・ジョーダンは、1982年に、北アイルランド紛争を背景にした『殺人天使』(*Angel*) でデビューした。一人の少女が覆面の武装組織のメンバーに射殺されるのを目撃したミュージシャンが、見ず知らずの少女の復讐のために、次々と殺人を犯していく。この復讐の過程で、主人公は目的を見失い、暴力そのものに深く囚われていく。映画は、主人公の内面世界に焦点をあて、形而上的、観念的な色合いが濃い。

『殺人天使』

もう一人のパット・オコナー監督の長編映画第一作である『キャル』(*Cal*, 1984) は、IRAによって射殺された警官の妻と、その殺害事件に加担していた青年との『ロミオとジュリエット』的なラブ・ストーリーである。主人公の青年には破滅的な運命が二重三重にはりめぐらされており、主人公の生活する都市であるベルファストはひたすら陰鬱で閉塞的で、未来への展望が少しも見えない場所として描かれる。

「北」を、殺伐とした暴力や悲劇的運命に支配された場所として描くのとは別の傾向として、アイルランドの革命家や過激派をロマンティックに描く作品群もある。北アイルラン

『キャル』

*3
ジャック・ヒギンズ
（Jack Higgins, 1929 ～ ）
英国の冒険・スパイ小説作家。イングランド生まれだが、母方の実家がある北アイルランドのベルファストで成長し、紛争を身近に体験した。本作のほか、『鷲は舞い降りた』も映画化された人気作である。ヒギンズ名義の他、複数のペンネームで数多くのベストセラー作品を書いている。
（井坂清訳『死にゆく者への祈り』早川文庫 1982 年）

ド出身のミステリー作家ジャック・ヒギンズ*3の人気小説をマイク・ホッジス監督が映画化した『死にゆく者への祈り』（A Prayer for the Dying, 1987）は、感傷的なタッチでIRAメンバーの末路を描く。またロマンティックな革命家のイメージは、メキシコ革命を舞台にした、セルジオ・レオーネ監督の『夕陽のギャングたち』（Giù la testa, 1971）で、ジェームズ・コバーン演じるアイルランドから流れてきた元IRA闘士に投影されている。

現代イギリスを代表する2人の巨匠監督、マイク・リーとケン・ローチは、紛争が泥沼化した時期に、それぞれ北アイルランドを舞台にした作品を撮っている。リーの作品は2008年に日本で開催されたノーザン・アイルランド・フィルム・フェスティバルで上映された『7月、ある4日間』（Four Days in July, 1984）である。初めての赤ん坊の出産を間近に控えたカトリックとプロテスタントの2組の夫婦に焦点をあてている。カトリック側の夫は紛争に巻き込まれ身障者となっており、プロテスタント側の夫はベルファストの治安維持にあたっている兵士である。二組のカップルの日常生活が何の関連もないまま平行して描かれるが、やがて映画も終盤になって、二人の妻は同時期に産気づき同じ病院に運び込まれることで、やっと接点が生まれる。

ケン・ローチの『ブラック・アジェンダ／隠された真相』（Hidden Agenda,1990）は政治サスペンスである。IRA容疑者への非人道的取調べを調査する国連人権委員会の弁護士が殺害され、彼の同僚でありフィアンセでもある女性が、北アイルランド警察の警部の協力で真相の究明に乗り出し、イギリス政界のどす黒い陰謀が次第に明らかになる。ただし、この映画は北アイルランドを舞台にしてはいるが、紛争そのものに深く立ち入ることはなく、当時のサッチャー政権批判に関心の中心がある。

1990年代になると、ハリウッドでは、IRAに代表されるカトリック系過激派組織のメンバーが登場するサスペンス・アクション映画を制作するようになった。『パトリオット・ゲーム』（Patriot Games, 1992）、『ブローン・アウェイ／復讐の序曲』（Blown Away, 1994）、『デビル』（The Devil's Own, 1997）、『ジャッ

『死にゆく者への祈り』

『ブラック・アジェンダ／隠された真相』

カル』(The Jackal, 1997) などである。前の2作では、ショーン・ビーンや、トミー・リー・ジョーンズ演じるキャラクターは、狂信的な殺人者という類型的なテロリストだが、後の2作ではずいぶんとイメージは和らげられている。それぞれブラッド・ピット、リチャード・ギアという大スターが演じるIRAメンバーは、観客の共感を呼ぶような人間的側面が描かれている。

ハリウッドの主流映画における1990年代前半と後半の変化は、1994年にIRAが停戦宣言をし、それ以後、北アイルランド和平が進展していった状況と決して無縁ではないと思われる。

アイルランド共和国での「北」をテーマとした映画制作

1990年代に入ると、南の共和国では、しだいに国産映画制作の環境が整いはじめ、90年代半ばには、「アイルランド映画のルネサンス」と呼ばれるほどの発展を見せるようになる。映画研究者のブライアン・マッキルロイは、1990年代に制作されたアイルランド映画のうち、北の紛争を描いた作品の多くは、ナショナリストの立場に偏っていると指摘する。[4] 彼によれば、このような作品において、ユニオニストは否定的に扱われるか、全く無視されるかである。『クライング・ゲーム』では、プロテスタントないしユニオニストの存在は全く無視されている。『父の祈りを』では、プロテスタントを代表するのは主人公を拷問し自白を強要する北アイルランド警察という権力側の人間である。

ただし両方の作品とも、北における分裂した2つのコミュニティを描くことが主題にはなっていない。北アイルランド紛争におけるイギリスの役割というのを、改めてクローズアップしてみせたところに価値があるともいえる。また、それぞれの作品の結末は、従来のように暗く未来のないものではない。解決にはほど遠いとしても、『クライング・ゲーム』では、主人公に政治的アイデンティティー以外の方向性を与えているし、『父の祈りを』では、暴力的手段ではなく、迂遠であっても政治的・合法的な手段で正義を実現させようという姿勢が打ち出されている。

[4]
Brian McIlroy 'Challenges and Problems in Contemporary Irish Cinema: The Protestants', *Cineaste* Vol.24 (2-3), 1999.

*5
『ナッシング・パーソナル』については第2章Part2を参照。

*6
サム・ハンナ・ベル
（Sam Hanna Bell, 1909～1990）
小説家・劇作家。スコットランドのグラスゴー生まれで、7歳のときに北アイルランドのダウン州に移住した。家の近くにあるストラングフォード湖は『12月の花嫁』の舞台になった場所である。1977年には北アイルランド文化への貢献により大英帝国勲章を授与された。

*7
プレスビテリアン
Presbyterian
プロテスタントの一宗派で長老派ともいう。カルヴァンに学んだジョン・ノックスがその教義をスコットランドに伝え、長老派教会として発展した。スコットランドからの植民によって北アイルランドでも多くの信者をもつ。

*8
オレンジ会
Orange Order
1795年に北アイルランドで設立されたプロテスタント宗教団体。ボイン河の戦いでカトリック軍を破ったオレンジ公ウィリアム（英国王としてはウィリアム3世）に因んで命名された。

『ボクサー』

サディアス・オサリヴァン監督は『ナッシング・パーソナル』(1995)*5で、北の武装組織のうち、IRAと比べ焦点をあてられることの少ないプロテスタント系過激派グループの男を主人公にしたことで注目された。同様に『12月の花嫁』(*December Bride*, 1990)も独特の視点をもった作品である。サム・ハンナ・ベル*6の小説を原作とし、19世紀から20世紀の変わり目の時代の北アイルランドにおけるプレスビテリアン*7の生活と文化が写実的に描かれている。貧しいプロテスタントのヒロインが母と住み込みで働くエクリン家の兄弟は、日曜日の礼拝には出席しないし、地元の強力なオレンジ会*8のメンバーにもならず、独自の生活信条を維持しているために、プレスビテリアン・コミュニティの中からは浮き上がった存在である。この兄弟双方から愛されるヒロインは、使用人の立場から脱して、社会的地位の上昇を望んではいるが、兄弟どちらとも結婚することを断固として拒み続ける。彼女は個人の自立・自由を求め、プレスビテリアンの伝統的価値観を否定する意志の強い女性として描かれている。

北アイルランド和平への動きを反映した作品

1994年以降の何回かの停戦と、当事者間の調停によって、政治的緊張がゆっくりと緩和していった状況は、映画にも確実に反映されるようになった。ジム・シェリダン監督の『ボクサー』(*The Boxer*, 1997)は、停戦を契機に、合法的運動へと転換していこうとするグループと、武力闘争を捨てようとしないナショナリスト内部の対立を描いている。マイケル・ウィンターボトム監督のイギリス映画『いつまでも二人で』(*With or Without You*, 1999)は、プロテスタントで子宝に恵まれない若い夫婦の前に、妻の初恋の相手だったハンサムなフランス人があらわれ、夫婦の間に微妙なさざなみが立つというファミリー・コメディである。ここで描かれるベルファストは、グレーで陰鬱な街並みや武装した兵士が絶えず巡回するような景観から、総ガラス張りのモダンなオフィスや巨大ショッピングモールを舞台とした世界中の都市のどこにでもあるような日常的描写にとってかわられている。

バリー・レヴィンソン監督のアメリカ映画『ピース・ピー

プル』(*An Everlasting Piece*, 2000) は、当時 peace process と称された和平交渉の進展にひっかけた、どたばたコメディだ。理容師コンビがかつらビジネスを成功させるべく大騒動を巻き起こす。ここでの笑いは多少不発気味だが、北アイルランドの政治をネタにして、このようなナンセンスコメディが作られるようになったのは画期的といえるだろう。

『いつまでも二人で』

　和平交渉の進展は紛争の影を一掃しようとする作品の登場を促した一方で、紛争の歴史を見つめなおし検証しようとする作品も生み出した。1972 年 1 月 30 日にデリーで、イギリスのパラシュート部隊が公民権デモに参加していた 13 人を射殺した「血の日曜日」事件は、現在でも完全に真相が究明されていない。事件の 30 年目にポール・グリーングラス監督がドキュメンタリー・スタイルで撮った『ブラディ・サンデー』*9 は、2002 年のベルリン国際映画祭金熊賞を受賞し、世界中の注目を浴びた。先に触れた 2008 年のノーザン・アイルランド・フィルム・フェスティバルで上映されたマーゴ・ハーキン監督の『デリー・ダイアリー　ブラディ・サンデーのその後』(*Bloody Sunday : A Derry Diary*, 2007) は、今なお解決を見ない事件の真相を求める遺族らの姿を追ったドキュメンタリーである。また、この映画祭で上映された『オマー』(*Omagh*, 2004) は TV ドラマではあるが、同様のテーマを扱っている。アイルランド和平実現のための「ベルファスト合意」*10 が 1998 年 4 月に締結されたが、その数か月後に北アイルランドの都市オマーで爆弾テロがあった。その犠牲者家族による真相究明のための長くつらい闘いの日々を描いた作品であり、『ブラディ・サンデー』のポール・グリーングラスが製作と共同脚本に名をつらねている。同じく映画祭で上映された『ミキボーと僕』(*Mickybo and Me*, 2004) は、宗派を異にする 2 人の少年が共有した夢と冒険を通して、1970 年代初頭のベルファストの社会状況を描いた異色作である。

北アイルランド議会が開かれるストーモント議事堂

*9
『ブラディ・サンデー』については第 2 章 Part2 を参照。

*10
ベルファスト合意
Belfast Agreement
北アイルランドのベルファストにおいて、1998 年 4 月 10 日、イギリス政府とアイルランド共和国政府の間で結ばれた和平合意。「聖金曜日協定」ともいう。この合意のあと、アイルランド共和国は国民投票により北アイルランドの領有権を放棄し、イギリスは 1920 年制定のアイルランド統治法を廃止した。

北アイルランドでの映画制作振興のために

　長引く紛争のため、北アイルランドでの撮影はリスクが大きいとみなされ、北アイルランドにおける映画制作は長らく不振を極めていた。たとえ北を舞台にしていても、『父の祈

193

＊11
コリン・ベイトマン
（Colin Bateman 1962 ～ ）
北アイルランド生まれ。辛
口のコラムニストとして人
気を博したのち、『ジャック
と離婚』で作家デビュー。本
作はじめ *Crossmaheart* や
『ハリーに夢中』（*Wild About
Harry*）などの映画脚本も手
掛ける。（金原瑞人，橋本知
香訳『ジャックと離婚』創元
コンテンポラリ文庫 2002年）

りを』や『ナッシング・パーソナル』のように、実際には南
の共和国でロケが行われるということが少なくなかった。ケ
ン・ローチは『ブラック・アジェンダ』の撮影を北で行う予
定だったが、保険会社からストップがかかったため、やむな
く事前リサーチの名目で北を訪れ、ゲリラ的に撮影してし
まったというエピソードが残っている。

　北アイルランドの資金が投入され、実際に現地で撮影され
た『ディボーシング・ジャック』（*Divorcing Jack*, 1998）は制作
面においても、扱っているテーマの面でも画期的な作品であ
る。北アイルランドの人気作家、コリン・ベイトマン＊11 の
同名小説を原作とし、ベイトマン自身が脚色したこの作品は、
自治を獲得した近未来の北アイルランドが舞台である。初の
首相選挙戦たけなわのベルファストで、新聞に辛口の政治コ
ラムを連載して人気のある、饒舌でアル中気味の主人公が殺
人事件に巻き込まれ、容疑者にされる。警察のみならず IRA
やプロテスタント過激派組織からも追いかけられる。ヒッチ
コック流巻き込まれ型サスペンスであり、全編にわたってブ
ラックジョークが炸裂する。ユニオニズムとも、ナショナリ
ズムとも一線を画した、北アイルランドのローカリズムを前
面に押し出した点でも異彩を放つ作品となっている。

　1969 年以降、北アイルランド紛争を伝えるニュース映像
が世界中に配信された結果、紛争の映像が「北」のイメージ
を決定づけることになり、フィクション映画においても、
「IRA」ものや「紛争映画」といったジャンルが形成される
ようになった。ニュース映像や劇映画によるこれらのイメー
ジを覆すのは容易ではない。また、紛争が長期化するにつれ、
北での映画制作の条件は悪化し、わずかな例外をのぞいて、
地元のプロダクションが成長する余地はなかった。このよう
な不毛な状況を変えたのは、テレビ局の融資やフィルム・コ
ミッションなどの公的助成の制度である。

　このような制作基盤を得た 1990 年代後半以降、北では、
英米や南の共和国の映画が作ってきた「紛争」のイメージに
とらわれない、この地域の歴史や社会を内部から問い直す作
品が作られ始めている。

194

Column

アウトサイダーとしての漂泊民

　アイルランドが舞台の映画には、しばしば漂泊民が登場する。漂泊民は社会のアウトサイダーとして扱われ、一般の住民（定住者）から差別されてきた。映画の中でも、異質な存在として物語にアクセントを与えている。

　彼らはティンカー、トラベラー、イティナラントなどと呼ばれる。自らはパヴィー（Pavee）と称しているようだ。「アイルランドのジプシー」と説明される場合もある。ただ、漂泊民がどのようにして生まれたのかは定かではない。

　男性はかつてはブリキ屋あるいは馬の取引に従事していた。しかし、今は床のカバーや、金属やアンティークの廃品を扱っているようだ。女性は、しばしば占いに従事しており、自分たちの子供と一緒に路上や家々を回って物乞いをしている。歴史的な起源は、はっきりしないままだ。古代の放浪する職人の子孫であるかもしれない…＊1

　都市化に伴い漂泊民の生活も変化している。行政の政策に従い定住を選ぶ人々もいた。しかし、定住したとしても、アウトサイダーとして扱われていることに変わりはない。映画では、定住化が進む前のトラベラーは『ザ・フィールド』（1990）や『フィオナが恋していた頃』（1998）などで描かれている。いずれも、予言や占いをする姿が印象的だ。

　『ザ・フィールド』では、主人公のブルに対し、ティンカーの女がロバの盗みの件で「天罰が下るよ」と言う。ブルは土地に執着するアイルランド人のステレオタイプであり、息子のタイグに、ティンカーのことを「飢饉で土地を手放したやつらだ」と言う。タイグはティンカーの娘と恋仲になり、結婚するとブルに伝える。これを聞いたブルは「土

地も持たない流れ者と」「やつらは根無し草。人間のクズだ」と怒る。土地に執着する「伝統的」なアイルランド人にとって、根なし草のティンカーと一緒になることは許されないのだ。

　より鮮明に、漂泊民の予言が伏線になっているのが『フィオナが恋していた頃』だ。アメリカで教師をしている主人公が寝たきりの母親フィオナの過去を知るためにアイルランドに渡る。そこで出会った宿屋の主人の母親（カーニー夫人）が昔を語り始める。それは、フィオナがアイルランドを離れるときに伝えた、農夫のキアラン・オデイとの話だった。

　食料品店の前で、ティンカーであるカーニー夫人がフィオナに向かって親しげに「船長の娘さん？まあ大きくなって」「子どもにお恵みを」と話しかける。フィオナがお金を彼女に渡す。カーニー夫人は「神の祝福を」「お父さんのご冥福を」と答える。カーニー夫人はフィオナの母親のフリン夫人にも、銀貨をくれたらいい話をするともちかける。しかし、フリン夫人はつれない態度に出る。すると、カーニー夫人は「切り傷の呪いも」「例えば野菜を刻んでてはさみで指を切ってしまう」「もっと怖いのはついには崖から落ちて自分の首まで切り落とす」と予言の言葉をぶつける。その後、予言通りのことが起こる。

　一方、都市で定住を始めた漂泊民はどう描かれているのか。『白馬の伝説』の中で、石でつくった即席のかまどの火にヤカンをかけて湯を沸かす老人が出てくる。昔ながらの木製のキャラバンで移動を始める。行き先は、定住を始めたパパ・ライリーとその息子が住む都会ダブリンで。ダブリン北部の団地で民生委員がそこに住む漂泊民のマーフィー夫妻に子供の数を聞いている。その中には、

パパ・ライリーの2人の息子ティトーとオシーも含まれている。子供の数が多いほど多額の手当をもらえるからだ。民生委員は「これを福祉事務所に出しなさい」「子どもが14人だから相当の手当てが出ます」と伝える。

漂泊民と定住者との間で軋轢もあった。こうした手当を受け取っていることに、定住者は複雑な心境だったようだ。1985年に書かれた『アイルランドの漂泊民』(ジョージ・グメルク)によると「今日、ダブリンに住むトラベラー家族は、その大部分が廃品回収や物乞いの収入にはあまり頼らなくなっており、10年前よりもますます政府の福祉に依存している」。筆者の経験でも、1980年代にゴールウェイで泊まったB&Bの主人は、キャラバン生活の漂泊民に対し、「(政府から)金をもらって子どもをフランスに留学させている」と批判していた。『白馬の伝説』でも、警察署内で、パパ・ライリーに悪徳警官が「飲んだくれの放浪者(the knackers)」と差別の言葉を浴びせている。

漂泊民がティンカーと呼ばれる理由を説明した場面もある。ティトーがブリキのバケツを直している。オシーが白馬に向かって「先祖は旅の職人だよ。ブリキでも何でも作って売ってた。ジプシーみたいに。占いも手品もした」と語りかける。

老人は子どもたちを西の田舎に連れて行こうとする。「わしらは定住者じゃない」「子どもを連れて西部へ行こう。昔のように」。漂泊民と定住者は相いれないという考え方だ。一方、パパ・ライリーは、老人の娘である自分の妻が死んだのは、漂泊民だったからだと思っている。「迷信を吹き込みやがって」「あんたの娘のメリーもそれで死んだ」と老人に憤る。

定住を選んだ人々を、漂泊民が裏切り者とみなす場合もあったようだ。パパ・ライリーが、知り合いの漂泊民のキャンプ地を訪れ、「頼みがある」と伝えても、キャンプ地のまとめ役が「民生委員に頼め。ここには来るな」と、いったんは拒否する。オシーたちの母親が死んだことで、パパ・ライリーが自分たちを「恨んでいる」と語るまとめ役は「悪いのは定住者だ」と言い、パパ・ライリーのことを「あいつもさ」と切り捨てる。

これらの作品の眼差しは、差別をされながらも、自然の中で生きている漂泊民たちに優しい。そして、都市化したアイルランドには冷めた目を向けている。

『白馬の伝説』の中で、パパ・ライリーと一緒にオシーたちを探す漂泊民の女性は、パパ・ライリーに「君の亭主は」と聞かれ、「定住したわ。暖房(セントラルヒーティング)が欲しくて」と答える。さらに、「君は町が嫌いか」と問われ、定住しない理由を「性格ね。自然がいいわ。大自然が。残せるのは子どもだけよ」と話す。

漂泊民が住む場所は自然の中や田舎であり、都市にとっての「アウトサイダー」として位置付けられる。まさに、ヨーロッパの田舎(周縁)としてイメージが固定化されたアイルランドと重なる。つまり、これらの映画は、漂泊民を扱っていながら、差別されてきた一方で自然や田舎と一体化していると、外国から「想像」されてきたアイルランドそのものを描いていると言えるのではないだろうか。

(前村　敦)

* 1
Pádraig ÓHéalaí, Validation of Prejudice against Travellers in Irish Religious Legends, *MIGRATION, MINORITIES, COMPENSATION*, Brussels: The Organization Board of the Coimbra Group Working Party for Folklore and European Ethnology(ed.), 2001

第 **4** 章

アイルランド映画のトップランナー

Part **1** 監督

▮ *Pat O'Connor*
──パット・オコナー（1943-　）

　1943年10月3日、アイルランド南部アードモアで生まれる。ウォーターフォード州リズモアで育ち、他の5人の兄弟と一緒に地元の映画館に通ううち、映画の魅力に引かれていった。14歳から17歳にかけて中等学校をいくつか転校したが、ロンドンにも住んだ。アメリカのロサンゼルスのカリフォルニア大学ロサンゼルス校（UCLA）の映画学科に進むが、途中断念し、一度ロンドンに戻る。オコナーは保険会社の事務員や作業員の仕事を経験した後、カナダ、トロントのライアーソン大学の映画学科に進学する機会を得る。映画を再度学び直したことで、アイルランド公共放送RTÉに職を得ることになり、6年にわたり、テレビプロデューサーとしてキャリアを積み、多くのテレビドラマやドキュメンタリー作品を手がける。

　1982年、RTÉがBBCと共同制作したテレビドラマ *Ballroom of Romance* を監督した。ウィリアム・トレヴァー原作（「ロマンスのダンスホール」のタイトルで邦訳が複数、短編集の中に収められている）の作品だ。50年代のアイルランド西部が舞台で、海外への移住によって農業人口が激減してしまった地域の近隣住民が互いに詮索しあう住み難さ、生き難さを田園の風景をバックに詩情豊かに描く。主演のブレンダ・フリッカーは撮影当時30代後半、結婚しない農家の娘役を演じている。彼女は7年後、『マイ・レフトフット』で米アカデミー賞のオスカーを獲るが、ここですでに納得できる演技を披露している。

　本作は英アカデミー賞（BAFTA）の劇映画部門でみごと最優秀賞を獲得した。オコナーはかつて暮らしたウォーターフォードの情景を余すところなく記憶し細部にこだわり再現したようだ。

　83年まで、ドキュメンタリーとドラマ部門で手腕を発揮してテレビ業界で高い評価を受ける。さらに84年、オコナーは、デヴィッド・パットナムに強く推されて長編映画『キャル』（*Cal*）を監督し、一躍脚光を浴びる。プロテスタントで警察官だった夫をIRAに殺されたカトリックの妻が、夫の死の1年後、若い男キャルと恋に落ちる。IRAとは距離を置き生きてきたキャルだったが、流されるままIRAのドライバーをやり、警察官殺害事件に巻き込まれてしまう。相手役のヘレン・ミレンは、情熱的だが控えめな難しい役どころを演じてカンヌ映画祭の最優秀主演女優賞を受賞した。ジョン・リンチはタイトル・ロールの誘惑に負けやすい気弱なキャルを演じ、俳優としてのデビューを飾った。

　政治的な文脈からではなく、人間の感情や人と人とのつながりに焦点を当てるオコナーの手法は冴えわたる。それがアイルランドを舞台にしてアイルランド人のオコナーが撮る時、明確なテーマを観る者に訴えかけてくる。あるインタビューでオコナー監督は、次のように語っている。

　「北アイルランド紛争の背景は、民族問題であると同時に宗教問題でもある。アイルランドとイギリスは異なる部分ばかり強調されるが、共通する部分もたくさんある。例えるならば、アイルランドとイギリスの関係は、離婚しそうでしない夫婦関係に似ている」

映画『キャル』は北アイルランドの紛争をテーマにしながら、その地での撮影は許可されず、大部分のシーンはアイルランド共和国のドロヘダやネーヴァンで行われた。オコナーは『キャル』の成功の後、87年の『ひと月の夏』(A Month in the Country)をコリン・ファースやナターシャ・リチャードソン、ケネス・ブラナーといった後の人気俳優たちを起用して撮り、オコナーの人材発掘能力を証明した。88年には『イングリッシュマン in ニューヨーク』(Stars and Bars)で、アメリカ人に違和感を持つアメリカ在住のイギリス人を描く。ペーソスをたっぷり湛えたダニエル・デイ＝ルイスを起用し、スティングの同名曲と合わせ味わい深い小品に仕上げた。

また、90年の『フールズ・オブ・フォーチュン』(Fools of Fortune)では、ウィリアム・トレヴァーが83年に発表した同名小説を映画化している。20世紀初頭のアイルランド独立戦争の混乱に巻き込まれていくプロテスタント一家の苦悩を描く。

95年、『サークル・オブ・フレンズ』(Circle of Friends)で、クリス・オドネルとミニー・ドライヴァーを主役に据えた。2012年6月に他界した人気作家メイヴ・ビンチーの小説が原作。50年代のアイルランドを舞台に、異なる環境で育った3人の少女が、状況の変化にそれぞれ適応しようともがきながら初恋や恋愛に身を置き、人間的に成長していく過程を描く。オコナーの映像と演出は時代の保守的なカトリックの性のモラルと一人ひとりの性格を丁寧に描写し、リアリティ溢れる作品にした。98年、オコナーは、アイルランド出身の劇作家ブライアン・フリールの戯曲に基づくDancing at Lughnasaを映画化した。Lughnasa（ルーナサ）とはアイルランド語で「8月」のことを意味し、本格的な収穫期を前に、「ルーナサの祭り」からエネルギーをもらえばもうひと頑張りできるといわれ、古くからアイルランドの人たちが大事にしている夏祭りの風習を通してカトリック家庭の貧困と経済的不安が描かれる。

『スウィート・ノベンバー』(Sweet November, 2001)を撮ったあと、オコナーはしばらく長編映画制作の現場から離れていたが、10年余を経て監督した『兵士ピースフル』(Private Peaceful, 2012)は、『戦火の馬』(War Horse, 2011)を書

いたイギリスの児童文学作家マイケル・モーパーゴの原作に基づく。人間の尊厳を毅然として保っていこうとする過程でオコナー監督は傷ついた人物たちを美しい風景とともに優しいまなざしで包み込む作風をもつ。

（宮地裕美子）

主な監督作品

1982	*The Ballroom of Romance*
1984	*Cal*
1987	*A Month in the Country*
1988	*Stars and Bars*
1989	*The January Man*
1990	*Fools of Fortune*
1995	*Circle of Friends*
1997	*Inventing the Abbotts*
1998	*Dancing at Lughnasa*
2001	*Sweet November*
2012	*Private Peaceful*

2 *Thaddeus O'Sullivan*
——サディアス・オサリヴァン（1947~ ）

　1947年5月2日、アイルランドのダブリン生まれ。66年にはイギリスに移り住む。ロンドンのロイヤル・カレッジ・オブ・アートを修了。アヴァンギャルドを思わせる作風を得意とし、撮影監督として名をなす。75年、短編 *A Pint of Plain* でロンドンに生きるアイルランド移民を描く。さらに78年には、*On a Paving Stone Mounted* でアイルランドからイギリスに渡った移民を主人公にした映画を発表した。

　80年代、オサリヴァンは撮影監督としてインディーズ系監督たちの信頼を得る。ニール・ジョーダン脚本、ジョー・コマーフォード監督の *Traveller* (1981)、カハル・ブラック監督の *Pigs* (1984)、同年、パット・マーフィー監督の *Anne Devlin*、88年にはアンドリュー・グリーヴ監督の *On the Black Hill* などで力量を発揮した。

　1985年、*The Woman Who Married Clark Gable* で初の商業映画を監督し、本国アイルランドやイギリスで高い評価を得る。ブレンダ・フリッカー演じるカトリックのアイルランド人女性がボブ・ホスキンス扮する男と結婚する。夫はほどなくして、往年のハリウッド俳優クラーク・ゲーブル張りの口ひげを生やす。わずか29分の白黒作品だが、ホスキンス、フリッカーの抑えた印象的な演技で英アカデミー賞（BAFTA）にノミネートされた。

　オサリヴァンが監督として撮った長編商業映画の一作目は『12月の花嫁』(*December Bride*) というタイトルだ。原作は作家サム・ハンナ・ベルの手になる。ベルは1909年、グラスゴーに生まれ、幼い頃、ジャーナリストの父が亡くなり、母の郷里である北アイルランドに戻った。ダウン州やベルファストに長く暮らしたが、放送局の仕事を得て、北アイルランドを文化的に深く掘り下げるうち、かつて滞在したことのあるダウン州北部の村ラフリーに北アイルランド、アルスター地方らしさを見出だし足しげく通い、この物語を書き上げた。長老派（プレスビテリアン）の教えが根強い土地にやってきたひとりの娘がある男所帯に同居することになる。その家の主である父親が水難事故で亡くなり、残された二人の兄弟は娘を追い出すことなく一緒に住み続ける。やがて娘は身ごもるが、映画を観る者には兄と弟のどちらが、父親であるかも知らされない。原作者のベル自身、新聞社に在籍していたこともあるが、オサリヴァン監督も強い社会性のあるメッセージを発しているわけではない。しかし、少々年齢のいった花嫁を意味する *December Bride* というタイトルが、この地方の因習に真っ向から対立しようとしていることは見てとれる。

　監督したオサリヴァンは、アイルランド北東部アルスター地方のプロテスタントの一派である長老派が住むこのコミュニティーに根付く宗教や風土が人間にどのような影響を与えるかを描こうとしている。ベルの原作にある、あるいは撮影当時の1990年代、宗教や階級といった問題がヨーロッパのどの地域でも抱える問題であり、この映画でオサリヴァンはアルスター地方に限られたものではなく、全ヨーロッパで普通に起こりうる問題として扱っているようだ。91年1月、アイルランドで映画は公開されたが、原作者ベルはそれに先立つ90年の2月にこの世を去っている。

この時期、1995年の『ナッシング・パーソナル』
(*Nothing Personal*）の原作者でもあるダニエル・
モーニンの *In the Border Country* を4回シリー
ズのテレビドラマの1作として手がけた。この作品
は米シカゴ映画祭を始め、いくつかの国際的なフェ
スティバルで最優秀テレビドラマ賞を受賞した。

　寡作だが、知的で堅実な人柄を表す作風が持ち
味のオサリヴァン監督が『ナッシング・パーソナル』
で描きたかったのは次のようなことだろう。罪のない
市井の人々が巻添えになり、テロや暴力の犠牲に
なる悲劇が繰り返される。愚かなことにも繰り返さ
れ、暴力に知らず知らずに巻き込まれ、蝕まれてい
く人物の心の変化を丹念に描く。「これは罪のない
者が命を奪われることに対する怒りの映画だ」監督
はそう語る。94年、和平合意に到達する以前、最
も北アイルランド紛争が激しかった70年代半ばの
北アイルランドを舞台に、束の間「停戦」前夜が
あった歴史的事実。テーマは悪夢のような北アイル
ランド紛争だが、普遍的な悲劇の連鎖を描く。
1996年2月、「アイルランドフィルムフェスティバ
ル」のゲストとして来日した。

　2000年には、『私が愛したギャングスター』
(*Ordinary Decent Criminal*）で実在した泥棒で
IRAに暗殺されたといわれるマーティン・カハルを
モデルにした犯罪映画を監督した。その後はテレビ
映画の仕事が多くなり、代表的なものに2009年の
『チャーチル　第二次大戦の嵐』(*Into the Storm*)
がある。またひさびさの長編では、1950年代後半
のアイルランドの田舎町を舞台に *Stella Days*
(2011) を撮った。この映画にはマーティン・シー
ンやスティーヴン・レイが出演し、信仰、良心と
いった心と宗教の問題に迫る。

（宮地裕美子）

主な監督作品

1974	*Flanagan* (Short)
1975	*A Pint of Plain* (Short)
1978	*On a Paving Stone Mounted*
1981	*Jack B. Yeats: Associated Memories*
	1871-1957(Documentary Short)
1985	*The Woman Who Married Clark Gable*
	(Short)
1991	*December Bride*
1995	*Nothing Personal*
2000	*Ordinary Decent Criminal*
2002	*The Heart of Me*
2011	*Stella Days*

❸ *Jim Sheridan*
——ジム・シェリダン（1949~ ）

© Colman Huge

　1949年2月6日、アイルランドの首都ダブリンで鉄道員の家庭に生まれる。60年代の幼少期、治安が悪いと言われたダブリン市北部で7人兄弟の長男として育つ。クリスチャン・ブラザーズの運営するカトリックの学校で教育を受けた後、アイルランド国立大学ダブリン校（UCD）で演劇を学ぶ。卒業後はニール・ジョーダンらと地元児童劇団（「T」）を設立。76年には「プロジェクト・アート・センター」の演出家兼美術監督のキャリアをスタートさせる。1979年10月、ダブリン演劇祭の演目、*The Half Penny Place* を含む多くの舞台演出やプロデュースを手掛けた。

　シェリダンの父は仕事のかたわらアマチュア小劇団を主宰していた。シェリダンが17歳の時、10歳の弟フランキーが家の階段から落ち、頭に怪我を負った。弟は数年たち、その時の怪我がもとで脳腫瘍を発症、亡くなった。「このことはシェリダンの心の奥にずっと引っかかることであったようだ」と、ベン・ヌコルズは、2003年12月3日付のAP記事 *Stretching the truth* でシェリダンについて書く。

　シェリダンは72年UCD在学中に結婚。81年、アイルランドからカナダに渡り、さらに本格的な舞台演出家兼脚本家の道を探るべく、82年にはアメリカに移り住む。ニューヨーク市でタクシー運転手をやるなどして生計を維持していたが、88年には一念発起、ニューヨーク大学映画学科の映像技術研究コースで8週間、技術を学ぶ。わずか2カ月ほどであったが、映像脚本・演出講義を聴講し、その経験を得て翌89年、初の長編映画を制作する。

　ニューヨークのヘルズ・キッチンに事務所を構えて完成させた長編デビュー作、『マイ・レフトフット』（*My Left Foot*）は89年、「監督賞」「脚色賞」を含む米アカデミー賞5部門にノミネートされた。この作品は脳性まひを患い、左足しか自由が利かないアイルランド人の画家クリスティ・ブラウンの半生を描いている。主人公のクリスティ・ブラウンを演じたダニエル・デイ＝ルイスはアカデミー賞主演男優賞を受賞した。また母親役を演じたブレンダ・フリッカーも助演女優賞を手にした。シェリダン自身は「監督賞」「脚色賞」の受賞は逃したが、この作品のオスカー受賞を機にハリウッドに「アイルランド映画」ブームが起こったといわれる。その後もシェリダンは6回アカデミー賞候補に名を連ねる。

　40歳にして映画監督の世界に入ったシェリダンは、その後、90年に『ザ・フィールド』（*The Field*）、93年に『父の祈りを』（*In the Name of the Father*）、97年に『ボクサー』（*The Boxer*）を監督した。世紀が代わり2000年代に入ってからは、02年に『イン・アメリカ／三つの小さな願いごと』（*In America*）、05年には、『ゲット・リッチ・オア・ダイ・トライン』（*Get Rich or Die Tryin'*）を発表した。09年にデンマークの女性監督スサンネ・ビアの映画『ある愛の風景』をリメイクした『マイ・ブラザー』（*Brothers*）、11年には、『ドリームハウス』（*Dream House*）を監督した。

　長編映画制作の現場から少しの間離れて映画監督としての手は休めていたとはいえ、その間シェリダンはプロデューサーとしての仕事を充実させていた。『ブラディ・サンデー』（*Bloody Sunday*, 2002）や2012年の *Dollhouse* ではエグゼク

ティブプロデューサーの肩書きで娘のカースティン・シェリダン監督をがっちりサポートしていた。またその間には、テレビのミニシリーズで俳優としての登場もあり、2016 年からテレビ放映されているアイルランドが舞台のドラマ The Field: Crá sa Chré のシーズン 1 の 2 つのエピソードに俳優として出演している。

　シェリダンは『ドリームハウス』以来 5 年振りとなる 2016 年、アイルランドでの撮影ということでは、『ボクサー』以来 20 年振りとなる、映画『ローズの秘密の頁』（The Secret Scripture, 2016）を監督した。アイルランド出身のブッカー賞作家セバスチャン・バリーの 2008 年の小説を原作に、シェリダンは脚本に多少の変更を加えたという。監督やキャスト候補の決定に曲折もあったようだが、今まで主人公を女性に据えることの少なかったシェリダンにとって大きなチャレンジとなった。物語の舞台は現代のアイルランド。取り壊しが決まった北西部にある精神病棟の患者を転院させるため、精神科医グリーン医師（エリック・バナ）がヴァネッサ・レッドグレイヴ演じる年老いたローズを診察するところから始まる。収容されて 40 年になるローズが現在も赤ん坊殺しの罪を否認し続けるのはなぜか。聖書の余白に自らのつらい話を記した若き日の記録をもとに語り始める彼女に医師は次第に興味を示していく。自由などあるはずのない第二次世界大戦という大きな渦の中で、政治的には中立の立場をとったアイルランドを舞台に、一人の美しい女性ローズ（アイリッシュ系アメリカ人のルーニー・マーラが扮する）に起こった悲しい物語の真相とは何か。息を飲むほど美しいローズに男なら誰もが心を奪われてしまう。司祭までもがそんなローズに魅了される。バリーの原作では 60 がらみの年齢設定であるが、シェリダンは大きく変更し、「男前であるうえに、この映画の中で一番傷つきやすく繊細な人物を司祭とし、重要な役どころを与えた」という。イギリス人俳優テオ・ジェームズが演じている。

（宮地裕美子）

主な監督作品

1989	*My Left Foot*
1990	*The Field*
1993	*In the Name of the Father*
1994	*Sinéad O'Connor: You Made Me the Thief of Your Heart* (Video)
1997	*The Boxer*
2002	*In America*
2005	*Get Rich or Die Tryin'*
2011	*Dream House*
2016	*The Secret Scripture*

4 Neil Jordan
——ニール・ジョーダン（1950～　）

© David Shankbone

　首都ダブリンにあるアイルランド国立大学ダブリン校（University College Dublin: UCD）は、国際社会で活躍する人に対して名誉博士号を授与している。2004年はUCD創立150周年にあたった。各界の4人の著名人がブルームズ・デー*1に名誉博士号を授与された。アメリカ人科学者ロバート・ギャロ、イギリスのサーの称号をもつ、ミュージシャン、ボブ・ゲルドフとイギリス人政治理論学者キャロル・ペイトマン博士。そして4人目はアイルランド出身でハリウッドでも活躍する、映像作家のニール・ジョーダンであった。ジョーダンはUCDの卒業生だ。

　ニール・ジョーダンは、1950年2月25日、西部スライゴーで教師の家庭に生まれた。子供時代にダブリン北部ダブリン湾に近いクロンターフに移り住み、ダブリン近郊のブレイにも住んだ。ジョイスも子供の頃、数年間暮らしたことのある場所だ。

　アイルランドでは、61年の12月31日に公共放送RTÉが開局し、テレビ放送が始まった。幼少期、ジョーダンの家庭のしつけは厳しかった。家庭内でのテレビ視聴は禁止されていたらしい。とはいえ、ジョーダン家では、月に2回、映画館で映画を観賞することが許されていたという。ジョーダン少年は、読書し詩や戯曲を書いて過ごすことが多かったようだ。中等学校でカトリックの教育を受けており、同じカトリック系のUCDに進み、中世文学と歴史を学ぶ。ジョーダンは、71年に大学を卒業するが、フルタイムの職には就かず、日中さまざまな仕事をしながら、夜は小説を書くなどしていた。やがて76年、処女短編集『チュニジアの夜』（Night in Tunisia and other stories）*2を発表する。ジャズをよく聴いていたらしく、この作品はジャズのスタンダード曲の『チュニジアの夜』のタイトルをとって小説につけた。82年にはRTÉで、パット・オコーナー監督で1時間のドラマとして制作された。イギリスの新聞社ガーディアン紙が65年に創設したガーディアンフィクション賞を1979年に受賞した。このときジョーダンは賞金1万ポンドを得た。2作目の小説 The Past は80年にイギリスで出版された。家族の歴史を知ることで、自らの出自にまつわる秘密を見つけ、苦悩する主人公を描く。ジョーダンの3作目は83年に出版された幻想小説『獣の夢』（The Dream of a Beast）*3、4作目は Sunrise with Sea Monster で、94年に出版された。

　1981年にジョン・ブアマンのために『エクスカリバー』（Excalibur）のクリエイティブ・コンサルタントとして映画制作に参加する。82年、32歳のジョーダンは初監督作品『殺人天使』（Angel）を撮る。この映画はアイルランド映画委員会（Irish Film Board = IFB）の第1回助成作品として制作され、アメリカでは Danny Boy のタイトルで大々的に公開された。脚本は公開後の89年に小説化された。『殺人天使』はアイルランドの新たな潮流を示す作品と言われる。本作が日本で上映されたのは、過去に「ぴあフィルム・フェスティバル」と「アイルランドフィルムフェスティバル」がある。84年に、童話「赤ずきん」をモチーフにした映画『狼の血族』（The Company of Wolves）を監督した。86年に撮ったサスペンス映画『モナリザ』（Mona Lisa）は、『チュニジアの夜』と同様に、

ナット・キング・コールの歌唱で有名な 50 年の大ヒットジャズナンバーからつけられた。88 年に『プランケット城への招待状』（High Spirits）、89 年、ロバート・デ・ニーロとショーン・ペン共演のコメディー『俺たちは天使じゃない』（We're No Angels）を監督した。さらに 90 年、ジョーダンは自らの短編小説『チュニジアの夜』に基づく映画『スターダスト』（The Miracle）を手がけた。邦題はジャズのスタンダードナンバーにかけたようだ。92 年には、『クライング・ゲーム』（The Crying Game）を発表し、一躍世界的に名を知られることになる。その年の米アカデミー賞最優秀オリジナル脚本賞を受賞した。

　94 年に『インタビュー・ウィズ・ヴァンパイア』（Interview with the Vampire）を監督してから精力的に作品数を増やしていく。一方、小説も書き続けており、94 年には Sunrise with Sea Monster を発表した。内戦状態にあるスペインで投獄されたアイルランド人の男が主人公。壊れてしまった息子との親子関係を何とか修復しようとする姿を描く。96 年には『マイケル・コリンズ』（Michael Collins）でアイルランド独立の志士を取り上げ、リーアム・ニーソンをマイケル・コリンズ役に起用し、1922 年、志半ばで暗殺された実在の英雄像を丹念に作り上げた。

　97 年の『ブッチャー・ボーイ』（The Butcher Boy）、99 年にはサイコスリラーの『IN DREAMS／殺意の森』（In Dreams）、グレアム・グリーン作にジョーダンの解釈を加えた『ことの終わり』（The End of the Affair）の 2 本を監督した。後者は、米ゴールデン・グローブ賞や米アカデミー賞にもノミネートされた。2005 年には、キリアン・マーフィー主演で『プルートで朝食を』（Breakfast on Pluto）、『オンディーヌ　海辺の恋人』（Ondine, 2009）では水の妖精伝説から脚本を書き上げ監督した。さらに 2012 年、アイルランド出身の両親をもつ女優シアーシャ・ローナンを起用した『ビザンチウム』（Byzantium）を撮った。

（宮地裕美子）

主な監督作品

1982	Angel
1984	The Company of Wolves
1986	Mona Lisa
1987	U2: Red Hill Mining Town (Video short)
1988	High Spirits
1989	We're No Angels
1990	The Miracle
1992	The Crying Game
1994	Interview with the Vampire
1996	Michael Collins
1997	The Butcher Boy
1999	In Dreams
1999	The End of the Affair
2002	The Good Thief
2005	Breakfast on Pluto
2006	The Pogues: Poguevision (video)
2007	The Brave One
2009	Ondine
2011	The Borgias (~2013) (6 episodes) (TV Series)
2012	Byzantium

＊1
ブルームズ・デー
小説『ユリシーズ』の舞台になる一日のことを意味する。ジェイムズ・ジョイスの小説『ユリシーズ』の中で、主人公・レオポルド・ブルームはダブリンの市街を 1 日中さすらう。その 1 日が 1904 年の 6 月 16 日である。設定された 1 日はジョイスにとっては、未来の妻になるノラ・バーナクルとファースト・デートをした日として記憶され特別なものであった。ジョイスの小説のファンやジョイスを賛美する人たち、ジョイシィアン（Joycean）にとっても、本が書かれて 50 年の 1954 年あたりから、「ブルームズ・デー」として祝われるようになったという。
＊2
西村真裕美訳『チュニジアの夜』国書刊行会 1994 年
＊3
山田和子訳『獣の夢』福武書店 1992 年

5 *John Carney*
── ジョン・カーニー（1972- ）

© Punk Toad

　1972年7月14日、ダブリンのリフィー川の南岸地区で4人兄弟の末っ子として生まれた。私立学校やシング・ストリート校（Synge Street CBS）*1 に通った。学校生活が息苦しくなっていた17歳の時、カーニーは高校を中退した。学校の成績やスポーツに関心があるわけでもなく、バンドを組み、音楽だけが唯一の救いであった彼は、90年から93年までのあいだ、バンド、「ザ・フレイムス」に加入した。ベーシストのほかに、ライブのプロモーションビデオやロックビデオの撮影という仕事も任されたことでプロの映画作りの世界に興味をもつようになり、ヴィジュアル・クリエーターのキャリアをスタートさせた。

　1995年、カーニーは映画仲間のトム・ホールと短編2本を撮った。翌年には、初の長編映画となる *November Afternoon* を制作し、短期間上映ではあったが、アイリッシュ・タイムズが選ぶ年間最優秀映画賞を獲得した。

　公共放送RTÉのコメディードラマ、*Bachelors Walk*（2001〜2003、シーズン3までの放映）の制作には次兄のキアランも加わった。2001年の『オン・エッジ　19歳のカルテ』（*On the Edge*）では本格的に長編映画を手がけた。

　転機は2007年にやってきた。手持ちカメラを駆使してダブリンでロケを敢行し、短期間で制作した、『ONCE ダブリンの街角で』（*Once*）の成功だ。わずか2館の上映で開幕したが、口コミで面白さが広がり世界的な大ヒットにつながっていった。劇中歌われる、*Falling Slowly* は2008年の80回目となるアカデミー賞のオリジナル歌曲賞を受賞し、後に舞台化された。『ONCE』の舞台は2011年にニューヨークで幕を開け、翌12年にはブロードウェイに進出し最高の栄誉である作品賞を含む8部門でトニー賞のミュージカル部門賞を獲得した。

　多くの企画オファーから、『ONCE』の次にカーニーは名のある俳優を起用するプロジェクトを選び、『はじまりのうた』（*Begin Again*, 2013）を撮った。キーラ・ナイトレイやマーク・ラファロなどスター俳優が出演した。劇中で米国のバンド「マルーン5」のボーカリスト、アダム・レヴィーンが歌う *Lost Stars* が第87回アカデミー賞の歌曲賞にノミネートされた。レヴィーンはこの作品で映画デビューも果たしていて、話題にも事欠かない。全米での公開時、わずか5館でスタートしたのに、ここでも口こみが広がり、1300以上の映画館で公開されるという大ヒットになった。

　実生活では、『はじまりのうた』の撮影に入る前から、長兄ジムが体調を崩していた。子どもの頃から、音楽の世界へと導いてくれたロックの師匠であり、かけがえのない存在の兄。撮影中は病気の兄のことは伏せていたらしいが、思い募り映画のエンドロールに感謝をこめて兄への献辞（for my brother Jim）を入れた。クランクアップを待たずにジムは帰らぬ人となった。

　カーニー監督は次の作品にはもっとはっきりとした形で兄への感謝の気持ちを捧げたいと強く意識したと、アイリッシュ・タイムズ紙のインタビューで打ち明けている。『ONCE』の成功、そこからくる重圧、方向性の模索や『はじまりのうた』の撮影で経験したスター俳優との仕事のやり難さからか、カー

ニーは自分と向き合うべく半自伝的な音楽映画を撮る決意を固めた。

『シング・ストリート　未来へのうた』(*Sing Street*, 2016) がその作品だ。描かれるのはカーニーが学校生活を送った1980年代。主人公の少年コナーは失業中の父親から教育費を切り詰める必要性を告げられ、シング・ストリート校に転校させられた。転校して早々、コナーはいじめや嫌がらせの洗礼に遭うが、学校近くに住む女の子に一目ぼれし、振り向かせたい一心でバンドを組むことを思いつく。

コナーを演じるのは1999年生まれのフェルディア・ウォルシュ=ピーロ。数千人の応募者から半年に及ぶオーディションのすえに選ばれた。彼はオペラやアイルランドの伝統音楽を愛し演奏する家庭に育ち、演技は素人だが、ピアノが弾けて歌える。「ビジュアルが良くて雰囲気もあり、声もいい。オーディションごとに着実に進歩していく姿も見せてくれた」と、カーニーは自分の若い時を演じるにはもったいない人材と少年を褒めちぎった。

弱気な少年が音楽の魅力に目覚め、ロックの師匠である兄（映画の中の役名はブレンダン）に導かれて、バンドを作るまでになる。母校シング・ストリート高校の体育館で1回限りのコンサート（ギグ）までやってのけた。コナーはその日のうちに船着き場まで向かう。兄ブレンダンに見送られて、気持ちが届いた例の女の子と一緒にボート「ジム号」に乗り込み、英国へ渡る。すべての兄弟たちに捧げる (for brothers everywhere) の献辞が流れて映画はフェードアウトしていく。

自らもミュージシャンのジョン・カーニー監督は、音楽映画を創造していく過程がこの上なく好きだ。クリエイティブな人間であるのが誇りだ。今後も映画の劇中では誰かのカバー曲ではなく、借り物でもないオリジナル曲や音楽を好んで使用する姿勢を貫いていくだろう。音楽が自然に導入されて観客に楽しんでもらえるような映画を追い求めていくだろう。

（宮地裕美子）

主な監督作品

1996	*November Afternoon*
1999	*Park*
2001	*On the Edge*
2007	*Once*
2009	*Zonad*
2012	*The Rafters*
2013	*Begin Again*
2016	*Sing Street*

＊1
Synge Street CBS
クリスチャンブラザーズ・シングストリート校。カトリック修道会の一つ、クリスチャンブラザーズ「CBS (Christian Brothers School)」が運営する学校で予算の大部分は国からの補助金で賄われている。アイルランドの義務教育は6歳から16歳までが学齢期にあたり、無料で初等教育から中等教育前期課程を受けることができる。中等学校は民間経営（私学）であり、その大多数はカトリック系の修道会が運営、残りは学校法人等が経営している。共学の就学前学校も最近できたとはいえ、基本的には男女別学の学校に就学する。（日本の外務省資料を参考）

第**4**章

アイルランド映画のトップランナー

Part2 俳優

❶ *Maureen O'Hara*

──モーリン・オハラ（1920 ~ 2015）

1920年8月17日、アイルランド・ダブリン近郊生まれ。地元サッカーチーム「シャムロック・ローヴァーズ」の共同所有権を有するビジネスマンの父と、オペラ歌手の母との間に生まれる。6人兄弟姉妹の2番目。他の3人もエンターテインメントの世界に入った。14歳の時には、ダブリンのアベイ劇場付属学校への入学を許可され、17歳までに演劇とオペラ歌唱の基礎を修める。その後ロンドンで舞台人のキャリアをスタートさせる。ロンドンでミュージカル、*Kicking the Moon Around*、*My Irish Molly* に出演するオハラの舞台を見た俳優兼プロデューサーのチャールズ・ロートンが注目し映画の世界に誘う。

ハリウッド映画の世界に進出した39年、オハラはアルフレッド・ヒッチコック監督の『巌窟の野獣ジャマイカ・イン』（*Jamaica Inn*）に出演した。公開にあたり、モーリン（Maureen）・フィッツシモンズ（FitzSimons）という本名ではなく、Maureen O'Hara という芸名を使った。オハラという芸名も奏功し、新星女優の出演作は大ヒット。続いてオハラは、ヴィクトル・ユーゴーの原作を映画化した『ノートルダムの傴僂男』（*The Hunchback of Notre Dame*,1939）＊1 に出演して、オハラの才能を見出したロートンが演じる鐘つき男カジモドの相手役、ヒロインのエスメラルダを演じた。

ハリウッド映画でオハラは順調に出演作を増やしていく。撮影に使われるフィルムが総天然色化（カラー化）されるなか、オハラの燃えるような赤い髪と緑の瞳は、映画をより魅力的なものにする効果があった。オハラは「テクニカラーの女王」との異名をとる。加えて、母親譲りのソプラノの美声を持つ170cmの長身のおてんば娘は、身体能力も素晴らしく、フェンシングやボクシングが得意で、加えて素晴らしい身のこなしに簿記と速記の特技ももつ。勝気で気丈な存在感のある女性役からアクション映画まで、どのような役柄でもこなせる万能な女優として出演の依頼が殺到する。

41年には、ジョン・フォードが監督した『わが谷は緑なりき』（*How Green Was My Valley*）に出演。19世紀末のウェールズの炭鉱の町が舞台のこの作品は、フォード監督に3度目のアカデミー賞監督賞をもたらした。オハラ自身は、『三十四丁目の奇蹟』（*Miracle on 34th Street*,1947）でキャリアウーマンを演じたあと、50年の西部劇『リオ・グランデの砦』（*Rio Grande*）、『静かなる男』（*The Quiet Man*,1952）でフォード監督とタグを組んだ。また、ブライアン・キース、サー・アレック・ギネスら有数のハリウッド俳優らと共演したが、なかでもジョン・ウェインとは、『リオ・グランデの砦』、『静かなる男』、『荒鷲の翼』（*The Wings of Eagles*,1957）、『マクリントック』（*McLintock!*,1963）の4本の作品で相手役を演じている。

オハラとジョン・ウェインの2人は、フォード監督に特にお気に入りの俳優として起用された。フォード映画がヒットする要素を多くもち、欠かせないキャストとなっていった。とりわけ、アイルランド移民の子ジョン・フォード監督が父母の故郷、アイルランド西部ゲール語地域を舞台に撮った『静かなる男』は、アイルランド出身のオハラと、スコット

ランド系のウェインとの息もぴったり合い、アイルランド人が撮ったアイルランド映画といえる。アイルランド人気質の一部を垣間見せる内容は、その後のアイルランド人のイメージをステレオタイプながら印象付けるものになった。

3人の息の合った映画制作は『マクリントック』でも花開き、オハラとウェインのコンビは勢いをつけていく。アルフレッド・ヒッチコックを始め、ジャン・ルノワール、ウォルター・ラング、キャロル・リードやクリス・コロンバスはモーリン・オハラを好み、頼み込んでも起用したという。クリス・コロンバス監督は、91年にジョン・キャンディー主演の『オンリー・ザ・ロンリー』（Only the Lonely）でオハラをキャンディー演じる主人公の高圧的な母親役に引っ張り出した。オハラにとって、この映画は久々の銀幕での仕事になった。

68年に3度目の結婚をして、73年のテレビ映画、ジョン・スタインベック原作の『赤い仔馬』（The Red Pony）を最後に家庭に入っていたオハラを引っ張り出したのだ。よっぽど興味がもてる作品であったに違いない。3度目の結婚相手はチャールズ・ブレアという飛行家で、第二次世界大戦の空軍パイロットに始まり、数々の飛行記録を打ち立て空軍飛行十字章を得て米軍准将にまで上り詰めた人物で、カリブ海のヴァージン諸島を行き来する定期便航路の会社を経営していた。一方のオハラは The Virgin Islander という出版社を経営し、コラム "Maureen O'Hara Says" を月1回掲載していた。しかし、3度目の結婚も10年が過ぎた78年、夫が突然の飛行機事故で亡くなり終了した。オハラは亡夫の職を引き継ぎ、CEO として会社経営に従事し、エネルギッシュに活躍することで悲しみを乗り越えたと言われる。2005年に自伝 'Tis Herself: A Memoir by Maureen O'Hara を出版した。さらに、『静かなる男』の公開から半世紀経た2011年、アイルランド公共放送 RTÉ のインタビューに応じて次のように語る。

「アイルランドでアイルランドについての映画を撮影していると思うだけでわくわくしました。アイルランド人としての誇りがどれほどのものだったかわかりますか？　私たちが覚えているアイルランドの情景を見てほしい。私は私たちの故郷がどれだけ映画の

なかで表現されているかを本気で心配しました」

2014年には、日本の宮崎駿監督とともに米アカデミー賞名誉賞を受賞したオハラは、翌15年10月24日、老衰のため米アイダホ州の自宅で死去した。95歳だった。晩年まで『静かなる男』に出演できたことを誇りとし懐かしんだ「テクニカラーの女王」の死だった。　　　　　　　　　（宮地裕美子）

主な出演作品

1938　*My Irish Molly*
1938　*Kicking the Moon Around*
1939　*Jamaica Inn*
1939　*The Hunchback of Notre Dame*
1941　*How Green Was My Valley*
1947　*Miracle on 34th Street*
1947　*Sinbad, the Sailor*
1949　*Bagdad*
1950　*Rio Grande*
1950　*Comanche Territory*
1951　*Flame of Araby*
1952　*The Quiet Man*
1952　*Kangaroo*
1953　*The Redhead from Wyoming*
1954　*Malaga*
1955　*Lady Godiva of Coventry*
1955　*The Magnificent Matador*
1955　*The Long Gray Line*
1957　*The Wings of Eagles*
1962　*Mr. Hobbs Takes a Vacation*
1963　*McLintock!*
1963　*Spencer's Mountain*
1971　*Big Jake*
1971　*How Do I Love Thee?*
1973　*The Red Pony* (TV Series)
1991　*Only the Lonely*

＊1
傴僂男
この語は現在、人格や人権を損なう言葉として、放送禁止用語の範疇に入り、ほとんど使用されない。映画のタイトルも『ノートルダムの鐘』になることが多い。

❷ *Peter O'Toole*
——ピーター・オトゥール（1932～2013）

　1932年8月2日ゴールウェイ生まれ。イギリス西ヨークシャー、リーズで育つ。子供の頃、ブックメーカー（賭けの予想屋）の父とともにあちこち移動し暮らした。

　17歳になったオトゥールは、新聞社の雑用係をしてジャーナリストを目指したが、第二次世界大戦の兵役義務により召集され、海軍配属になった。2年間はイギリス海軍の無線技士として兵役に就き、除隊後、奨学金を得て、52年から54年まで王立演劇アカデミー（Royal Academy of Dramatic Art=RADA）に学ぶ。オトゥールはカトリック教徒であったが、ダブリンのアベイ劇場のドラマ部門への入学試験でアイルランド語が話せないため不合格になっていた。RADAのクラスメイトには、アルバート・フィニーやリチャード・ハリス、アラン・ベイツらがいた。ロンドンのウェストエンドで役者デビューを飾ったあと、オトゥールはロイヤル・シェークスピア・カンパニーに参加し、『ヴェニスの商人』のシャイロック役で高い評価を得る。ブリストルのオールド・ヴィック座の舞台に立つこと数年、オトゥールに映画デビューのチャンスがやってくる。

　60年はオトゥールにとり、当たり年になった。ピーター・フィンチ主演の『海賊船』（*The Kidnapped*）、アンソニー・クイン主演の『バレン』（*The Savage Innocents*）、アルド・レイ主演で *The Day They Robbed the Bank of England*、それぞれの作品で脇役として出演することになった。しかし転機は62年に訪れた。

　オトゥールの数々の役柄は、文芸物、とりわけノエル・カワードやチャールズ・ディケンズの原作を得意としてきたイギリス人映画監督デヴィッド・リーンの目に止まる。リーンが50代の半ばにして、巨匠の域に達しようという時、T.E. ロレンスの自伝を映画化するにあたり、オトゥールを大抜擢し、主役のロレンス役に起用した。

　62年、オトゥールのその後の映画人生を決定付けたともいえる大歴史パノラマ映画『アラビアのロレンス』（*Lawrence of Arabia*）は、リーン監督にとり、70年制作のアイルランドを舞台にした『ライアンの娘』（*Ryan's Daughter*）と併せて代表作になった。『アラビアのロレンス』は、3時間半を超える大長編映画。翌年の米アカデミー賞の作品賞を始め10部門にノミネートされ、監督賞、撮影賞を含む7部門で最優秀賞がもたらされた。

　当初、アルバート・フィニーやマーロン・ブランドがロレンス役を打診されたが、2人が断わったため、ほとんど無名に近かったオトゥールに声がかかった。188cmの身長とその青緑色の印象的な瞳で165cmのロレンス役を演じることになったオトゥールは、もともとシェークスピア劇で演技の基礎を磨いていただけあり、アカデミー賞主演男優賞候補にノミネートされるなど話題性も十分だった。しかし、最優秀主演男優賞は、『アラバマ物語』（*To Kill a Mockingbird*）に出演した46歳のグレゴリー・ペックの手に渡った。

　オトゥールは64年の『ベケット』（*Becket*）と68年の『冬のライオン』（*The Lion in Winter*）の2作品でヘンリー2世役を演じて、どちらもアカデミー賞にノミネートされるというユニークな経験をもつ。69年の『チップス先生さようなら』（*Goodbye,*

Mr. Chips）のあと、酒に溺れ胃腸を壊し、76 年には腹部の悪性腫瘍の部分摘出手術を受ける。さらには血液疾患が役者生命を脅かし、役に恵まれずにいたこともあった。

80 年の『スタントマン』（The Stunt Man）、87 年の『ラストエンペラー』（The Last Emperor）、88 年の『ブランケット城への招待状』（High Spirits）では、アイルランドの城を守るため突飛な策を思いつくオーナー役に扮した。リリパットの王を演じた 96 年の実写版連続テレビシリーズ、『ガリバー / 小人の国・大人の国』『ガリバー 2/ 天空の国・馬の国』（Gulliver's Travels）や 2008 年、やはりテレビシリーズ『THE TUDORS ～背徳の王冠～』（The Tudors）で法王パウロ 3 世を演じた。青緑色の眼、優しく深い美声は魅力的だ。また 2007 年に長編アニメーション『レミーのおいしいレストラン』（Ratatouille）の料理批評家アントン・イーゴの声を担当した。

2003 年、米アカデミー協会がピーター・オトゥールに名誉賞を授与した。最初、オトゥールは賞をもらうことに気乗りがしなかった。8 回もアカデミー賞にノミネートされて一度も賞を獲得できなかった人はいない。そのような理由で名誉賞をもらってもあまり嬉しいとは思わなかったようだ。だが、3 年後の 2006 年、『ヴィーナス』（Venus）に出演、年老いた俳優役を演じたオトゥールはアカデミー賞ノミネート記録を更新し、ますます最優秀主演男優賞受賞を遠のかせた。

2012 年の夏、オトゥールは 8 月 2 日の 80 歳の誕生日を前にして、映画、演劇の世界から引退すると発表した。「リングにタオルが投げられる時が来た。人は自分の終わりの時を自分で決めなければならないというのが私の信念だ」

2013 年 12 月 15 日、イギリス公共放送 BBC は前日 14 日、オトゥールがロンドンの病院で亡くなったことを伝えた。75 回目のアカデミー賞授賞式の際、名誉賞を手にしたオトゥールが語った言葉は人々の心にいつまでも刻まれるであろう。「私はいつだって二番手、決して一番になることはなかった」

（宮地裕美子）

主な出演作品

1962	*Lawrence of Arabia*
1964	*Becket*
1965	*What's New Pussycat*
1965	*Lord Jim*
1966	*How to Steal a Million*
1966	*The Bible: In the Beginning*
1968	*The Lion in Winter*
1969	*Goodbye, Mr. Chips*
1972	*Man of La Mancha*
1975	*Rosebud*
1979	*Caligula*
1980	*The Stunt Man*
1986	*The Ray Bradbury Theater* (TV Series) --Banshee
1987	*The Last Emperor*
1988	*High Spirits*
1993	*The Seventh Coin*
1997	*Fairy Tale: A True Story*
1998	*Phantoms*
2002	*The Final Curtain*
2002	*Global Heresy*
2003	*Bright Young Things*
2004	*Troy*
2006	*Venus*
2007	*Stardust*
2007	*Ratatouille* （voice）
2008	*The Tudors* (TV Series)
2010	*Eager to Die*
2012	*For Greater Glory*
2014	*Katherine of Alexandria*
2015	*The Whole World at Our Feet*
2017	*Diamond Cartel*

❸ *Brenda Fricker*
——ブレンダ・フリッカー（1945 ~ ）

© Alan Light

　女優で忘れてはいけないのがブレンダ・フリッカーだ。障害のある息子を支える母親を演じた『マイ・レフトフット』でアカデミー賞助演女優賞を獲得した。アイルランド人の母親像として真っ先に思い浮かぶ。『ザ・フィールド』（1990）や『極悪人』（1998）などでも母親役だった。良くも悪くも、子供に寄り添い続ける無償の姿が印象的だ。

　1945年、ダブリン生まれ。子供のころから音楽やアイリッシュダンスを習っており、3年続けてジュニアチャンピオンになったという。10代には自動車事故に遭ったり結核をわずらったりしたため、長い入院生活を送っていた。父親が働いていた日刊紙のアイリッシュタイムズで、編集のアルバイトをした経験もある。父親と同じジャーナリストとしての道を歩もうと思っていたようだ。

　19歳になった1964年に偶然、小さな役で映画に出演したことが、ブレンダの女優としてのキャリアを積むきっかけになった。

　『マイ・レフトフット』で障害を抱えた主人公クリスティ・ブラウンの、優しく気丈な母親を演じた。家族が貧しく暮らす中で、クリスティの車いすを買うためにへそくりをしている。失恋して飲んだくれる息子に「本当に強い男になるんだよ。母さんはあきらめないからね」と叱咤する。米国アカデミー賞助演女優賞を受け、一夜にして世界的な有名人になった。

　『ザ・フィールド』は、頑固で土地にこだわるあまり、それを取られまいと殺人を犯してしまう主人公ブルの妻を演じた。『マイ・レフトフット』と同じく、頑固者の夫と子供の間に立ち、何とか家族を守ろうとする姿が印象的だ。

　『極悪人』では、カトリックと結婚したプロテスタントの女性であり、主人公の母親役だった。北アイルランドでカトリックを父親にもつ子供は精神的な重荷を負った。そのため、主人公はカトリックに対して異常なまでの敵対心を抱く。一方で、プロテスタントである母親には優しい。ブレンダ・フリッカーが演じる母親も、それに応じるように子供には甘い。

　ブレンダ・フリッカーは1990年代にはハリウッド映画にも進出した。『ホームアローン2』（*Home Alone 2: Lost in New York*, 1992）では、ホームレス役。『評決のとき』（*A Time to Kill*, 1996）では、主人公の弁護士の秘書役を務めた。

　この間も、アイルランドを舞台にした映画に出演している。『ダブリン・バスのオスカー・ワイルド』（*A Man of No Importance*, 1994）で、独身の兄の妻としてふさわしい女性を見つけようと躍起になっている妹を演じた。

　アイルランドの「母親」としても起用され続けてきた。凶悪犯罪を追っていた実在の女性ジャーナリストを描いた『ヴェロニカ・ゲリン』（*Veronica Guerin*, 2003）では、ケイト・ブランシェットが熱演した主人公の母親役。オスカー女優の共演となった。ギャングに迫る徹底的な取材を続け、最後には殺されてしまうジャーナリストの娘を、心配しながらも温かく見守る気丈な姿を見せてくれる。

　北アイルランドでの爆弾テロを描いた『オマー』（2004）では警察オンブズマン役を演じた。冷静に毅然としてオマーで起きた事件について語る姿が印象深い。

第二次世界大戦中に亡くなった米軍兵士の指輪
をめぐる映画『あの日の指輪を待つきみへ』
（*Closing the Ring*, 2007）では、北アイルランド
のベルファストに住む少年の祖母に扮した。米軍兵
士が乗っていた爆撃機が墜落した場所で指輪を見
つけた少年は、思いもかけない出来事に巻き込まれ
る。ブレンダ・フリッカーは、気は強いが根は優し
い孫思いの役どころ。ここでは、母親としてだけで
はなく、祖母としても魅力的なたたずまいが目に焼
き付く。

　『アルバート氏の人生』（*Albert Nobbs*, 2011）
では、舞台になったホテルの従業員たちを切り盛り
するポリー役で出演し、Irish Film & Television
Award の助演女優賞にノミネートされた。

　スクリーンや舞台で華々しいキャリアを積んできた
ブレンダは、順風満帆な女優人生を歩んでいたよう
にも思えるが、実生活では波乱の人生を送っている。
テレビディレクターのバリー・デイビス（Barry
Davies）と結婚したが、1988 年に離婚。その後、
バリーは階段から落ちて死亡した。

　ブレンダはうつ病に悩み続けていた。60 歳代後半
になって受けたインタビューでは自殺未遂を 30 回
以上も繰り返し、流産も経験し、一文無しになった
こともあった事実を告白している。彼女自身、さま
ざまなインタビューに、自殺未遂の原因は母親の暴
力に遡ると語っている。そんなブレンダが、気丈で
慈悲深い母親役でオスカーを取ったことは皮肉にも
思える。その後、うつ病はモーツァルトの音楽によ
る治療で治癒したようだ。

　引退を表明しているが、まだまだ女優として第一
線で活躍し続けてほしいと願っている人は多いだろ
う。

（前村　敦）

主な出演作品

1969	*Sinful Davey*
1982	*The Ballroom of Romance*
1985	*The Woman Who Married Clark Gable*
1986	*Casualty*（〜 2010）(TV Series)
1989	*My Left Foot: The Story of Christy Brown*
1990	*The Field*
1992	*Home Alone 2: Lost in New York*
1994	*A Man of No Importance*
1996	*Moll Flanders*
1996	*A Time to Kill*
1998	*Resurrection Man*
2003	*Veronica Guerin*
2004	*Omagh*
2007	*Closing the Ring*
2011	*Albert Nobbs*
2013	*Forgive Me*（〜 15）(TV Series)

4 *Stephen Rea*
——スティーヴン・レイ（1946 ~ ）

　1946年10月31日、北アイルランド・ベルファスト生まれ。プロテスタントで共和主義者のバス運転手の家庭に育つ。ベルファストのクイーンズ大学を卒業。アベイ劇場を始め、70年代には、ガブリエル・バーンやコルム・ミーニィらとダブリンのフォーカスシアターカンパニー（2012年閉館）で演技を磨き、ロンドンでも舞台修業に励む。しかし、ロンドンにいて感じた居心地の悪さは、シェークスピアが代表するイギリス的なものを演じることからきていると感じていたようだ。この時点でアイルランドの文化的背景をもつベルファストの出身であることを強く意識したのだろう。レイが映画界に入り、最初に出演した作品は1970年のゴードン・ヘスラー監督の *Cry of the Banshee* の端役だった。ようやく主役の座を手にしたのが、ニール・ジョーダン監督の『殺人天使』（*Angel*, 1982）だった。
　レイは80年、北アイルランド第2の都市デリーに革新的な演劇集団「フィールド・デイ・シアター・カンパニー」を劇作家ブライアン・フリールらとともに立ち上げた。フリールの当時の新作『トランスレーションズ』（*Translations*）の上演を目指し、演劇に触れるチャンスを逃している地域の観客を呼び寄せる目的であった。また演劇の力で社会を動かせるだろうとの青年の夢もあった。
　「フィールド・デイ・シアター・カンパニー」は、北アイルランドとアイルランド共和国の境を成す都市デリーにおいて設立されることに意義があったといわれる。しかし、演劇人口を増やすだけの目的にとどまらず、南北アイルランドに横たわる、いわゆる「北アイルランド問題」を意識しないわけにいかなく

なった。95年にノーベル文学賞を受賞したシェイマス・ヒーニーやシェイマス・ディーンら詩人、批評家といった文化人、知識人がプロジェクトメンバーとして参加し、文化的ないし政治的な様相を帯びる集団へと変容していった。
　ニール・ジョーダン監督は、スティーヴン・レイを『殺人天使』の主役に起用した時、タイムズ紙のインタビューに応え、次のようにレイを称える。
　「レイのことはよく舞台で見ていた。彼の姿はまるで映画俳優のように僕には写った。堂々としているのにどこか無表情なあの往年の俳優たち、ジェームズ・ディーンやロバート・ミッチャムといった連中と同じにおいをレイにも感じた。僕はレイのことを念頭に置いて、『殺人天使』の脚本を書いた。これからも彼のことを頭の片隅に置いて、脚本を書くと思う。彼の演技の幅はけた外れだからね」
　一方のスティーヴン・レイはジョーダン監督について次のように語る。「ニールは普通の映画監督とは違う。アイルランドの物語を書く伝統の上に立つ作家なのです。そうでなければ、『殺人天使』のような作品は生まれなかったでしょう」この映画をきっかけにして、レイは映画制作の現場に携わり続けたい、いい脚本を書く作家とずっと一緒に仕事をしたいとの思いを強く確信する。「演じること、舞台に立つこと、映画に出演することのどれも我々が生きている人生が何であるかの探求に他ならないのです」*1
　84年の『狼の血族』（*The Company of Wolves*）、92年の『クライング・ゲーム』（*The Crying Game*）、批評家から絶賛された92年か

ら93年にかけてブロードウェイで上演のフランク・マクギネスの脚本による舞台 *Someone Who'll Watch Over Me* の政治犯・エドワード役でトニー賞主演男優賞にノミネートされた。

94年の『インタビュー・ウィズ・ヴァンパイア』（*Interview with the Vampire: The Vampire Chronicles*）、96年の『マイケル・コリンズ』（*Michael Collins*）、97年の『ブッチャー・ボーイ』（*The Butcher Boy*）、99年の『IN DREAMS/ 殺意の森』（*In Dreams*）、『ことの終わり』（*The End of the Affair*）、そして2005年の『プルートで朝食を』（*Breakfast on Pluto*）のあと、ニール・ジョーダン監督との10本目の出演作品が2009年の『オンディーヌ 海辺の恋人』（*Ondine*）だ。信頼できる監督と俳優の関係がどれだけ魅力的かがわかる。

スティーヴン・レイの多岐にわたる才能は誰の目にも明らかだ。ミュージカルに進出する一方、ナレーションや舞台での朗読は、すでに語り部の域に迫る。今やアイルランドの文学作品を朗読するのになくてはならない声の主となっている。アイルランド語を大事に考える役者でもあり、レイは2009年、19世紀末アイルランドの詩人、パトリック・マクギルの生涯を描いた1時間半のテレビドラマ *An Paiste Beo Bocht*（Child of the Dead End）で、マクギルの後半の人生を演じた。

どこの国の映画でも脚本に興味がもてれば出演したい。古典でも翻訳物でも、レイはどんな作品でも聴衆を感動させるものがあれば出演したいのだ。

（宮地裕美子）

主な出演作品

1970	*Cry of the Banshee*
1982	*Angel*
1984	*The Company of Wolves*
1992	*The Crying Game*
1994	*Interview with the Vampire*
1996	*Trojan Eddie*
1996	*Michael Collins*
1997	*Double Tap*
1997	*The Butcher Boy*
1998	*This Is My Father*
1999	*In Dreams*
1999	*The End of the Affair*
2001	*On the Edge*
2001	*The Musketeer*
2002	*Evelyn*
2002	*Feardotcom*
2003	*Bloom*
2004	*Fluent Dysphasia* (Short)
2004	*The Good Shepherd*
2004	*The Halo Effect*
2005	*Breakfast on Pluto*
2006	*Sisters*
2007	*Stuck*
2007	*The Reaping*
2007	*Until Death*
2008	*The Devil's Mercy*
2009	*Ondine*
2009	*Nothing Personal*
2009	*An Paiste Beo Bocht*
2011	*Blackthorn*
2014	*Out of the Dark*
2014	*Styria*
2014	*Asylum*
2015	*Ruby Strangelove Young Witch*
2017	*An Enchanted Ruby*

* 1
Áine O'Connor, *Leading Hollywood*, Wolfhound Press, 1997.

5 *Gabriel Byrne*
──ガブリエル・バーン（1950～ ）

© Ian Smith

　1950年5月12日アイルランド・ダブリン生まれ。ガブリエル・バーンはギネス醸造所で樽を作る職人の父と看護師の母の下に、6人兄弟の長男としてダブリンのロトゥンダ病院で生まれた。両親は長男のガブリエルには聖職者の道を歩ませたいとクリスチャン・ブラザーズでカトリックの教育を受けさせた。

　カトリック系のアイルランド国立大学ダブリン校（UCD）に入学した。そこで彼は考古学と言語学を勉強し、アイルランド語やスペイン語にも堪能になった。スポーツの中でもサッカーへの思いは特別だ。バーンはダブリンの歴史あるサッカークラブ、「ルルド・ケルティック」でゴールキーパーとしてプレーしていたことがある。9歳の時、プレー中に強打し、鼻の骨を折った傷跡は今も残る。

　経歴も一風変わっている。遺跡の発掘、料理人、UCDを卒業してからはスペインで英語教師や闘牛士、翻訳家などの仕事を経験した。しかし、自らの国語であるアイルランド語への興味はいつも失わずにいたようだ。後に演劇やドラマの世界に入り、1996年にアイルランド語で書いた脚本は、テレビドラマ *Draíocht*（英訳：Magic）となってTG4（ダブリンのアイルランド語専門テレビ局、1996年に放送開始）で放送された。

　スペインからアイルランドに戻った後、中学校教師の職に就いた。放課後をより有効に使おうと思う気持ちがあったらしく、バーンはダブリン・シェークスピア・ソサエティのオーディションを受け、舞台俳優として演技を始めた。その頃、公共放送RTÉで放映されていたドラマ *The Riordans* のスピン・オフ・ドラマ *Bracken* が80年から82年まで放送され、Pat Barry役で出演し大人気を得た。ドラマの脚本を書いていたのはウェズリー・バロウズだが、脚本家の中には若かりし頃のパット・オコナーも名を連ねている。

　Bracken での演技や77年のダブリン・オリンピア劇場での *The Liberty Suit* の演技が映画制作者の目に止まる。ジョン・ブアマンは、アーサー王伝説を描いた長編映画『エクスカリバー』を監督する。一大プロジェクトを思案し、アイルランド出身の役者を探していた時、バーンの存在はブアマンの興味を大いに引くことになり、『エクスカリバー』への出演を依頼される。81年、バーンはアーサー王の父ウーサー・ペンドラゴン役で映画デビューを果たす。

　30代後半のバーンの下にはアメリカからの仕事のオファーも増えていき、主演、準主役級を問わず、出演依頼がくることになる。88年の『ザ・クーリア』（*The Courier*）、89年の『ダイヤモンド・スカル 華麗なる殺意』（*Diamond Skulls*）を経て、90年、ジョエルとイーサンのコーエン兄弟による『ミラーズ・クロッシング』（*Miller's Crossing*）に出演、アイルランド系マフィアを演じ、代表作と位置付けられてアメリカでの人気も急上昇する。バーンは言う。「『ミラーズ・クロッシング』は私にとって重要な作品です。というのも、それまでドイツ人、イタリア人、イスラエル人、スペイン人などなどさまざまな国籍の人間を演じてきましたが、コーエン兄弟が監督制作する映画『ミラーズ・クロッシング』で私は初めて、アイルランド人を演じることができた

のです。アイルランド人である私がアイルランド人
ギャングを演じて、アメリカの人たちに認知してもら
いました。アイルランドの味付けをされたアメリカの
時代もののギャング映画なのです」

　その後バーンはアメリカでプロデューサー業に乗
り出し、花開く。92年、アイルランドの旅職人の話
をジム・シェリダン監督は美しい脚本に仕上げ、
バーンらと『白馬の伝説』(Into the West) を制
作する。この作品でバーンは、当時妻だったエレ
ン・バーキンと共演した。バーンはファンタジーと
現実とは紙一重だというメッセージを伝えたかった
という。

　93年、バーンはロンドン郊外のギルフォードで起
きたパブ爆破事件の冤罪被害者ジェリー・コンロン
が著した本 Proved Innocent (『父の祈りを』、集英
社文庫)を読み、話を発展させてジム・シェリダン
に渡した。それが、『父の祈りを』(In the Name of
the Father) で、1974年の11月30日、爆弾事
件の犯人の濡れ衣を着せられ逮捕された父と息子を
描いた。「この作品の後、ジム・シェリダンと不仲に
なってしまった」とバーンはインタビューで語るが、
真意は定かではない。作品は米アカデミー賞の作品
賞を含む7部門にノミネートされた。

　また、95年にバーンが出演したサスペンス映画
『ユージュアル・サスペクツ』(The Usual Suspects)
は、その優れた脚本が評価され、アカデミー賞最
優秀脚本賞を受賞した。98年には共同プロデュー
サーとして関わった、『友情の翼』(The Brylcreem
Boys)で、第二次世界大戦下、中立を通したアイ
ルランド捕虜収容所内で連合軍とドイツ軍との捕虜
兵士たちの敵味方を超えた友情を描いた。この作品
では、当時流行った整髪クリームの名をタイトルに付
している。同じ年、『仮面の男』(The Man in the
Iron Mask)でダルタニアンを演じた後、99年には
『スティグマータ 聖痕』(Stigmata)の神父役、
アーノルド・シュワルツネガーと共演の『エンド・オ
ブ・デイズ』(End of Days)の悪魔役と続けてホ
ラー映画に出演した。近年はアメリカやイギリスのテ
レビ映画にも数多く出演し、『病理医クワーク』
(Quirke, 2014)は記憶に新しい。

（宮地裕美子）

主な出演作品

1980-1982　Bracken (TV Series)
1981　*Excalibur*
1986　*Gothic*
1987　*Siesta*
1988　*The Courier*
1989　*Diamond Skulls*
1990　*Miller's Crossing*
1992　*Into the West*
1994　*Little Women*
1995　*Frankie Starlight*
1995　*The Usual Suspects*
1996　*Draiocht* (TV Movie)
1997　*This is the Sea*
1997　*The End of Violence*
1998　*Quest for Camelot*
1998　*The Brylcreem Boys*
1998　*The Man in the Iron Mask*
1999　*Stigmata*
1999　*End of Days*
2002　*Ghost Ship*
2008　*Still Birth Chicken*（Short）
2008　*In Treatment*（〜2010）(TV Series)
2014　*Quirke*（TV Mini-Series）
2015　*Louder Than Bombs*
2015　*Nadie quiere la noche*
2016　*No Pay, Nudity*
2016　*Carrie Pilby*
2017　*Lies We Tell*
2017　*Mad to Be Normal*

6 Liam Neeson
——リーアム・ニーソン（1952～　）

©Karen Seto／司徒嘉蘭

　1952年6月7日、リーアム・ニーソンは北アイルランドのアントリム州に生まれる。労働者階級のそれほど裕福ではない家庭で、姉2人、妹1人の女性に挟まれて子供時代を過ごす。ニーソンは若い頃、ビール工場の倉庫作業員やトラック運転手、建築助手、アマチュアボクサーなどさまざまな仕事を経験する。もとはベルファストのセント・メアリーズ・カレッジで学び教師の道を目指していたが、1976年、演劇への興味が沸き始めたため、ベルファスト・リリック・プレイヤーズ・シアターに参加する。そこでプロの役者としてのデビューを飾るが、たった2、3分の出番でも、193cmの身長はかなりのインパクトがあったようだ。2年後、ダブリンのアベイ劇場に移籍し、『鋤と星』(The Plough and the Stars)に出演。そこでの演技は高く評価され、その年の演劇祭で最優秀男優賞に輝く。

　ジョン・ブアマンの目に止まったのはその頃だ。スタインベック原作の「二十日鼠と人間」の舞台でニーソンが演じるレニー役を見て、『エクスカリバー』(Excalibur, 1981) の配役を考えていたブアマンはニーソンをアーサー王の甥サー・ガウェイン役に抜擢した。堂々とした体躯で剣を振り回す役柄にぴったりのキャスティングだった。これがニーソンの長編映画デビュー作となる。『エクスカリバー』での共演がきっかけとなり、ニーソンはモルガナ役のヘレン・ミレンを知り、ロンドンに一緒に出る。

　1984年の『バウンティー　愛と反乱の航海』(Bounty)、87年の『死にゆく者への祈り』(A Prayer for the Dying)、翌88年には、『プランケット城への招待状』(High Spirits)、90年の『ダークマン』(Darkman)。そして92年、『奇跡を呼ぶ男』(Leap of Faith)と『夫たち、妻たち』(Husbands and Wives)の演技が、今度はスティーヴン・スピルバーグの注目を引く。スピルバーグは次回作『シンドラーのリスト』(Schindler's List)の主役、オスカー・シンドラー役にニーソンを起用する。

　シンドラー役で翌年のゴールデングローブ賞とアカデミー賞との両方にノミネートされた。このことが彼の俳優人生に大きな転機をもたらす。脚本が次々持ち込まれて、ニーソンの俳優としての地位が確立されていく。『スターウォーズ』シリーズ(Star Wars)、『ギャング・オブ・ニューヨーク』(Gangs of New York)、『ラブ・アクチュアリー』(Love Actually)と『ナルニア国物語』(the Chronicles of Narnia)などファンタジーにギャング映画、また恋愛映画と、どんな役柄でもこなせる、何でも演じることのできる万能俳優として彼のキャリアは花開いていく。

　かつてニーソンは、「人生において結婚することと結婚して落ち着くことはそれほど重要なことではない」と語っていた。だが、94年、『ネル』(Nell)で2度目の共演をした、イギリス人女優ヴァネッサ・レッドグレイヴの娘で同じく女優のナターシャ・リチャードソンに恋をする。ニーソンは前言を翻し、94年7月に結婚する。結婚はニーソンを変えた。2人の子供の父親として家庭を大事に考えるようになった。ナターシャ・リチャードソンとの最初の出会いは84年、日本未公開のテレビミニシリーズ、Ellis Islandであった。

自らのスコットランドのルーツを探りたいと望んで出演した作品が、94 年に制作された 18 世紀スコットランドの英雄『ロブ・ロイ／ロマンに生きた男』（Rob Roy）だ。この作品は同じころ制作されたメル・ギブソンの『ブレイブハート』（Braveheart）と時代設定こそ違うが、内容的に似通っていた。

　その後、ニーソンは立て続けに大作への出演が決まる。96 年、ニール・ジョーダン監督の映画『マイケル・コリンズ』（Michael Collins）に主演。カリスマ性のあるマイケル・コリンズを演じた。ロブ・ロイやオスカー・シンドラー、といった歴史の中の実在の人物を演じるのに、ニーソンの野太くしゃがれた声、高くそびえ立つ身長は大いに人々を引っ張っていくリーダーのイメージそのままのようだ。ニーソンは 2000 年にドラマ部門に貢献したことが認められて、エリザベス女王から OBE 勲章を授与された。

　2008 年にアメリカ市民権を獲得し、人生が順風満帆に動いて行くかに見えた 2009 年 3 月 16 日、妻ナターシャがスキー場の事故で頭に大怪我をした。折悪しく、ニーソンは『CHLOE／クロエ』（Chloe）の撮影中だったが、中座して妻の病床に駆けつける。ナターシャはその怪我がもとで 2 日後、病院で亡くなった。悲しみの中、リーアム・ニーソンはアイルランドの親善大使を引き受ける。その頃、日本のジブリアニメ『崖の上のポニョ』の海外版の声優などもやっている。

　2010 年には、『特攻野郎 A チーム THE MOVIE』（The A-Team）に出演する。1983 年から 87 年までテレビで放映されていた（日本では 85 年から 88 年までテレビで放映された）が、リメイク版は 4 人の主人公設定がイラク戦争に再応召された退役軍人に変更された。

　2016 年、アメリカ人監督マーティン・スコセッシは遠藤周作の『沈黙』を映画化し、『沈黙―サイレンス―』（Silence, 2016）を撮った。リーアム・ニーソンはイエズス会司祭クリストヴァン・フェレイラ役で出演した。

（宮地裕美子）

主な出演作品

1978	*Pilgrim's Progress*
1981	*Excalibur*
1984	*The Bounty*
1986	*The Mission*
1987	*A Prayer for the Dying*
1988	*High Spirits*
1990	*Darkman*
1992	*Leap of Faith*
1992	*Husbands and Wives*
1993	*Schindler's List*
1994	*Rob Roy*
1994	*Nell*
1996	*Michael Collins*
1998	*Les Misérables*
1999	*Star Wars: Episode I*
2002	*Gangs of New York*
2003	*Love Actually*
2005	*The Chronicles of Narnia*
2005	*Breakfast on Pluto*
2005	*Batman Begins*
2008	*Gake no ue no Ponyo*
2008	*The Chronicles of Narnia*
2008	*Taken*
2009	*Chloe*
2010	*The A-Team*
2010	*Clash of the Titans*
2011	*Unknown*
2012	*Taken 2*
2012	*The Dark Knight Rises*
2012	*Wrath of the Titans*
2014	*Taken 3*
2014	*A Walk Among the Tombstones*
2014	*Non-Stop*
2015	*Ted 2*
2016	*Silence*
2017	*Mark Felt*

7 *Pierce Brosnan*
——ピアース・ブロスナン（1953～　）

© Sebaso

　ピアース・ブロスナンは1953年5月16日、アイルランドのラウス州ドロヘダで生まれた。幼い頃に父親が家を出たため、残された母親は看護師の資格を取るために、子のブロスナンを祖父母に預けて、イギリスに移り住んだ。職を得た母は10歳のブロスナン少年を呼び寄せて、共にロンドン近郊のパットニーで暮らすようになる。ブロスナンは大人になるまで父親と接触することはなかったという。16歳の時、ブロスナンは学校へ行かなくなる。母に楽をさせたいと思ってか、パットニーにある商業デザイナーのオフィスで働き始める。母の再婚相手であったビル・カーマイケルはブロスナンを実の子のように接して可愛がってくれた。映画という娯楽があることを教えてくれたのも、この継父であった。継父はブロスナンを劇場に連れていき、ジェームズ・ボンドシリーズを見せたという。64年のショーン・コネリー演じるボンドシリーズの第2作、『ゴールドフィンガー』(*Goldfinger*) をブロスナンは鮮明に記憶しているという。この時点ですでに、11歳のブロスナンは、俳優という職業に興味を持ち始めていたのかもしれない。

　71年、演劇に目覚めたブロスナンはオーヴァル・ハウス座、ラママ劇場などに参加し、演技力を磨いていく。73年から76年までは、ロンドンのドラマセンターで研究生となり、77年、オーストラリア出身の女優カサンドラ・ハリスと知り合う。80年にカサンドラと結婚。91年、彼女の死によって、最初の結婚生活にピリオドが打たれた。

　ブロスナンは80年、初のテレビドラマとなるテムズ・テレビジョン制作の *Murphy's Stroke* に出演し、馬の調教師を演じた。81年にはアメリカのABCテレビによる超大作のドラマシリーズ、*The Manions of America* に主演、核となる青年ローリー・オマニオン役に抜擢された。物語は全編が290分の長さに及び、第1話から第3話まで出演した。19世紀に時代設定がされており、アメリカに渡ったアイルランド移民のオマニオン一家を軸にアイルランドのジャガイモ飢饉や、61年から65年のアメリカの「南北戦争」も描かれる大河ドラマだ。激動の時代を生きるアイルランド移民一家が歴史ロマンの中で、叙事詩的な視点で描かれていく。

　82年、ブロスナンは俳優という仕事に本格的に取り組むためアメリカに拠点を移す。その直後、彼はオーディションで大きな役を勝ち取る。テレビドラマ『探偵レミントン・スティール』(*Remington Steele*) の準主役だ。アメリカ本国で82年から87年までNBCテレビが放送したドラマで、ブロスナンは探偵レミントン・スティール役を演じた。94エピソードに出演し、ブロスナンは主役のステファニー・ジンバリストを食ってしまったといわれている。

　86年、ブロスナンに長編映画007シリーズの第15作、『007 リビング・デイライツ』(*The Living Daylights*) でジェームズ・ボンド役のオファーが来るが、『探偵レミントン・スティール』の次期シーズンへの1年契約更新と重なったため、ブロスナンは"007"シリーズの出演を断わる。因みに15作目でボンド役を演じたのはティモシー・ダルトンだった。93年にはクリス・コロンバス監督のコメディー映画『ミセス・ダウト』(*Mrs. Doubtfire*) で、ロビン・ウィリアムズと共演した。

224

97年には、冒険映画『ロビンソン・クルーソー』（Robinson Crusoe）に出演したほか、さまざまな役柄に挑戦していった。そうした努力が功を奏したか、95年、007シリーズへの出演オファーが再び舞い込む。ブロスナンはついに5代目ジェームズ・ボンド役を射止めた。

5代目ボンドとして出演した初作品は、『007ゴールデンアイ』（GoldenEye, 1995）で、95年の1月に撮影が開始され、同年の11月には、世界プレミアが行われるほどの速さで制作が進んだ。ブロスナンのボンド映画は、世界中で、3億7500万ドルの興行収益を上げ、2002年の007シリーズ、第20作目の『007 ダイ・アナザー・デイ』（Die Another Day）でボンド役を卒業するまで、映画出演への意欲は尽きることがなかった。

ボンド役を演じる一方、他のジャンルへの出演も多数こなし、ハリウッド映画だけでなく、故国アイルランドを含む、ヨーロッパ映画にも欠くことのできないキャストになっていく。さらに、自らがアイルランドに設立した映画制作会社 Dreamtime の名で98年には、『ネフュー』（The Nephew）を発表。プロデュースのみならず、出演も果たしている。2002年には、同じくアイルランドの実話を基にした映画『エヴリン』（Evelyn）に出演し、失業し妻にも逃げられた自暴自棄の父親を演じた。『天使の約束』、『エヴリンの祈り』のタイトルで日本のテレビでも放映されたことがある。

アイルランド人であることを忘れていない姿勢を見せながらも、2008年には、メリル・ストリープ主演のハリウッド映画『マンマ・ミーア』（Mamma Mia!）に出演し、スウェーデンのステラン・スカルスガルドやイギリスのコリン・ファースなどのヨーロッパの名だたる俳優たちと肩を並べる。ただ彼の演技と歌唱力に対してはゴールデンラズベリー賞最低助演男優賞が贈られたのは残念なことである。

ロマン・ポランスキー監督の『ゴーストライター』（The Ghost Writer, 2010）でブロスナンは準主役の英国元首相を演じ、007のイメージをすっかり払拭した。

（宮地裕美子）

主な出演作品

1981	The Manions of America (TV Mini-Series)
1986	Nomads
1988	Taffin
1993	Mrs. Doubtfire
1994	Love Affair
1995	GoldenEye
1997	Tomorrow Never Dies
1997	Robinson Crusoe
1997	Dante's Peak
1998	The Nephew
1999	The World is Not Enough
1999	Grey Owl
1999	The Thomas Crown Affair
2001	The Tailor of Panama
2002	Die Another Day
2002	Evelyn
2008	Mamma Mia!
2010	The Ghost Writer
2013	The World's End
2016	I.T.
2017	The Foreigner
2017	The King's Daughter

8 *Brendan Gleeson*
——ブレンダン・グリーソン（1955～　）

© Ibsan73

1955年3月29日、アイルランドのダブリン生まれ。ブレンダン・グリーソンの名はハリウッドのメガヒットシリーズ、ハリー・ポッターシリーズを見た人にはおなじみのものだろう。名前は知らずとも、『ハリー・ポッターと不死鳥の騎士団』(*Harry Potter and the Order of the Phoenix*, 2007)で騎士団の創立メンバー、アラスター・"マッド・アイ"・ムーディを演じる役者といえば、顔を思い浮かべる人も多いのではないだろうか。ハリー・ポッターシリーズの魔法学校の教授役でただ一人、実際に教師の経験がある。

グリーソンは中等学校で教師をする傍ら、ロンドンの王立演劇学校に通い、演技の勉強を積み、34歳にして俳優になった。1990年、ジム・シェリダン監督の『ザ・フィールド』(*The Field*)でデビューする。ロン・ハワード監督のハリウッド映画『遥かなる大地へ』(*Far and Away*, 1992)では脇役を演じた。アイルランド映画だけでなく、アイルランドが舞台のハリウッド映画でも必要不可欠の名脇役としてキャリアを充実させていく。同時に故国での仕事も大事にこなす。93年には、スティーヴン・フリアーズ監督のテレビ映画『スナッパー』(*The Snapper*)、また95年には俳優のメル・ギブソンが主演・監督した映画『ブレイブハート』(*Braveheart*)に出演した。

91年にアイルランドのテレビ映画 *The Treaty* でマイケル・コリンズを演じていたが、96年のニール・ジョーダン監督の『マイケル・コリンズ』に出演したときはコリンズではなく、IRAの情報将校だったリアム・トービンを演じている。翌97年には、同じくジョーダン監督の『ブッチャー・ボーイ』(*The Butcher Boy*)に出演した。

2000年代に入って、俳優としての活動範囲をさらに広げたグリーソンは、『ハリー・ポッターシリーズ』以外にもメジャーな作品に多数出演していく。ジョン・ウー監督、トム・クルーズ主演の『ミッション：インポッシブル2』(*Mission: Impossible II*, 2000)、ジョン・ブアマン監督の『テイラー・オブ・パナマ』(*The Tailor of Panama*, 2001)、またスタンリー・キューブリック監督の企画をスティーヴン・スピルバーグ監督が映画化した近未来SFの『A.I.』(*Artificial Intelligence: A.I.*, 2001)やダニー・ボイル監督のSFホラー映画『28日後…』(*28 Days Later...*, 2002)、05年にはニール・ジョーダン監督の『プルートで朝食を』(*Breakfast on Pluto*)の脇役などで出演している。

グリーソンは学ぶことが好きだ。彼は若い頃から古典や歴史を勉強する時間を惜しまなかった。学生時代、学校の内外で歴史書や古典、作家サミュエル・ベケットもよく読んだ。教師の職を辞し、ロイヤル・シェークスピア・カンパニーのオーディションを受け入団し、そこで過ごした2シーズンの経験は後に大いに生かされ、史劇への出演依頼が殺到する。マーティン・スコセッシ監督がアイルランド系移民のマフィアを描いた『ギャング・オブ・ニューヨーク』(*Gangs of New York*, 2002)、アントニー・ミンゲラ監督の『コールド マウンテン』(*Cold Mountain*, 2003)、ウォルフガング・ペーターゼン監督の史劇『トロイ』(*Troy*, 2004)などである。05年には、リドリー・スコット監督の史劇

『キングダム・オブ・ヘブン』（Kingdom of Heaven）に出演した。08 年、マーティン・マクドナー監督の『ヒットマンズ・レクイエム』（In Bruges）、10 年には、ポール・グリーングラス監督の戦争スリラー、『グリーン・ゾーン』（Green Zone）に脇役で出演した。2011 年には、ジョン・マイケル・マクドナー監督によるブラックコメディー『ザ・ガード〜西部の相棒』（The Guard）に主演する。

　現在も活躍を続けるグリーソンだが、最初にその名を世に知られるようになったのが 1998 年にジョン・ブアマン監督が撮った『ジェネラル　天国は血の匂い』（The General）だろう。アイルランド・マフィアのボス、マーティン・カハルの壮絶な人生を描いたもので、グリーソンが演じたカハルは 1949 年、ダブリンのスラム街に生まれ、兄弟たちとコソ泥や窃盗を繰り返し、挙句の果てには犯罪史上最大の美術品泥棒を企てた実在の犯罪者だ。将軍や大将を意味するジェネラルはあだ名で、45 歳でIRA らしき暗殺犯に撃たれるまでを描いた映画だ。ロンドン映画批評家協会主演男優賞を受賞したが、残されたカハルの写真を見れば、グリーソンがなぜこの犯罪者役を演じたかったかは一目瞭然だろう。

　俳優になってから 20 年あまり、グリーソンはロドリゴ・ガルシア監督の『アルバート氏の人生』（Albert Nobbs, 2011）で個性的な医者役を演じた。また、『パディントン 2』（Paddington2, 2017）ではパディントンと不思議な友情を結ぶ囚人役を演じている。

　教師としてアイルランド語や体育を教えた貴重な経験は恵まれた体躯とともに、彼の役者人生で今後も大いに生かされていくだろう。舞台や映画の中で見せる存在感の大きさはカリスマ性すら感じさせる。リーダーシップを備えた歴史上の人物を演じさせたら、シェークスピア劇を学んだグリーソンの実力は大いに発揮されるに違いない。

（宮地裕美子）

主な出演作品

1990	*The Field*
1991	*The Treaty* (TV Movie)
1992	*Into the West*
1992	*Far and Away*
1993	*The Snapper*
1995	*Braveheart*
1996	*Trojan Eddie*
1996	*Michael Collins*
1997	*I Went Down*
1997	*The Butcher Boy*
1998	*The Tale of Sweety Barrett*
1998	*This Is My Father*
1998	*The General*
2000	*Wild About Harry*
2000	*Mission: Impossible II*
2001	*A.I.*
2001	*The Tailor of Panama*
2002	*Gangs of New York*
2002	*28 Days Later...*
2003	*Cold Mountain*
2004	*Troy*
2005	*Harry Potter and the Goblet of Fire*
2005	*Breakfast on Pluto*
2005	*Kingdom of Heaven*
2007	*Beowulf*
2007	*Harry Potter and the Order of the Phoenix*
2007	*Black Irish*
2008	*In Bruges*
2009	*The Secret of Kells* (Voice)
2010	*Harry Potter and the Deathly Hallows: Part I*
2011	*Albert Nobbs*
2011	*The Guard*
2014	*Song of the Sea* (Voice)
2014	*Calvary*
2017	*Paddington 2*

⑨ *James Nesbitt*
――ジェームズ・ネズビット（1965～ ）

© Richard Redshaw

　特段ハンサムではなく、アクションや肉体美を披露するわけでもない。演技とは思わせない自然な振る舞いが映画に真実味を与える。人間の心理の表と裏のどちらも表現できる数少ない俳優の一人だろう。

　1965年1月に北アイルランドで生まれた。小学校の校長の息子だったジェームズ・ネズビットは、少年時代から地元で舞台に立っていたようだ。当初は父親と同じ教師になる予定だった。しかし、俳優になろうとロンドンの演劇学校で学び、プロとしてデビューした。1997年から続いているTVシリーズのコメディー Cold Feet への出演で人気が出たという。

　長編映画に最初に出演したのが1991年の『ヒア・マイ・ソング』だった。

　『ヒア・マイ・ソング』では、主演のエイドリアン・ダンバーのダブリンに住む親友フィンタン役で出ている。2人の軽妙で絶妙な掛け合いが、映画の中盤を盛り上げた。このコメディーの中では、伝説の歌手を探す手伝いをする役どころで、物語を進める狂言回しのような重要な役割を担っている。

　その後、マイケル・ウィンターボトム監督の『ウェルカム・トゥ・サラエボ』（*Welcome To Sarajevo*, 1997）に、アイルランド人のカメラマン役で出演した。「ウイスキーはチェイサーと飲む」「ウイスキーの複雑な味が引き立つ」と酒好きで知られるアイルランド人らしい姿を垣間見せている。

　北アイルランドでの際限のない暴力を描いた『極悪人』でもジャーナリスト役だった。妻にはドメスティック・バイオレンスのために愛想を尽かされている。一方で、優秀な記者であろうとあがく。暴力的な犯罪を取材していくうちに、犯人によって自らも事件に巻き込まれてしまう。複雑な精神の葛藤を表現した。

　シリアスな役だけでなく、『ヒア・マイ・ソング』で見せた、ユーモアのある人物もお手のものだ。アイルランドの小さな村での宝くじの賞金をめぐるドタバタ劇『ウェイクアップ！ネッド』（*Waking Ned*, 1998）では、豚を飼っている青年ピッグ・フィン役。豚の匂いが体に染みついてしまっている、ちょっと間抜けで気真面目な役柄だ。

　コメディーと言えば、『ハリーに夢中』（*Wild About Harry*, 2000）でも本領を発揮した。トークショーのホストである主人公にこきおろされ、復讐鬼となる政治家の姿を過激な演技で見せてくれる。

　主役として認知された作品を挙げるならば、コメディータッチの『ラッキー・ブレイク』（*Lucky Break*, 2001）だろう。『フル・モンティ』のピーター・カッタネオが監督した。アイルランドが舞台ではないが、刑務所の受刑者たちが、所内で催されるミュージカルに乗じて脱獄を企てようとする。受刑者の中からミュージカルの主役に選ばれ、脱獄の首謀者となるのがネズビット演じる人物だった。

　北アイルランド生まれの俳優という意味からも、代表作となったのが2002年の『ブラディ・サンデー』だ。この作品で、実在する政治家アイヴァン・クーパーの役を務めた。イギリス軍やIRAなどさまざま勢力の思惑がせめぎ合い、一触即発となっている北アイルランドの都市デリーが舞台。公民権を求めるデモ行進を平和裏に進めようとする必死な

姿と、デモが悲劇的に終わった後の悲哀と怒りが画面から迫ってくる。

ネズビットは北アイルランド出身のプロテスタントだが、子供時代にはあまり政治的なことに関心はなかったようだ。『ブラディ・サンデー』の脚本を読むまでは、この映画が扱った「血の日曜日事件」についても、あまり知らなかったと語っている。（アイルランドの国営航空会社「エアリンガス」の機内誌 The Cara Magazine より）

『レクイエム』（Five Minutes of Heaven, 2009）で、同じく北アイルランド出身の俳優リーアム・ニーソンと共演した。テロで家族が殺された男（ジェームズ・ネズビット）と、殺した男（リーアム・ニーソン）が、事件から30年以上たった後、「和解」をテーマにしたテレビ番組で向かい合うことになった。2人の心理的なせめぎ合いで、緊張感あふれる作品に仕上がった。

エミリオ・エステベスが監督し、マーティン・シーンが主役を演じた『星の旅人たち』（The Way, 2011）では、スランプ脱出のために巡礼の旅を続けるおしゃべりなアイルランド人作家の役柄で出演した。

J・R・Rトールキンの小説『ホビット』を映画化し、『ロード・オブ・ザ・リング』より前の時代を舞台にした『ホビット』3部作に出ている。

ちなみに、ネズビットは、ダブリンのクリニックで植毛手術を受けたことを公表している。『ブラディ・サンデー』の頃と、『ホビット』でのインタビューを比べてみれば明らかだ。結果について、本人は満足しているようだ。

映画だけでなく、テレビドラマでも活躍している。BBCで放映された『ジキル』（Jekyll, 2007）では、二重人格の主人公を演じて大きな評価を得た。ネズビットが扮するのはトム・ジャックマン博士。自分の中に粗暴で欲望の限りを尽くすもう一つの人格ハイド氏を抱えている。博士はハイド氏の暴走を抑えられなくなり、さまざまな事件が起きるストーリーだ。このドラマで、第65回ゴールデングローブ賞（ミニシリーズ／テレビ映画部門）の主演男優賞にもノミネートされた。WOWOWで放映された医療ドラマ『脳外科医モンロー』（Monroe, 2011〜12）では、主役の医師を演じた。

主役でも脇役でも、陰があっても底抜けに明るくても、存在感を示すジェームズ・ネズビット。これからも目を離せない役者であることに変わりはない。

（前村　敦）

主な出演作品

1991 *Hear My Song*
1996 *Ballykissangel*（〜98）（TV Series）
1997 *Cold Feet*（〜2017）（TV Series）
1997 *Welcome to Sarajevo*
1997 *This Is the Sea*
1998 *Waking Ned*
1998 *Resurrection Man*
2000 *Wild About Harry*
2001 *Lucky Break*
2002 *Bloody Sunday*
2004 *Millions*
2005 *Match Point*
2007 *Jekyll*（TV Mini-Series）
2009 *Five Minutes of Heaven*
2010 *The way*
2011 *Monroe*（〜12）（TV Series）
2012 *The Hobbit: An Unexpected Journey*
2013 *The Hobbit: The Desolation of Smaug*
2014 *The Hobbit: The Battle of the Five Armies*

10 *Colin Farrell*
——コリン・ファレル（1976～　）

© Gage Skidmore

　1976年5月31日ダブリン生まれ。コリン・ファレルは4人兄弟の3番目に生まれ、父親とおじがサッカー選手だったこともあり、子供の頃から将来は当然スポーツ選手になるものと周りは思っていた。地元のサッカークラブに入り、ゴールキーパーを務め、将来を嘱望された。ところが、あるときから音楽に興味をもち始め、アイルランドの男性ポップグループ「ボーイゾーン」（1993年結成、2000年から一時活動を休止していたが2007年再開）のボーカル・オーディションに応募する。しかし、相当の音痴だったようで、「メンバーにはなれなかった」と自身のホームページで打ち明けた。

　ファレルは1990年代の後半、20歳になるかならないかの頃、ゲイエティー座付属演劇学校に通ったこともあったが、長続きせず、中途退学した。その後98年、BBCのドラマに出る話が舞い込む。アイルランドを舞台にしたドラマ、*Ballykissangel*に99年まで若い村男役で出演した。

　物語はアイルランドのケリー州の架空の村が舞台。そこに赴任したイギリス人のカトリック司祭が、コミュニティーで起こるさまざまな出来事と関わっていく姿を描く。ファレルにとり、デビュー作となったこの作品は思い出深いもののようだ。「17歳の頃、友達とオーストラリアに1年暮らした。このドラマ出演の経験があったので、未知の土地で会う人々との出会いに驚くこともなく、付き合っていくことができた」という。イギリスだけでなく、海外でも放送されたことで、広くファレルの名と顔が知られることになったわけだ。ファレルにとり、特別な経験となったシリーズのエピソードの中でも、おじ役を演じたアイルランド人俳優バーディー・スウィーニーとの出会いは印象に残る。シリーズ5の途中で、スウィーニーが亡くなり、「彼が亡くなったことは衝撃だった。スウィーニーのような素晴らしい俳優と一緒に仕事ができて本当によかった」と、BBCのインタビューで答えている。バーディー・スウィーニーは本名エドモンド・スウィーニーだったが、幼少の時から鳥の鳴き声の物まねで知られていたため、ニックネームのバーディーを芸名にしていた。彼は、50歳を過ぎて本格的に役者の道を志した人物で、92年の『クライング・ゲーム』（*The Crying Game*）や93年の『スナッパー』（*The Snapper*）にも脇役として出演し、いい味を出している。

　ファレルの長編映画デビューは1997年のアイルランドのコークやケリー州のロケを敢行した、*Drinking Crude* である。また、99年には俳優ティム・ロスが監督した『素肌の涙』（*The War Zone*）に出演している。

　日常は強いダブリン訛りで喋るといわれるファレルだが、映画の中では、俳優らしくいろいろな地方のアクセントを研究し努力している。ジョエル・シューマカー監督の『タイガーランド』（*Tigerland*, 2000）では、テキサス出身の人物像を作り上げ、テキサス訛りの英語を物にした。

　ベトナム戦争中の戦地ベトナムに向かう前の最終訓練施設である「タイガーランド」に送られた若い兵士たちを描く作品で、ベトナムでの戦争を描くだけでなく、アメリカ国内の亀裂も描く異色作である。作品そのものの興行成績こそ振るわなかったが、ファレルはボストン批評家協会賞最優秀男優賞を獲

得してハリウッドデビューを飾った。

サディアス・オサリヴァン監督がケヴィン・スペイシー主演で、一風変わった派手な絵画泥棒を描いた映画、『私が愛したギャングスター』（Ordinary Decent Criminal, 2000）にギャングの子分役で出演。端役ながら印象に残る役どころを演じた。1998年3月、ロンドンで In a Little World of Our Own の舞台を見たスペイシーがファレルを推薦しての出演だったという逸話が残る。2001年、西部劇『アメリカン・アウトロー』（American Outlaws）でアメリカ初の銀行強盗だったと言われるヒーロー、ジェシー・ジェイムズを演じた。また、『ジャスティス』（Hart's War, 2002）ではブルース・ウィリスと共演した。ロケはチェコ共和国のプラハで行われた。ファレルは同年、スティーヴン・スピルバーグ監督の『マイノリティ・リポート』（Minority Report, 2002）にも出演した。

2003年には『デアデビル』（Daredevil）、『S.W.A.T.』（S.W.A.T.）などハリウッド作品に出演する。さらに、アイルランドでブラックコメディー、『ダブリン上等！』（Intermission）と実在のアイルランド人ジャーナリストを描いた『ヴェロニカ・ゲリン』（Veronica Guerin）に出演。『フォーン・ブース』（Phone Booth）では、『タイガーランド』以来となるシューマカー監督と再度のタグを組み、ニューヨークを舞台にわずか80数分の中にサスペンスの要素をふんだんに取り入れた後味最高の映画に出演した。

2009年、ファレルはニール・ジョーダン監督の『オンディーヌ　海辺の恋人』（Ondine）でアイルランドの地方在住の漁師を演じた。

1996年から20年近くの間に40本に迫る長編映画に出演しているファレルだが、賞を獲得した作品は多くはない。2008年、30代のマーティン・マクドナー監督がメガホンを取ったベルギーが舞台の犯罪映画、『ヒットマンズ・レクイエム』（In Bruges）で30代のファレルはヒットマン役で米ゴールデングローブ賞最優秀賞を受賞した。悪役も楽しんで引き受けて役の幅をひろげているようだ。

（宮地裕美子）

主な出演作品

1995	*Frankie Starlight* (Uncredited)
1997	*Drinking Crude*
1999	*The War Zone*
2000	*Tigerland*
2000	*Ordinary Decent Criminal*
2001	*American Outlaws*
2002	*Hart's War*
2002	*Minority Report*
2002	*Phone Booth*
2003	*Intermission*
2003	*S.W.A.T.*
2003	*Veronica Guerin*
2003	*Daredevil*
2003	*The Recruit*
2004	*Alexander*
2006	*Miami Vice*
2008	*In Bruges*
2009	*Ondine*
2011	*Fright Night*
2012	*Total Recall*
2013	*Saving Mr. Banks*
2013	*Dead Man Down*
2014	*Miss Julie*
2014	*Winter's Tale*
2015	*Solace*
2015	*The Lobster*
2017	*The Beguiled*

11 *Cillian Murphy*
——キリアン・マーフィー（1976 ~ ）

© Tim Cornbill

　1976年5月25日、アイルランド・コーク郊外ダグラスで、教育者や学問を生業とする家系に4人兄弟の長男として生まれる。中等学校までカトリックの教えに沿った教育を受け、アイルランド国立大学コーク校（UCC）の法学部に入学するが、水が合わず、1年で退学する。音楽好きの家庭だったこともあり、キリアン・マーフィーは弟たちとフランスでバンド活動をしていたこともあった。ロックスターに憧れた時期もあるマーフィーだから、ギターは得意だ。1992年、16歳のマーフィーは前年に創設されたばかりの地元コークのコルカドルカ劇団で演技の勉強を始めていた。

　大学の法科に入学したマーフィーは、学生と演劇研修生の2足のわらじを履く。劇場のオーディションを執拗に受けていった結果、*Disco Pigs*で初舞台に立つ。これは、若干29歳の舞台演出家、エンダ・ウォルシュの原案による作品だった。この時の好演でマーフィーは一躍その名を知られることになる。どこにでもいそうな2人の男女、マーフィー演じるピッグとラントはほぼ同時刻に同じ病院で生まれ、住むところも隣り合っていた。一卵性双生児かと思えるほど、お互いの感情や行動を理解し合える男女に成長していき、17歳の誕生日を目前にして、ピッグのラントへの思いはいつしか恋愛感情にエスカレートし、物語は悲劇へと向かう。この舞台が2001年、カースティン・シェリダン監督により同名タイトルで映画化された。マーフィーは映画でもピッグを演じた。

　2002年、マーフィーはダニー・ボイル監督が撮ったSFホラー映画、『28日後…』（*28 Days Later...*）に出演する。翌年、ジョン・クローリー監督の『ダブリン上等！』（*Intermission*）でコリン・ファレルと共演する。マーフィーには、その後次々と国際的な映画出演のオファーが舞い込む。『コールド マウンテン』（*Cold Mountain*, 2003）、『真珠の耳飾りの少女』（*Girl with a Pearl Earring*, 2003）、05年には『バットマン ビギンズ』（*Batman Begins*）に出演し、出番は少ないが重要な役であるドクター・クレーンを演じた。

　マーフィーの飽くなき向上心を示した極め付けの役どころは、ニール・ジョーダン監督作品『プルートで朝食を』（*Breakfast on Pluto*, 2005）だろう。マーフィーは、アイルランド人作家パトリック・マッケイブの原作を映画化以前に読み、女装趣味の主人公パトリック・キトゥン・ブレイドンに惚れこんでいた。「この役をやることになるとは思ってもみなかったけれど、ずっと前から彼女に恋をしていた」と語る。それは、ジョーダンにしても、同じことだった。このマッケイブ作品を映画化するにあたり、「キトゥンに生命を与えてくれる役者はマーフィーをおいて他にはいないと確信していた」と言う。このキトゥン役でマーフィーはゴールデン・グローブ賞にノミネートされた。それまで、悪役を心理的に掘り下げて演じてきたマーフィーにとって、悪役を好んで演じているように見る当時のマスコミの評価は耐えがたいものだった。多種多様な役柄に挑戦したいし、ステレオタイプの役しか演じないと評されることにも抵抗があると言う。幅広い役をこなしつつも確かな演技のできる性格俳優へと変貌を遂げたいとの思いをいつももっていた。

そんなとき、マーフィーは故郷コークで撮影するという作品への出演の機会を得た。それはまるで彼の思いが通じたかのようだ。監督はケン・ローチ。作品は『麦の穂をゆらす風』(The Wind That Shakes The Barley) であった。マーフィーは撮影中、実家に滞在し、子供の頃出入りした場所を訪れるチャンスに恵まれた。しかし、ローチ監督が撮影地として選んだ場所は、たとえそこがマーフィーにとって、なじみの深いところであっても、胸にこたえる反英の歴史の中で、アイルランド内戦を考える上で最も意味をもつ場所であった。

マーフィーの故郷コークはアイルランド独立以前、宗主国イギリスが駐屯軍の拠点を構えた場所である。ローチ監督が描く作品では、これまでも土地柄に合ったキャストが選ばれてきた。時には素人俳優を使うことさえある。社会派といわれ、リアリティーを大事にするこのイギリス人監督が、アイルランド独立戦争とその後の内戦に信憑性をもたせ描こうとしたからこそ、コーク出身のマーフィーに白羽の矢が立ったのは想像に難くない。マーフィー自身、親族や祖先がブラック・アンド・タンズの手にかかって犠牲になった家族史を偶然知ることになった。

「ケン・ローチ監督と仕事をする機会をもらって、それを断る人がいるだろうか？ 好き嫌いは別にして、この25年間にローチ監督が撮ってきた作品を見れば、ひとつとしてひどいものはない。意味のない演技もない。新鮮な息吹を与えてくれる」

2007年、マーフィーは再びダニー・ボイルが監督する映画に出演し、真田広之と『サンシャイン2057』(Sunshine) で共演を果たす。地球存亡の危機に立ち向かうため宇宙を目指す宇宙飛行士兼科学者を演じた。その後も問題意識をもって『ハイドリヒを撃て！「ナチの野獣」暗殺作戦』(Anthropoid, 2016)、『ダンケルク』(Dunkirk, 2017) などに出演し、着実にキャリアを積んでいる。

（宮地裕美子）

主な出演作品

2001	*On the Edge*
2001	*Disco Pigs*
2002	*28 Days Later...*
2003	*Intermission*
2003	*Girl with a Pearl Earring*
2003	*Cold Mountain*
2005	*Breakfast on Pluto*
2005	*Red Eye*
2005	*Batman Begins*
2006	*The Wind That Shakes the Barley*
2007	*Sunshine*
2008	*The Dark Knight*
2010	*Inception*
2010	Peacock
2011	*In Time*
2012	*The Dark Knight Rises*
2012	*Red Lights*
2013	*Peaky Blinders*（〜17）(TV Series)
2015	*In the Heart of the Sea*
2016	*Free Fire*
2016	*Anthropoid*
2017	*Dunkirk*

⑫ *Jonathan Rhys Meyers*
―ジョナサン・リス＝マイヤーズ（1977 ~ ）

© Elen Nivrae

1977年7月27日、ダブリンに生まれ、コークで育つ。彼が3歳の時、父親が家族を残し、家を出て行った。若い母親と幼い3人の弟たちは一緒にコークに移り住む。ジョナサンが波瀾の子供時代を送り、苦労したのは想像に難くない。兄弟たちは父方の祖母のところや児童養護施設に預けられて過ごした。そんな中、ジョナサンは15歳を境に学校へ行かなくなる。退学処分になってしまったのだ。だが学校に行かないことは彼にとって、楽しいことであったようだ。しかし、ホームレス同然に暮らすジョナサンにも、同年代の少年がいるビリヤード場は和みの場であった。

ジョナサンが17歳になる頃、映画『草原とボタン』(*War of the Buttons*, 1994) のキャスティング・スタッフであるデヴィッド・パットナム監督の制作会社が出演できそうな少年たちを探していた。スタッフとビリヤード場で偶然出会ったジョナサンはオーディションに参加するが、役を得ることはできなかった。

やがてジョナサンは、クノール・スープのキャンペーンCMオーディションへの誘いを受ける。このオーディションに合格し、CMで演じたジョナサンには多額の出演料が支払われた。現在イギリスを中心に主にテレビで活躍するグラハム・ノートンと共にスープを飲むコマーシャルだった。

広告は人目を引き、ジョナサンは小さい役ながらもスリ・クリシュナーマ監督の『ダブリン・バスのオスカー・ワイルド』(*A Man of No Importance*, 1994) に出演が決まり、セリフもある若い男を演じ、長編劇映画デビューを果たした。96年、映画 *The Disappearance of Finbar* で、主役を演じて間もなく、コークの実家に戻ると、先送りになっていた映画の出演オファーの電話を受ける。ジョナサンの俳優としての存在を広く知らせることになった作品『マイケル・コリンズ』(*Michael Collins*, 1996) である。ジョナサンはダブリンまで急行し、ニール・ジョーダン監督に直接会って面接をした結果、首尾よく"マイケル・コリンズ暗殺犯"の役を得ることができた。ジョーダンは後に、次のように面接時のジョナサンの様子を語る。

「私はコリンズを襲う殺し屋を演じる重要な役にぴったりの役者をみつけたよ。ジョナサン・リス＝マイヤーズという、コーク出身の若者だ。彼は一見するとトム・クルーズのようだけれど、配役の顔合わせでは怖いほどその雰囲気を醸し出していた。間違いなく俳優としての才能をもっている」

ジョナサンはその後も俳優として、オファーのあった役を掘り下げては、時にのめり込み、研鑽を重ね、キャリアを積む。1997年には、『ザ・メイカー』(*The Maker*)、『17 セブンティーン』(*Telling Lies in America*) などに出演。翌98年には、The Tribe と『視姦』(*The Governess*)、『B モンキー』(*B. Monkey*) などに出演した。さらに99年になると、シェークスピア作の悲劇「タイタス・アンドロニカス」を基に描いた『タイタス』(*Titus*) でアンソニー・ホプキンスと親子役を演じ、それまでとは全く違った役柄に挑んだ。

ジョナサンが演じる役柄には批評家から数多くの称賛の声が寄せられていたが、中でも1998年の『ベルベット・ゴールドマイン』(*Velvet Goldmine*)

における 70 年代伝説のロック歌手ブライアン・ス
レード役を始め、日本で公開された映画『ベッカム
に恋して』（Bend It Like Beckham）で演じたサッ
カーコーチ役などは、ジョナサンのスポーツ能力や
ミュージシャンとしての才能を垣間見せるものであっ
た。2005 年、アメリカ CBS テレビのミニ・シリーズ
『ELVIS エルヴィス』（Elvis）では、エルヴィス・プ
レスリーに扮した。歌については口パクのように見え
ないではない。しかし、そのなりきりぶりは尋常では
ない。翌年の米ゴールデン・グローブ賞テレビドラ
マミニ・シリーズ部門で最優秀男優賞を受賞した。

　2007 年、ジョナサンはヘンリー 8 世を描いた歴
史テレビドラマシリーズ、『THE TUDORS ～背徳
の王冠～』（The Tudors）で国王役を演じた。日
本ではミステリー専門チャンネルなどでの放映があ
る。だが、同年の 11 月、ダブリン空港で酒を飲み
過ぎて暴れ、警察に逮捕されてしまった。数日後に
は、女手ひとつでジョナサンたち兄弟を育てた母親
が 51 歳の若さで亡くなった。母も若い頃からジョ
ナサン同様、酒量が多く、そのため子供たちと離れ
施設で暮らすこともあったという。

　「僕は演劇学校に行ったこともなければ、行きた
いと思ったこともない。俳優という仕事をするように
なり始めて、この世界でじかに俳優の仕事を学んで
いる。僕には仕事をしている感覚は全くなく、むし
ろ未知なるものに対しわくわくする」と俳優業への
思いを語る。「リーアム・ニーソンやアラン・リック
マンのいる『マイケル・コリンズ』のセットに入った
とき、自分はすごいところに来てしまったと思った。
何てすごい世界で仕事をしているんだ！」

　ジョナサンは自分に近付けた形で役作りを図る。
『THE TUDORS ～背徳の王冠～』では、「男が
28 ～ 29 歳で、絶対的な権力をほしいままにできる
として、自分だったら、どうするだろう？　ヘンリー
王のような肉体的な力はない。だから、内面を掘り
下げて人物像を描きだすしかない」2013 年から 14
年にかけては、アメリカ NBC 制作のテレビシリー
ズ Dracula でドラキュラを演じた。19 世紀のロンド
ンを舞台にアメリカ人実業家になりすまし、何世紀
も前に彼の人生を狂わせた人たちに復讐するとい
うドラマだった。

（宮地裕美子）

主な出演作品

1994	*A Man of No Importance*
1996	*The Disappearance of Finbar*
1996	*Michael Collins*
1997	*Telling Lies in America*
1997	*The Maker*
1998	*Velvet Goldmine*
1999	*Titus*
2002	*Bend It Like Beckham*
2004	*Alexander*
2004	*Vanity Fair*
2005	*Match Point*
2005	*Elvis*（TV Mini-Series）
2006	*Mission: Impossible III*
2007	*The Tudors*（～ 10）（TV Series）
2011	*Albert Nobbs*
2013	*The Mortal Instruments: City of Bones*
2013	*Dracula*（～ 14）（TV Series）
2015	*Stonewall*
2016	*London Town*
2017	*Damascus Cover*

13 Saoirse Ronan
——シアーシャ・ローナン（1994～　）

© Tony Shek

　ハリウッド映画でも主役を張れるアイルランド人の女優はあまりいなかったが、最近、幾つかの作品で主役を務めるなど、国際的にも頭角を現しているのがシアーシャ・ローナンだ。1994年4月に、ニューヨークのブロンクスでアイルランド人の両親の下で生まれた。1997年、3歳の時に一家はアイルランドに移住し、ダブリンやその南西にあるカーロウ州で育った。

　整った透明感のある顔立ちと青い瞳がとても印象的だ。さまざまな役をしっかりとこなしており、彼女の出演した映画を見れば、虜になってしまうだろう。8歳の時、TVシリーズの端役で出演したのが女優としてのデビューとなった。

　saoirseはアイルランド語の「自由」という意味。日本では「シアーシャ」と表記されることが多いが、正しい発音は「シールシャ」に近い。インタビューでの本人の発音は「サールシャ」とも聞こえる。

　アイルランドの映画雑誌 "Film Ireland Magazine" などに掲載されているインタビューでは、アメリカ生まれでもアイルランド人女優としてのプライドを持って仕事をしていることがうかがえる。

　アイルランドのテレビシリーズ The Clinic（2003～04）に端役で登場したのが映像デビュー。国際的に注目されたのは、イギリスのジョー・ライト監督作品『つぐない』（Atonement, 2007）での演技だ。自分が思いを寄せる使用人の息子が姉と情事をしているところを見てしまい、彼を無実の罪で告発し、姉との仲を引き裂く難しい役に挑戦した。思春期に入りかけの少女の繊細な感情表現で注目を浴びた。第80回米国アカデミー賞の助演女優賞に弱冠13歳でノミネートされた。この作品での演技の評価は高く、アカデミー以外でも各地の映画賞でノミネートされ、受賞もしている。アイルランドを代表する映画・テレビ賞（Irish Film and Television Awards）の新人賞（Rising Star Award）に輝いた。

　ピーター・ジャクソン監督の『ラブリーボーン』（The Lovely Bones, 2009）で、死んだ後も残された家族を守ろうとする健気で必死な少女役で話題を呼んだ。主役として初めてメジャーになった作品だった。日本でも公開されたが、大ヒットというまでにはいかなかったようだ。日本のアニメ映画『借りぐらしのアリエッティ』の英語吹き替え版（イギリスバージョン）で主人公アリエッティ役に起用されている。

　その後も、主役としての実績を着々と重ねている。『天使の処刑人　バイオレット＆デイジー』（Violet & Daisy, 2011）では若いコンビの殺し屋の片割れ役。女性アイドルの新作ドレスを買うために、2人で殺人を引き受けた。簡単に済むはずが、ターゲットの男と話をしているうちに、意外な方向にストーリーが動き、窮地に追い込まれる。

　再びジョー・ライト監督と組んだ『ハンナ』（Hanna, 2011）では、北欧の雪深い場所で殺人機械のように育てられた少女が、自分を殺そうとする冷徹な女性CIA捜査官と対峙する。無表情で殺人を繰り返す演技は、すでにベテランの風格も漂う。ケイト・ブランシェット演じる捜査官に迫力でもひけをとらないパフォーマンスを見せてくれる。

　アイルランドの観光地ブレイや、コーク州などで

撮影されたニール・ジョーダン監督の『ビザンチウ
ム』（Byzantium, 2012）でも主演した。いわば、
同監督の『インタビュー・ウィズ・ヴァンパイア』
（Interview with the Vampire, 1994）の主役を
女性にしたバージョンとも言うべき作品で、隠れな
がらバンパイアとして生きていく姿を演じた。人間
の血を求める一方で、人間との恋も育んでいきたい
と望む複雑な役に挑んだ。

　謎の知的生命体「ソウル」に侵略された地球を
舞台にした『ザ・ホスト　美しき侵略者』（The
Host, 2013）に主演し、ＳＦにも果敢にチャレン
ジしている。ソウルは人間に寄生し、意識を支配し
てしまう。隠れて生活していたが、見つかって寄生
され、一つの体に人間と別の生命体の魂が存在す
る難しい役を務めた。

　若くして、さまざまな役に取り組んできたシアー
シャ・ローナン。残念ながらアイルランドを題材に
した映画への出演はまだ少ないものの、その中でも
アイルランド出身の映画監督ジョン・クローリーと
組んだ『ブルックリン』（Brooklyn, 2015）は、
評価も内容も彼女の代表作として位置付けられるだ
ろう。1950 年代にアメリカに移民したアイルランド
人エイリシュ役に起用された。アメリカに残した夫
と、母国でできた恋人との間で心が揺れる。第 88
回米国アカデミー賞の主演女優賞にノミネートされ
た。まさに、彼女の彼女による彼女のための映画だ
と言える。アイルランド女優としての面目躍如だが、
残念ながら受賞は逃した。田舎の高校からニュー
ヨークの大学への進学を夢見る少女が主人公の映画
『レディ・バード』で第 90 回米国アカデミー賞主
演女優賞に再びノミネートされた。

　アイルランド映画界を背負っていく最前線に立つ
女優であることを期待されており、これからもその
地位を保ち続けていくことは間違いない。

（前村　敦）

主な出演作品

2003	The Clinic（〜 04）（TV Series）
2007	Atonement
2008	City of Ember
2009	The Lovely Bones
2010	The Way Back
2011	Violet & Daisy
2011	Hanna
2012	Byzantium
2013	The Host
2014	The Grand Budapest Hotel
2015	Brooklyn
2017	Lady Bird

Column

映画を支える実力派たち

　ハリウッド映画で主役を張っていたり、大ヒット作で重要な役割を演じたりしていても、日本でアイルランド人として知られている俳優は少ない。このコラムでは、あまり認知されてはいないが、作品を引き締めているアイルランド（北アイルランドを含む）の俳優に焦点を当ててみる（順不同）。

　男優
　〔エイドリアン・ダンバー、Adrian Dunbar〕1958年、北アイルランドのエニスキレン生まれ。クールにも見えるが、どこか抜けている人物役も絶品だ。『ヒア・マイ・ソング』では、恋人の心をつなぎとめるため、一念発起して伝説の歌手をアイルランドに探しに行く主人公を演じた。ノーザン・アイルランド・フィルム・フェスティバル2008（Northern Ireland Film Festival 2008）で日本でも公開された『ミキボーと僕』（Mickybo and Me,2004）では主人公の少年の父親役として、せつない姿が目に焼きつく。
　〔コルム・ミーニイ、Colm Meaney〕1953年、ダブリン生まれ。下町の父親と言えば、この人をおいてほかにはいない。ダブリンの庶民を描いた『スナッパー』（The Snapper,1993）では、未婚の娘の妊娠騒動で右往左往する父親役が印象的。職を求めてイギリスに渡った若者たちの数十年後の姿を描いた映画『キングス』（Kings, Northern Ireland Film Festival 2008で公開）では、イギリス社会で成功し、アイルランド語も話さなくなっているが、内面にはさまざまな葛藤を抱える人物を演じた。
　〔ジェラルド・マクソーリー、Gerard McSorley〕1950年、北アイルランドのオマー生まれ。どんな役も自然に演じ分けられる、玄人受けする俳優だ。北アイルランドで1998年に起きた爆弾テロとその後を描いたテレビ映画『オマー』（Omagh,2004）で、爆発の巻き添えになって死んだ息子の父親を演じた。「なぜ息子が死ななければならなかったのか」を問い続ける姿が目に焼きつく。『ヴェロニカ・ゲリン』には、麻薬組織の凶悪なボスとして登場する。
　〔ジョン・リンチ、John Lynch〕1961年、北アイルランド生まれ。パット・オコナー監督の『キャル』では、プロテスタントの年上の女性とのかなわぬ恋に悩む役。テリー・ジョージ監督のSome Mother's Son（1996）では、北アイルランドのIRAメンバーでハンガーストライキの結果死んだ実在の人物ボビー・サンズ役になり切っていた。
　〔キアラン・ハインズ、Ciarán Hinds〕1953年、ベルファスト生まれ。最近、最も脂が乗っている俳優と言っていいだろう。『ヴェロニカ・ゲリン』で主人公の女性ジャーナリストへの情報提供者に扮している。アメリカのアカデミー賞短編実写映画賞を獲得した『海岸』（The Shore,2011）といったアイルランドを舞台にした映画で主役を務めている。
　〔ドナル・マッカン、Donal McCann〕1943〜1999年、ダブリン生まれ。『ザ・デッド』などで味わい深い演技を見せてくれた。ボブ・クイン監督のアイルランド語映画Poitín（1978）にも出演。アメリカからやって来た甥との間の壁をなかなか崩せない男を演じた『ネフュー』（The Nephew,1998）が、アイルランド映画としては遺作となった。
　〔エイダン・ギレン、Aidan Gillen〕1968年、ダブリン生まれ。幅広いキャラクターを演じる貴重な役者だ。Some Mother's SonではIRAのテロに参加して捕まり、刑務所でハンガーストライキに入る青年役。『シング・ストリート　未来へのうた』（Sing Street,2016）では主人公の高校生の冴

えない父親役になっている。

　最近の注目株では、ホビットシリーズで、ドワーフ役の一人を演じたエイダン・ターナー（Aidan Turner）、BBCドラマ『シャーロック』のモリアーティー役で知られるアンドリュー・スコット（Andrew Scott）、イギリスのテレビドラマシリーズ『魔術師マーリン』で主役に抜擢された北アイルランド出身のコリン・モーガン（Colin Morgan）らがいる。

　このほかにもすべての名前を挙げられないが、ショーン・マッギンレー（Sean McGinley）、リアム・カニンガム（Liam Cunningham）、エイモン・オーエンズ（Eamonn Owens）、デヴィッド・ウイルモット（David Wilmot）、ジョン・カバナー（John Kavanagh）、フランキー・マカファティー（Frankie McCafferty）など、ひと癖もふた癖もある俳優が目白押しだ。

女優
〔マリア・ドイル・ケネディー、Maria Doyle Kennedy〕1964年、ダブリン生まれ。『ザ・コミットメンツ』『ジェネラル　天国は血の匂い』『ナッシング・パーソナル』など日本で公開されたアイルランド映画に数多く出演している。端正な顔立ちで、気の強そうな態度をする半面、優しさも持ち合わせている姿が印象深い。『ザ・コミットメンツ』では得意のコーラスも披露。『シング・ストリート　未来へのうた』では、ロックバンドを組む息子の母親役だった。
〔ブローナ・ギャラハー、Bronagh Gallagher〕1972年、デリー（北アイルランド）生まれ。その容姿と、あくの強い演技が目に焼き付いてしまう。『ザ・コミットメンツ』でブレイク。北アイルランドが舞台の『ハリーに夢中』ではエイドリアン・ダンバーのカウンターパートとなる弁護士役で「知的」な姿も見せる。『アルバート氏の人生』で演じた、主人公の友人の健気な「夫人」役も地味だが印象深い。
〔アンジェリン・ボール、Angeline Ball〕マリア・ドイル・ケネディー、ブローナ・ギャラハーとともに、『ザ・コミットメンツ』のバンドのコーラス役。

キュートな顔立ちが魅力的だ。『ジェネラル　天国は血の匂い』では主人公マーティン・カハルを姉（マリア・ドイル・ケネディー）と2人で「共有」する役どころ。『アルバート氏の人生』で、マリア・ドイル・ケネディー、ブローナ・ギャラハーと3人が再び顔を合わせている。

〔ルース・マッケイブ、Ruth McCabe〕『マイ・レフトフット』の主人公クリスティ・ブラウンの世話をする看護師（のちに妻）役でデビュー。その後、『スナッパー』などで母親役を演じるようになった。『プルートで朝食を』では、主人公の意地の悪い義理の母親に扮している。

〔ニアヴ・キューザック、Niamh Cusack〕1959年、ダブリン生まれ。アイルランドの名優シリル・キューザックの娘。『フールズ・オブ・フォーチュン』では、主人公ウイリー・クイントンの家のメイド役。アイルランドの田舎町が舞台の『クローサー・ユー・ゲット』、旅芸人の姿を描いた『トゥルーラブ』にも出演した。

〔フィオナ・ショー、Fiona Shaw〕1958年、コーク生まれ。ハリー・ポッターシリーズで、ハリーの憎々しげなおば役として有名になった。『ブッチャー・ボーイ』でも主人公の同級生のエキセントリックな母親役として、同様の雰囲気を出している。『マイ・レフトフット』では主人公クリスティ・ブラウンの主治医を演じている。

〔フィヌーラ・フラナガン、Fionnula Flanagan〕1941年、ダブリン生まれ。日本語で「フィオヌラ」と表記されることがほとんどだが、正しい発音は「フィヌーラ」あるいは「フィネアラ」。*Some Mother's Son* で、刑務所の中でハンガーストライキをするIRA メンバーの息子を助けようと必死になる母親の姿が記憶に残る。

　このほかにも、ジェラルディン・オロウ（Geraldine O'Rawe）、スーザン・リンチ（Susan Lynch）、フィオナ・グラスコット（Fiona Glascott）など、一度見たら忘れられない女優がたくさんいる。ぜひスクリーンで探してほしい。

（前村　敦）

あとがき

　1980年代くらいまでの日本では、一般的に「アイルランド映画」として連想されるのは、『アラン』、『静かなる男』、『ライアンの娘』といった、イギリスやアメリカで制作された作品であった。けれどもオスカーを受賞したことで『マイ・レフトフット』が話題になり、NHKなどで繰り返し放送された。筆者はアイルランド近現代史を専門としていたが、その頃からアイルランド関係の映画リストを作り始めた。アイルランドが制作に関わっているか否かにかかわらず、アイルランドを舞台にしている、もしくはアイルランドの文化・社会、歴史をテーマにしているものを広義の「アイルランド映画」と規定したうえでの作業である。

　当時はインターネット検索などができなかったので、リスト作りは容易ではなかった。けれども少しずつ作業が進捗し、それを素材にして、1993年3月に日本アイルランド協会主催のSt.Patrick's Dayの集いにおいて、「新世代のアイリッシュ・シネマ」という演題で講演する機会をいただいた。アイルランドの映画制作の歴史と近年の活況についてご紹介したところ、多くの方々から強い関心を寄せられ、これらの声に力を得て、アイルランド映画研究に本腰を入れることになった。

　日本の人たちにアイルランド映画をもっと知ってほしいという思いは、やがてアイルランド映画祭開催という夢の実現につながっていく。宮地裕美子さんとは映画祭の準備過程で知り合った。資金確保は大仕事だったが、作品選びにも大変な苦労があった。ダブリンのアイリッシュ・フィルム・アーカイブまで出向いて候補作選びをしたりもした。多大な困難の末に、多くの人々の熱意と支援に支えられて、1996年2月15日から19日まで、東京の草月ホールにて日本初のアイルランド映画祭を開催することができた。上映作品は『エンジェル』（1982）、『白馬の伝

説』(1992)、『フィオナの海』(1994)、『ダブリン・バスのオスカー・ワイルド』(1994)、『サークル・オブ・フレンズ』(1995)、『ナッシング・パーソナル』(1995) の 6 本である。『エンジェル』はニール・ジョーダン監督のデビュー作であるが、『殺人天使』のタイトルでヴィデオは出ていたものの、劇場未公開の作品。『ダブリン・バスのオスカー・ワイルド』は配給権がありながら公開予定がなく、映画祭で日の目を見ることになったもので、我々で邦題をつけ、字幕を手配したという思い出深い作品である。

　映画祭ゲストとしてアイルランドから『ナッシング・パーソナル』のサディアス・オサリヴァン監督が来日し、映画評論家の淀川長治氏や、実行委員にも名前を連ねてくれた白井佳夫氏にジョン・フォードやジョン・ヒューストンなど、アイルランドにゆかりの深い往年の名監督のことを舞台上で熱く語っていただいた。第一に招聘したかったのは、ニール・ジョーダン監督であったが、『マイケル・コリンズ』の撮影に入っていた時期だったために、調整がつかず実現しなかった。しかし、当時の日本においては、ほとんど知られていなかったオサリヴァン監督を広く紹介できた意義は少なくなかった。その後、同監督はハリウッドに進出し、知名度も格段にアップすることになる。

　映画祭にかかわった委員のうち、日本アイルランド協会の会員でもある筆者たち有志が、協会の活動の一環として、アイルランド文化研究会を発足させた。ほぼ毎月定期的に開催し、映画講座のほか、アイルランドの音楽、食文化、スポーツ、フォークロアなど様々なテーマを取り上げた。研究会の成果としては『図説アイルランド』(上野格と共著　河出書房新社 1999 年) がある。一時期休会していたが、現在は再開し地道な活動を続けている。

　筆者は成城大学文芸学部の非常勤講師として、アイルランド映画をテクストに、アイルランドの歴史と文化についての講義を担当している。本書の第 2 章で取り上げた作品論の多くは、講義の準備用に作成したノートがもとになっている。宮地裕美子さんは長らくゲール語を学び、

毎日ウィークリーの記者として、パット・オコナーやニール・ジョーダン、キリアン・マーフィーを含む来日映画人をインタビューした経歴を持つ。前村敦さんは学生時代にアイルランドのフォークロアを専攻し、ゴールウェイに長年通ううちに、当地在住の映画監督ボブ・クインと出会い、「映画のことを書き続けるように」といわれた言葉を糧にしているという。

　文化研究会にてアイルランド映画講座を一緒に続けてきた二人に筆者が声を掛け、出版を構想してから実に6年以上の月日がたってしまった。本書の全体的な構成は岩見が考え、3名で執筆を分担した。巻末資料のうち、日本での公開作品リスト、歴史略年表、アイルランド映画史年表は岩見が担当し、地図と人名索引は宮地が担当して地名や人名の表記統一をはかった。また、本文に掲載したアイルランドの写真は、宮地と前村が現地で撮影したものである。

　最後になりましたが、私たちが持ち込んだ企画の出版を認めていただいた論創社の森下紀夫社長、辛抱強く原稿が届くのを待っていてくれた編集の松永裕衣子さん、画像の照会などでお世話になった駐日アイルランド大使館広報・文化担当官のアッシュリン・ブレーデンさん、同アシスタントの上村智子さん、そのほか様々な面で支援していただいた皆様に篤く御礼申し上げます。

2018年5月

岩見寿子

資料

*日本で公開されたアイルランド映画リスト
*アイルランド歴史略年表
*アイルランド映画史年表
*アイルランド全土地図

*人名索引
*映画題名索引

日本で公開されたアイルランド映画リスト（2018年2月現在）

【凡例】

*西暦は制作年を示す（IMDbのデータに依拠）

*年/月/日は日本での劇場公開年月日を示す（allcinemaのデータに依拠）

*劇場未公開の場合の記号：

（V）劇場公開されずヴィデオまたはDVDがリリース

（TV）劇場公開されずBSやCS等のテレビで放映

（映画祭）日本で開催された映画祭で上映

参考ウェブサイト：

◆ Internet Movie Database

http://us.imdb.com/

◆ allcinema online

http://www.allcinema.net/prog/index2.php

●血涙の志士　*Hangman's House*

1928年　1928/10/　アメリカ　サイレント

監督：ジョン・フォード

出演：ヴィクター・マクラグレン、ホバート・ボズワース

●ジュノーと孔雀　*Juno and the Paycock*

1929年　未公開（V）　イギリス

監督：アルフレッド・ヒッチコック

出演：サラ・オールグッド、バリー・フィッツジェラルド

●アラン　*Man of Aran*

1934年　1935/03/　イギリス

監督：ロバート・フラハティ

出演：コールマン・キング、マリー・ディレイン

●男の敵　*The Informer*

1935年　1935/08/　アメリカ

監督：ジョン・フォード

出演：ヴィクター・マクラグレン、ヘザー・エンジェル

●市街戦　*Beloved Enemy*

1936年　未公開（V）　アメリカ

監督：ヘンリー・C・ポッター

出演：ブライアン・エイハーン、マール・オベロン

●邪魔者は殺せ　*Odd Man Out*

1947年　1951/8/28　イギリス

監督：キャロル・リード

出演：ジェームズ・メイソン、キャサリン・ライアン

●静かなる男　*The Quiet Man*

1952年　1953/3/3　アメリカ

監督：ジョン・フォード

出演：ジョン・ウェイン、モーリン・オハラ

●ジェントル・ガンマン　*The Gentle Gunman*

1952年　未公開（V）　イギリス

監督：ベイジル・ディアデン

出演：ダーク・ボガード、ジョン・ミルズ

●自由の旗風　*Captain Lightfoot*

1955年　1955/3/26　アメリカ

監督：ダグラス・サーク

出演：ロック・ハドソン、バーバラ・ラッシュ

●月の出の脱走　*The Rising of the Moon*

1957年　1959/　アイルランド

監督：ジョン・フォード

出演：ノエル・パーセル、シリル・キューザック

●地獄で握手しろ　*Shake Hands with the Devil*
1959 年　1959/8/12　アメリカ
監督：マイケル・アンダーソン
出演：ジェームズ・キャグニー、ドン・マレー

●四つの願い　*Darby O'Gill and the Little People*
1959 年　1960/3/23　アメリカ
監督：ロバート・スティーヴンソン
出演：アルバート・シャープ、ショーン・コネリー

●ディメンシャ 13　*Dementia 13*
1963 年　未公開 (V)　アメリカ
監督：フランシス・フォード・コッポラ
出演：ウィリアム・キャンベル、ルアナ・アンダーズ

●若き日のキャシディ　*Young Cassidy*
1965 年　未公開 (TV)　イギリス
監督：ジャック・カーディフ、ジョン・フォード
出演：ロッド・テイラー、フローラ・ロブソン

●ライアンの娘　*Ryan's Daughter*
1970 年　1971/4/24　イギリス
監督：デヴィッド・リーン
出演：サラ・マイルズ、ロバート・ミッチャム

●ロバート・アルトマンのイメージズ　*Images*
1972 年　未公開 (V)　アイルランド
監督：ロバート・アルトマン
出演：スザンナ・ヨーク、ルネ・オーベルジョノワ

●マッキントッシュの男　*The Mackintosh Man*
1973 年　1974/2/9　アメリカ
監督：ジョン・ヒューストン
出演：ポール・ニューマン、ドミニク・サンダ

●地獄の殺戮都市　*A Quiet Day in Belfast*
1974 年　未公開 (V)　アメリカ
監督：ミラド・ベサダ
出演：マーゴット・キダー、バリー・フォスター

●怒りの日　*Hennessy*
1975 年　1975/10/25　イギリス
監督：ドン・シャープ
出演：ロッド・スタイガー、リー・レミック

●バリー・リンドン　*Barry Lyndon*
1975 年　1976/7/3　イギリス
監督：スタンリー・キューブリック
出演：ライアン・オニール、マリサ・ベレンソン

●男と女のアバンチュール/紫のタクシー　*Un Taxi Mauve / The Purple Taxi*
1977 年　未公開 (V)　フランス、イタリア、アイルランド
監督：イヴ・ボワセ
出演：シャーロット・ランプリング、フレッド・アステア

●光年のかなた　*Light Years Away / Les Annees Lumieres*
1980 年　1985/1/22　フランス、スイス
監督：アラン・タネール
出演：トレヴァー・ハワード、ミック・フォード

●エクスカリバー　*Excalibur*
1981 年　1981/10　イギリス
監督：ジョン・ブアマン
出演：ナイジェル・テリー、ヘレン・ミレン

●殺人天使　*Angel*
1982 年　未公開 (V/ 映画祭)　アイルランド、イギリス
監督：ニール・ジョーダン
出演：スティーヴン・レイ、アラン・デヴリン

●あの頃に帰りたい　*How Many Miles to Babylon?*
1982 年　未公開 (V)　イギリス
監督：モイラ・アームストロング
出演：ダニエル・デイ＝ルイス、クリストファー・フェアバンク

●キャル　*Cal*
1984 年　1989/9/22　イギリス
監督：パット・オコナー
出演：ジョン・リンチ、ヘレン・ミレン

●7月、ある4日間　*Four Days in July*
1985 年　未公開（映画祭）イギリス
監督：マイク・リー
出演：ブリッド・ブレナン、スティーヴン・レイ

●ザ・デッド／「ダブリン市民」より　*The Dead*
1987 年　1988/9/3　アメリカ
監督：ジョン・ヒューストン
出演：ドナル・マッキャン、アンジェリカ・ヒューストン

●死にゆく者への祈り　*A Prayer for the Dying*
1987年　1989/01/20　イギリス
監督：マイク・ホッジス
出演：ミッキー・ローク、リーアム・ニーソン

●孤独のヒーロー　タフィン　*Taffin*
1987年　1989/6/2　イギリス
監督：フランシス・メガヒー
出演：ピアース・ブロスナン、アリソン・ドゥーディ

●マーティン・シーンの da ゴーストになったパパ　*Da*
1988年　未公開（V）　アメリカ
監督：マット・クラーク
出演：マーティン・シーン、バーナード・ヒューズ

●青い夜明け　*The Dawning*
1988年　1992/5/23　イギリス
監督：ロバート・ナイツ
出演：レベッカ・ピジョン、アンソニー・ホプキンス

●ブランケット城への招待状　*High Spirits*
1988年　1989/9/15　アメリカ
監督：ニール・ジョーダン
出演：ピーター・オトゥール、ダリル・ハンナ

●ザ・クーリア　*The Courier*
1988年　未公開（V）　アイルランド
監督：フランク・ディージー、ジョー・リー
出演：ガブリエル・バーン、イアン・バネン

●マイ・レフトフット　*My Left Foot*
1989年　1990/4/6　イギリス、アイルランド
監督：ジム・シェリダン
出演：ダニエル・デイ＝ルイス、ブレンダ・フリッカー

●フールズ・オブ・フォーチュン　*Fools of Fortune*
1990年　1992/9/5　イギリス
監督：パット・オコナー
出演：イアン・グレン、メアリー・エリザベス・マストラントニオ

●ザ・フィールド　*The Field*
1990年　未公開（V）　アメリカ
監督：ジム・シェリダン
出演：リチャード・ハリス、ブレンダ・フリッカー

●スターダスト　*The Miracle*
1990年　1991/6/1　イギリス
監督：ニール・ジョーダン
出演：ビヴァリー・ダンジェロ、ドナル・マッカン

●12月の花嫁　*December Bride*
1990年　未公開（TV/映画祭）　イギリス、アイルランド
監督：サディアス・オサリヴァン
出演：サスキア・リーヴズ、ドナル・マッカン

●ブラック・アジェンダ　隠された真相　*Hidden Agenda*
1990年　未公開（TV）　イギリス
監督：ケン・ローチ
出演：フランシス・マクドーマンド、ブライアン・コックス

●おやすみベイビー　*Hush-a-Bye Baby*
1990年　未公開（映画祭）　イギリス、アイルランド
監督：マーゴ・ハーキン
出演：エマー・マッコート、シンニード・オコナー

●秋の旅路　*A Green Journey*
1990年　未公開（TV）　アメリカ
監督：ジョセフ・サージェント
出演：アンジェラ・ランズベリー、デンホルム・エリオット

●ザ・コミットメンツ　*The Commitments*
1991年　1991/12/21　アイルランド
監督：アラン・パーカー
出演：ロバート・アーキンズ、コルム・ミーニイ

●ヒア・マイ・ソング　*Hear My Song*
1991年　1992/12/19　イギリス
監督：ピーター・チェルソム
出演：エイドリアン・ダンバー、ジェームズ・ネズビット

●クライング・ゲーム　*The Crying Game*
1992年　1993/6/19　イギリス
監督：ニール・ジョーダン
出演：スティーヴン・レイ、ジェイ・デヴィッドソン

●遙かなる大地へ　*Far and Away*
1992年　1992/07/18　アメリカ
監督：ロン・ハワード
出演：トム・クルーズ、ニコール・キッドマン

●トゥルー・ラブ　*The Playboys*
1992 年　未公開 (V)　アメリカ
監督：ギリーズ・マッキノン
出演：エイダン・クイン、ロビン・ライト

●白馬の伝説　*Into the West*
1992 年　1994/08/13　アイルランド　イギリス
監督：マイク・ニューウェル
出演：ガブリエル・バーン、エレン・バーキン

●スナッパー（ビデオ題名：スナッパー/私のパパはだれ）　*The Snapper*
1993 年　1994/7/30　イギリス
監督：スティーヴン・フリアーズ
出演：コルム・ミーニイ、ティナ・ケラハー

●父の祈りを　*In the Name of the Father*
1993 年　1994/4/16　イギリス、アメリカ
監督：ジム・シェリダン
出演：ダニエル・デイ＝ルイス、エマ・トンプソン

●レプリコーン　*Leprechaun*
1993 年　1993/08/21　アメリカ
監督：マーク・ジョーンズ
出演：ワーウィック・デイヴィス、ジェニファー・アニストン

●フィオナの海　*The Secret of Roan Inish*
1994 年　1996/8/3　アメリカ
監督：ジョン・セイルズ
出演：ジェニ・コートニー、ミック・ラリー

●ダブリン・バスのオスカー・ワイルド　*A Man of No Importance*
1994 年　未公開（映画祭/TV）アイルランド、イギリス
監督：スリ・クリシュナーマ
出演：アルバート・フィニー、ブレンダ・フリッカー

●ブローン・アウェイ／復讐の序曲　*Blown away*
1994 年　1994/11/03　アメリカ
監督：スティーヴン・ホプキンス
出演：ジェフ・ブリッジス、トミー・リー・ジョーンズ

●草原とボタン　*War of the Buttons*
1994 年　1998/1/15　イギリス
監督：ジョン・ロバーツ
出演：グレッグ・フィッツジェラルド、コルム・ミーニイ

●サークル・オブ・フレンズ　*Circle of Friends*
1995 年　1996/10/26　アイルランド、アメリカ
監督：パット・オコナー
出演：ミニー・ドライヴァー、クリス・オドネル

●ナッシング・パーソナル　*Nothing Personal*
1995 年　1997/2/1　アイルランド、イギリス
監督：サディアス・オサリヴァン
出演：ジョン・リンチ、イアン・ハート

●ドリフトウッド　硝子の檻　*Driftwood*
1995 年　1997/10/11　アイルランド
監督：ローナン・オリアリー
出演：ジェームズ・スペイダー、アンヌ・ブロシェ

●フランキー・スターライト　世界で一番素敵な恋　*Frankie Starlight*
1995 年　1996/6/1　イギリス、フランス、アイルランド
監督：マイケル・リンゼイ・ホッグ
出演：アンヌ・パリロー、ガブリエル・バーン

●ジーン&ケイトの人生ゲーム　*Snakes and Ladders*
1996 年　未公開 (V)　アイルランド、ドイツ、イギリス
監督：トリッシュ・マクアダム
出演：ポム・ボイド、ジーナ・モクスレイ

●スティーヴン・フリアーズのザ・ヴァン　*The Van*
1996 年　未公開 (TV)　イギリス、アイルランド
監督：スティーヴン・フリアーズ
出演：コルム・ミーニイ、ドナル・オーケリー

●ザ・ブレイク　*A Further Gesture*
1996 年　1998/07/11　イギリス
監督：ロバート・ドーンヘルム
出演：スティーヴン・レイ、ブレンダン・グリーソン

●友情の翼　*The Brylcreem Boys*
1996 年　1998/10/10　イギリス
監督：テレンス・ライアン
出演：ビル・キャンベル、ガブリエル・バーン

●マイケル・コリンズ　*Michael Collins*
1996 年　1997/03/01　アメリカ
監督：ニール・ジョーダン
出演：リーアム・ニーソン、アラン・リックマン

v

●デビル　*The Devil's Own*
1997年　1997/04/05　アメリカ
監督：アラン・J・パクラ
出演：ハリソン・フォード、ブラッド・ピット

●恋はワンダフル!?　*The MatchMaker*
1997年　1999/07/10　イギリス、アメリカ
監督：マーク・ジョフィ
出演：ジャニーン・ガロファロー、デヴィッド・オハラ

●ボクサー　*The Boxer*
1997年　1998/06/13　アメリカ
監督：ジム・シェリダン
出演：ダニエル・デイ＝ルイス、エミリー・ワトソン

●ブッチャーボーイ　*The Butcher Boy*
1997年　未公開 (V)　アイルランド
監督：ニール・ジョーダン
出演：エイモン・オーウェンズ、スティーヴン・レイ

●アイ・ウェント・ダウン　*I Went Down*
1997年　未公開 (映画祭)　アイルランド、イギリス
監督：パディ・ブレスナック
出演：ブレンダン・グリーソン、ピーター・マクドナルド

●フィオナが恋していた頃　*This Is My Father*
1998年　2000/10/21　アメリカ
監督：ポール・クイン
出演：ウーピー・ゴールドバーグ、コルム・ミーニイ

●ネフュー　*The Nephew*
1998年　2000/07/01　アイルランド
監督：ユージン・ブレイディ
出演：ピアース・ブロスナン、ドナル・マッカン

●ディボーシング・ジャック　*Divorcing Jack*
1998年　2001/06/16　イギリス
監督：デヴィッド・キャフリー
出演：デヴィッド・シューリス、レイチェル・グリフィス

●ウェイクアップ！ネッド　*Waking Ned*
1998年　1999/09/25　イギリス
監督：カーク・ジョーンズ
出演：ダーモット・ヒーリー、スティーヴン・レイ

●極悪人　*Resurrection Man*
1998年　未公開 (V)　イギリス
監督：マーク・エヴァンズ
出演：スチュアート・タウンゼント、ジェームズ・ネズビット

●ジェネラル　天国は血の匂い　*The General*
1998年　未公開 (V)　イギリス
監督：ジョン・ブアマン
出演：ブレンダン・グリーソン、ジョン・ヴォイト

●ブサイクな妖精／愛しのレプリコーン　*The Last Leprechaun*
1998年　未公開 (V)　アメリカ
監督：デヴィッド・リスター
出演：ヴェロニカ・ハーメル、デヴィッド・ワーナー

●サンセット・ハイツ　*Sunset Heights*
1999年　未公開 (映画祭)　アイルランド
監督：コルム・ヴィラ
出演：トビー・スティーヴンス、ジェームズ・コズモ、

●レプリコーン／妖精伝説　*The Magical Legend of the Leprechauns*
1999年　未公開 (V)　アメリカ
監督：ジョン・ヘンダーソン
出演：ウーピー・ゴールドバーグ、コルム・ミーニイ

●追憶のアイルランド　*I Could Read the Sky*
1999年　未公開 (TV)　アイルランド、イギリス
監督：ニコラ・ブルース
出演：ダーモット・ヒーリー、スティーヴン・レイ

●いつまでも二人で　*With or Without You*
1999年　2000/11/03　イギリス、アメリカ
監督：マイケル・ウィンターボトム
出演：デヴラ・カーワン、クリストファー・エクルストン

●フェリシアの旅　*Felicia's Journey*　（DVD題名：フェリシア）
1999年　2000/03/18　カナダ、イギリス
監督：アトム・エゴヤン
出演：ボブ・ホスキンス、エレイン・キャシディ

●アンジェラの灰　*Angela's Ashes*
1999年　2000/10/28　アイルランド、アメリカ
監督：アラン・パーカー
出演：エミリー・ワトソン、ロバート・カーライル

●ジョージ・ベスト／伝説のドリブラー　*Best*
2000 年　未公開 (TV)　イギリス
監督：メアリー・マガキアン
出演：ジョン・リンチ、イアン・ハート

●マンボ！マンボ！マンボ！　*Mad About Mambo*
2000 年　2001/07/14　イギリス
監督：ジョン・フォルト
出演：ケリー・ラッセル、ブライアン・コックス

●アバウト・アダム　アダムにも秘密がある　*About Adam*
2000 年　未公開 (V)　アイルランド、イギリス、アメリカ
監督：ジェラルド・ステンブリッジ
出演：スチュアート・タウンゼント、ケイト・ハドソン

●クローサー・ユー・ゲット　*The Closer You Get*
2000 年　2000/07/22　アイルランド
監督：アイリーン・リッチー
出演：イアン・ハート、ニアヴ・キューザック

●私が愛したギャングスター　*Ordinary Decent Criminal*
2000 年　2000/12/16　イギリス
監督：サディアス・オサリヴァン
出演：ケヴィン・スペイシー、ピーター・ミュラン

●ピース・ピープル　*An Everlasting Piece*
2000 年　未公開 (V)　アメリカ
監督：バリー・レヴィンソン
出演：バリー・マカヴォイ、ブライアン・F・オバーン

●ハリーに夢中　*Wild About Harry*
2000 年　未公開（映画祭）イギリス
監督：デクラン・ラウニー
出演：ブレンダン・グリーソン、アマンダ・ドノホー

●ノーラ・ジョイス　或る小説家の妻　*Nora*
2000 年　2001/11/03　アイルランド、イギリス、イタリア、ドイツ
監督：パット・マーフィー
出演：ユアン・マクレガー、スーザン・リンチ

●アイルランド・ライジング　*Rebel Heart*
2001 年　未公開 (V)　イギリス
監督：ジョン・ストリックランド
出演：ジェームズ・ダーシー、フランク・ラヴァーティ

●オン・エッジ　19 歳のカルテ　*On the Edge*
2001 年　未公開 (TV)　アイルランド
監督：ジョン・カーニー
出演：キリアン・マーフィー、スティーヴン・レイ

●眠れる野獣　*As the Beast Sleeps*
2002 年　未公開（映画祭）イギリス
監督：ハリー・ブラッドビア
出演：スチュアート・グレアム、デヴィッド・ヘイマン

●ブラディ・サンデー　*Bloody Sunday*
2002 年　未公開 (V)　イギリス、アイルランド
監督：ポール・グリーングラス
出演：ジェームズ・ネズビット、ジェラルド・マクソーリー

●エヴリン（別名：エヴリンの祈り、天使の約束）　*Evelyn*
2002 年　未公開 (TV)　アイルランド、アメリカ、イギリス
監督：ブルース・ベレスフォード
出演：ピアース・ブロスナン、ジュリアナ・マルグリーズ

●マグダレンの祈り　*The Magdalene Sisters*
2002 年　2003/10/11　イギリス、アイルランド
監督：ピーター・ミュラン
出演：ジェラルディン・マクイーワン、ノラ＝ジェーン・ヌーン

●ダブリン上等！　*Intermission*
2003 年　2005/02/19　アイルランド、イギリス
監督：ジョン・クローリー
出演：キリアン・マーフィー、コリン・ファレル

●ヴェロニカ・ゲリン　*Veronica Guerin*
2003 年　2004/05/29　アメリカ
監督：ジョエル・シューマッカー
出演：ケイト・ブランシェット、ジェラルド・マクソーリー

●カウボーイズ & エンジェルズ　*Cowboys & Angels*
2003 年　未公開（映画祭）アイルランド
監督：デヴィッド・グリーソン
出演：マイケル・リッジ、アレン・リーチ

●ゴールドフィッシュ・メモリー　*Goldfish Memory*
2003 年　未公開（映画祭）アイルランド
監督：リズ・ギル
出演：フローラ・モンゴメリー、スチュアート・グレアム

●アダムとポール　*Adam & Paul*
2004 年　未公開（TV）アイルランド
監督：レニー・アブラハムソン
出演：トム・マーフィー、マーク・オハロラン

●オマー　*Omagh*
2004 年　未公開（映画祭）イギリス、アイルランド
監督：ピート・トラヴィス
出演：ジェラルド・マクソーリー、ブレンダ・フリッカー

●ダンシング・インサイド / 明日を生きる　*Inside I'm Dancing*
2004 年、未公開（TV）アメリカ、アイルランド、フランス
監督：ダミアン・オドネル
出演：スティーヴン・ロバートソン、ジェームズ・マカヴォイ

●ミキボーと僕　*Mickybo and Me*
2004 年　未公開（映画祭）イギリス
監督：テリー・ローアン
出演：エイドリアン・ダンバー、ジュリー・ウォルターズ

●プルートで朝食を　*Breakfast on Pluto*
2005 年　2006/06/10　アイルランド、イギリス
監督：ニール・ジョーダン
出演：キリアン・マーフィー、リーアム・ニーソン

●麦の穂をゆらす風　*The Wind That Shakes The Barley*
2006 年　2006/11/18　イギリス、アイルランド、
ドイツ、イタリア、スペイン
監督：ケン・ローチ
出演：キリアン・マーフィー、ポードリック・ディレーニー

●デリー・ダイアリー：ブラディ・サンデーのその後
Bloody Sunday: A Derry Diary　ドキュメンタリー
2006 年　未公開（映画祭）ドイツ、イギリス、アイルランド
監督：マーゴ・ハーキン

● ONCE ダブリンの街角で　*Once*
2007 年　2007/11/03　アイルランド
監督：ジョン・カーニー
出演：グレン・ハンサード、マルケタ・イルグロヴァ

●あの日の指輪を待つきみへ　*Closing the Ring*
2007 年　2008/07/19　イギリス、カナダ、アメリカ
監督：リチャード・アッテンボロー
出演：シャーリー・マクレーン、ミーシャ・バートン

●Ｐ．Ｓ．アイラヴユー　*P.S. I Love You*
2007 年　2008/10/18　アメリカ
監督：リチャード・ラグラヴェネーズ
出演：ヒラリー・スワンク、ジェラルド・バトラー

●キングス　*Kings*
2007 年　未公開（映画祭）アイルランド、イギリス
監督：トム・コリンズ
出演：コルム・ミーニイ、ドナル・オーケリー

● Hunger ハンガー　*Hunger*
2008 年　2014/3/29　イギリス
監督：スティーブ・マックイーン
出演：マイケル・ファスベンダー、リアム・カニンガム

●レクイエム　*Five Minutes of Heaven*
2009 年　未公開（V）イギリス、アイルランド
監督：オリバー・ヒルシュビーゲル
出演：リーアム・ニーソン、ジェームズ・ネズビット

●オンディーヌ　海辺の恋人　*Ondine*
2009 年、未公開（V）アイルランド、アメリカ
監督：ニール・ジョーダン
出演：コリン・ファレル、アリシア・バックレーダ

●ブレンダンとケルズの秘密　*The Secret of Kells*
長編アニメーション
2009 年　2017/07/29　アイルランド、ベルギー、フランス
監督：トム・ムーア、ノラ・トゥーミー
声の出演：エヴァン・マクガイア、ブレンダン・グリーソン、

●アルバート氏の人生　*Albert Nobbs*
2011 年　2013/01/18　アイルランド
監督：ロドリゴ・ガルシア
出演：グレン・クローズ、ミア・ワシコウスカ

●ザ・ガード〜西部の相棒〜　*The Guard*
2011 年　未公開（V）アイルランド
監督：ジョン・マイケル・マクドナー
出演：ブレンダン・グリーソン、ドン・チードル

●ダブリンの時計職人　*Parked*
2011 年　2014/3/29　アイルランド、フィンランド
監督：ダラ・バーン
出演：コルム・ミーニイ、コリン・モーガン

●シャドー・ダンサー　*Shadow Dancer*
2012 年　2013/03/16　アイルランド、イギリス
監督：ジェームズ・マーシュ
出演：アンドレア・ライズブロー、クライブ・オーウェン

●ビザンチウム　*Byzantium*
2012 年　2013/09/20　アイルランド、イギリス
監督：ニール・ジョーダン
出演：ジェマ・アータートン、シアーシャ・ローナン

●リチャードの秘密　*What Richard Did*
2012 年　未公開 (TV)　アイルランド
監督：レニー・アブラハムソン
出演：ジャック・レイナー、ローシン・マーフィー

●あなたを抱きしめるまで　*Philomena*
2013 年　2014/3/15　イギリス、アメリカ、フランス
監督：スティーヴン・フリアーズ
出演：ジュディ・デンチ、スティーブ・クーガン

●恋するグルメガイド　*The Food Guide to Love*
2013 年　未公開 (TV)　スペイン、アイルランド
監督：ドミニク・ハラリ、テレサ・ペレグリ
出演：リチャード・コイル、レオノール・ワトリング

●海に帰る日　*The Sea*
2013 年　未公開 (TV)　アイルランド、イギリス
監督：スティーヴン・ブラウン
出演：キアラン・ハインズ、シャーロット・ランプリング

●ジミー、野を駆ける伝説　*Jimmy's Hall*
2014 年　2015/01/17　イギリス
監督：ケン・ローチ
出演：バリー・ウォード、シモーヌ・カービー

●ベルファスト71　*'71*
2014 年　2015/08/01　イギリス
監督：ヤン・ドマンジュ
出演：ジャック・オコンネル、ポール・アンダーソン

●フラワーショウ！　*Dare To Be Wild*
2014 年　2016/07/02　アイルランド
監督：ヴィヴィアンヌ・ドゥ・クルシ
出演：エマ・グリーンウェル、トム・ヒューズ

●ソング・オブ・ザ・シー　海のうた　*Song of the Sea*
長編アニメーション
2014 年　2016/08/20　アイルランド、ルクセンブルク、
ベルギー、フランス、デンマーク
監督：トム・ムーア
声の出演：デヴィッド・ロウル、ブレンダン・グリーソン

●ある神父の希望と絶望の7日間　*Calvary*
2014 年　未公開 (TV)　アイルランド、イギリス
監督：ジョン・マイケル・マクドナー
出演：ブレンダン・グリーソン、クリス・オダウド

●ブルックリン　*Brooklyn*
2015 年　2016/07/01　アイルランド、イギリス、カナダ
監督：ジョン・クローリー
出演：シアーシャ・ローナン、ドーナル・グリーソン

●シング・ストリート　未来へのうた　*Sing Street*
2016 年　2016/07/09　アイルランド、イギリス、
アメリカ
監督：ジョン・カーニー
出演：フェルディア・ウォルシュ＝ピーロ、
　　　ルーシー・ボーイントン

●ローズの秘密の頁　*The Secret Scripture*
2016 年　2018/2/3　アイルランド
監督：ジム・シェリダン
出演：ルーニー・マーラ、ヴァネッサ・レッドグレイヴ

アイルランド歴史略年表

B.C.3000 頃
先住民による巨石墳墓の建設

B.C.600 頃
ケルト人の来島

432 頃
聖パトリック来島、キリスト教を布教

563
聖コルムキル、スコットランドのアイオナ島に修道院を建立

800 頃
ヴァイキングの侵入。この頃、福音書の装飾写本『ケルズの書』が作られる

841
ヴァイキングによるダブリン建設

1152
アーマー、ダブリン、キャシェル、トゥアムの4大司教区成立

1169
アングロ・ノルマン人の侵入始まる

1171
イングランド王ヘンリー2世来島。アイルランド人族長やアングロ・ノルマン貴族を臣従させ、封建制度確立

1366
キルケニー法によりアイルランド語の使用や慣習が禁止される

1541
イングランド王ヘンリー8世、アイルランド王を宣言

1592
エリザベス1世の勅許により、ダブリンにトリニティ・カレッジ創立

1608
アルスター植民開始。イギリスより多数のプロテスタントが入植

1649
クロムウェル軍のアイルランド遠征。カトリックの土地を収奪

1689
イギリスの名誉革命で王位を追われたジェイムズ2世来島

1690
ボイン河の戦いで、ウィリアム3世率いるプロテスタント軍がジェイムズ2世率いるカトリック軍に勝利

1695
カトリック刑罰法の制定。カトリックの政治的・経済的権利を奪う

1726
ジョナサン・スウィフト『ガリバー旅行記』出版

1798
宗派を超えてアイルランド民族の団結を目指したユナイテッド・アイリッシュメンの蜂起

1801
アイルランド、イギリスに併合

1803
ロバート・エメットの蜂起

1829
カトリック解放令

1845
ジャガイモの胴枯れ病による大飢饉始まる（〜 49）。
海外へ大量移民

1848
青年アイルランド党の蜂起

1867
フィニアンの蜂起

1893
アイルランド文芸復興運動の中心的な一人、W.B. イェイツの『ケルトの薄明』出版

1904
レディー・グレゴリーらダブリンにアベイ劇場設立

1907
シン・フェイン党発足
J.M. シング『アラン島』出版

1914
アイルランド自治法成立するが、第一次世界大戦勃発の
ため施行は停止

1916
アイルランド共和国樹立を目指したイースター蜂起起こる
が、イギリス軍により鎮圧

1919
アイルランド国民議会樹立。独立戦争はじまる

1921
イギリス・アイルランド条約調印。北アイルランドでは自
治議会開設（南北分離の始まり）

1922
南の 26 州はアイルランド自由国（イギリス連邦内の自治
領）となる。条約調印をめぐって内戦はじまる
ジェイムズ・ジョイス『ユリシーズ』出版

1923
自由国、国際連盟に加盟
W.B. イェイツ、ノーベル文学賞受賞

1929
出版物検閲法施行

1932
デ・ヴァレラを首班とする共和党内閣発足

1937
新憲法制定。国名をエールとする

1939
第二次世界大戦始まり、エールは中立を宣言

1949
イギリス連邦から離脱し、アイルランド共和国成立

1953
ダブリンにチェスター＝ビーティ・ライブラリー開館。日本
美術を含めた東洋美術のコレクションで知られる

1955
国際連合に加盟

1967
北アイルランドで公民権協会結成。カトリックによる公民
権運動始まる

1972
北アイルランドのデリーで「血の日曜日」事件。その後、
北はイギリスの直接統治となる
南の共和国では、国民投票の結果、カトリック教会に「特
別な地位」を認めるという憲法の条項が削除される

1973
ヨーロッパ共同体（EC）加盟

1981
IRA 活動家のボビー・サンズはじめ 10 名が獄中でのハン
ガー・ストライキで死亡

1990
メアリ・ロビンソン、女性で初めて共和大統領に就任

1992
ヨーロッパ連合（EU）加盟

1995
憲法改正を問う国民投票の結果、離婚が承認されるが、
人工中絶の禁止は支持される
高い経済成長を達成し「ケルティック・タイガー」と称さ
れる（〜 2007）
シェイマス・ヒーニー、ノーベル文学賞受賞

1998
北アイルランド和平合意成立

2010
ローマ法王ベネディクト 16 世、アイルランドのカトリック教
会に送った教書を公表して、過去の教会関係者による性
的虐待問題に対し謝罪

2013
人工中絶を一部合法化

2015
国民投票の結果、同性婚が合法化

2017
日本とアイルランドの外交関係樹立 60 周年

アイルランド映画史年表

1895
リュミエール兄弟によって、パリのグラン・カフェで初の有料映画上映

1896
ダブリンのミュージック・ホール（現オリンピア座）にて、初めて有料の映画上映が行われる

1909
ダブリンに最初の常設映画館ヴォルタ座をオープン。出資者の一人はジェイムズ・ジョイス（それまで、映画はミュージックホールで上映されていた）

1910
アイルランド系カナダ人監督シドニー・オルコットが、ケイレム社のためにアイルランドで映画制作を開始

1916
J.M. サリヴァンがアイルランドで最初の映画制作会社「アイルランド映画社」を設立

1917
イギリス人ノーマン・ウィッテンが映画制作会社「アイルランド・ジェネラル・フィルム・サプライ」を設立し、ニュース・フィルム *Irish Events* シリーズを企画

1923
映画検閲法施行

1934
『アラン』ヴェネチア国際映画祭で最優秀外国映画賞受賞

1948
『邪魔者は殺せ』、英国アカデミー賞作品賞受賞

1953
『静かなる男』、米アカデミー賞監督賞、撮影賞受賞
ゲール・リン社設立

1956
コーク映画祭創設

1958
国内初の映画スタジオであるアードモア撮影所オープン

1959
初めてのゲール語長編ドキュメンタリー *Mise Éire* 制作

1961
公共放送局 Radio Telefis Éireann（RTÉ）開局

1967
アイルランド在住のジョン・ヒューストン監督を議長に映画産業委員会が設置される

1970
『ライアンの娘』、米アカデミー賞助演男優賞、撮影賞受賞

1973
RTÉ がアードモア撮影所を買収

1975
アードモア撮影所を政府が買い取り、国立映画撮影所と名称変更

1976
『バリー・リンドン』、米アカデミー賞撮影賞など4部門受賞

1977
アーツ・カウンシルが映画脚本賞を設ける

1981
政府機関としてアイルランド映画委員会設置
『エクスカリバー』、カンヌ国際映画祭で芸術貢献賞受賞

1982
政府は国立映画撮影所の経営から撤退を表明

1984
『キャル』、カンヌ国際映画祭主演女優賞受賞

1985
ダブリン映画祭創設

1987
アイルランド映画委員会活動停止
『ザ・デッド／「ダブリン市民」より』、米アカデミー賞2部門ノミネート
デリー映画祭（北アイルランド）創設

1988
ゴールウェイ映画祭創設

1989
『マイ・レフトフット』、米アカデミー賞主演男優賞、助演女優賞受賞

1990
ベルファスト映画祭（北アイルランド）創設

1991
アラン・パーカー監督『ザ・コミットメンツ』、東京国際映画祭で監督賞受賞

1992
ダブリンのテンプル・バー地区に、2つの映画館を含む公共機関アイリッシュ・フィルム・センターがオープン

1993
『クライング・ゲーム』、米アカデミー賞オリジナル脚本賞受賞
アイルランド映画委員会活動再開
ヒギンズ芸術・文化大臣が、アイルランド映画委員会の復活を発表
アイルランドで制作される映画への投資に対し、大幅な税の優遇措置が導入される
『父の祈りを』、米アカデミー賞7部門ノミネート
このころ、アイルランドで映画制作ブーム起こる

1995
『ナッシング・パーソナル』、ヴェネチア国際映画祭で助演男優賞受賞
リムリック映画祭創設

1996
東京でアイルランド・フィルム・フェスティバル開催
『マイケル・コリンズ』、ヴェネチア国際映画祭の最優秀作品賞にあたる金獅子賞受賞

1998
ジョン・ブアマン監督『ジェネラル　天国は血の匂い』、カンヌ国際映画祭で監督賞受賞
ニール・ジョーダン監督『ブッチャー・ボーイ』、ベルリン国際映画祭で監督賞受賞

2000
東京でケルティック・フィルム・フェスト開催

2002
『ブラディ・サンデー』、ベルリン国際映画祭で最優秀作品賞にあたる金熊賞受賞
『マグダレンの祈り』、ヴェネチア国際映画祭で金獅子賞受賞

2003
第1回 Irish Film & Television Awards(IFTA) 授賞式、ダブリンで開催。作品賞は『ダブリン上等』。『アバウト・アダム　アダムにも秘密がある』が3部門にノミネート

2006
『麦の穂をゆらす風』、カンヌ国際映画祭で最優秀作品賞にあたるパルム・ドール賞受賞

2007
『ONCE ダブリンの街角で』、米アカデミー賞オリジナル歌曲賞受賞

2008
東京でノーザン・アイルランド・フィルム・フェスティバル開催

2010
『ブレンダンとケルズの秘密』、米アカデミー賞長編アニメーション部門にノミネート
ニール・ジョーダン監督、第23回東京国際映画祭の審査委員長を務める

2011
『海岸 The Shore』、米アカデミー賞短編実写映画賞受賞

2014
『ソング・オブ・ザ・シー』、米アカデミー賞長編アニメーション映画部門にノミネート
『あなたを抱きしめる日まで』、米アカデミー賞4部門にノミネート

2015
『ブルックリン』、米アカデミー賞3部門にノミネート

2018
The Breadwinner、米アカデミー賞長編アニメーション映画部門にノミネート

人名索引

［ア］

アダムズ，ジェリー　Gerry Adams　011

アッテンボロー，リチャード　Richard Attenborough　175

アレン，ウディ　Woody Allen　127

アレン，ジム　Jim Allen　135-137, 139

［イ］

イーグルトン，テリー　Terry Eagleton　104

イーストウッド，クリント　Clint Eastwood　179

イェイツ，W.B.　William Butler Yeats　007, 033, 036, 088, 105, 167-169, 180

イルグロヴァ，マルケタ　Markéta Irglová　149-151

［ウ］

ヴィクトリア女王　Queen Victoria　017

ウィッテン，ノーマン　Norman Whitten　005

ウィリアムズ，ロビン　Robin Williams　225

ウィリス，ブルース　Bruce Willis　231

ウイルモット，デヴィッド　David Wilmot　239

ウィンターボトム，マイケル　Michael Winterbottom　192, 228

ウー，ジョン　John Woo　226

ウーリー，スティーヴン　Stephen Woolley　116

ウェイン，ジョン　John Wayne　212, 213

ヴォイト，ジョン　Jon Voight　118

ウォルシュ，エンダ　Enda Walsh　232

ウォルシュ，ショーン　Sean Walsh　168

ウォルシュ＝ピーロ，フェルディア　Ferdia Walsh-Peelo　209

［エ］

エヴェレット，ルパート　Rupert Everett　170

エステベス，エミリオ　Emilio Estevez　229

エメット，ロバート　Robert Emmet　144

エリザベス女王　Queen Elizabeth II　146, 223

エルセッサー，トマス　Thomas Elsaesser　038

エンドウ，シュウサク（遠藤周作）　Shusaku Endo　223

エンヤ　Enya　053

［オ］

オーエンズ，エイモン　Eamonn Owens　239

オケイシー，ショーン　Sean O'Casey　164

オコナー，アーニャ　Aine O'Connor　019

オコナー，シンニード　Sinéad O'Connor　053, 113

オコナー，パット　Pat O'Connor　010, 031, 061, 125, 137, 171, 189, 200, 201, 206, 220, 238

オコナー，ヒュー　Hugh O'Conor　168

オコナー，フランク　Frank O'Connor　083, 165

オサリヴァン，サディアス　Thaddeus O'Sullivan　030, 031, 105, 122, 192, 202, 203, 231

オシェイ，マイロ　Milo O'Shea　168, 181

オトゥール，ピーター　Peter O'Toole　214, 215

オドネル，クリス　Chris O'Donnell　201

オハラ，デヴィッド　David O'Hara　181

オハラ，モーリン　Maureen O'Hara　212, 213

オフラハティ，リアム　Liam O'Flaherty　162

オリアダ，ショーン　Seán Ó Riada　019, 052, 053

オルコット，シドニー　Sidney Olcott　004, 017

オルフ，カール　Carl Orff　045

オロウ，ジェラルディン　Geraldine O'Rawe　239

［カ］

カーニー，キアラン　Kieran Carney　208

カーニー，ジム　Jim Carney　208

カーニー，ジョン　John Carney　013, 014, 148-150, 152, 208, 209

カーマイケル，ビル　Bill Carmichael　224

カッタネオ，ピーター　Peter Cattaneo　228

カドガン，ジョージ　George Cadogan　016

カニンガム，リアム　Liam Cunningham　239

カバナー，ジョン　John Kavanagh　239

カハル，マーティン　Martin Cathal　118-123, 185, 203, 227, 239

ガラファロ，ジャニーン　Janeane Garofalo　181

ガルシア，ロドリゴ　Rodrigo Garcia　227

カワード，ノエル　Noël Coward　214

[キ]

ギア，リチャード　Richard Gere　191

キース，ブライアン　Brian Keith　212

キーン，ショーン　Seán Keane　052

ギネス，アレック　Alec Guinness　212

ギブソン，メル　Mel Gibson　223, 226

キャメロン，ジェームズ　James Cameron　092

ギャラハー，ブローナ　Bronagh Gallagher　239

ギャロ，ロバート　Robert Gallo　206

キャンディー，ジョン　John Candy　213

キューザック，シリル　Cyril Cusack　239

キューザック，ニアヴ　Niamh Cusack　239

キューブリック，スタンリー　Stanley Kubrick　009, 052, 100, 110, 170, 226

ギルバート，ブライアン　Brian Gilbert　169

ギレン，エイダン　Aidan Gillen　238

キング・コール，ナット　Nat King Cole　207

[ク]

クイン，アンソニー　Anthony Quinn　214

クイン，エイダン　Aidan Quinn　172-174

クイン，デクラン　Declan Quinn　172,174

クイン，ボブ　Bob Quinn　009, 019, 238

クイン，ポール　Paul Quinn　172,174

クイン，マリアン　Marian Quinn　174

クイン，ロバート　Robert Quinn　019

クーパー，アイヴァン　Ivan Cooper　130-133, 228

グメルク，ジョージ　George Gmelch　197

グラスコット，フィオナ　Fiona Glascott　155, 239

グラッシー，ヘンリー　Henry Glassie　094

グリアスン，ジョン　John Grierson　007, 023

グリーヴ，アンドリュー　Andrew Grieve　202

グリーソン，ブレンダン　Brendan Gleeson　019, 118, 226, 227

グリーン，F.L.　Frederick Laurence Green　027

グリーン，グレアム　Graham Greene　207

グリーングラス，ポール　Paul Greengrass　129, 133, 134, 193, 227

クリシュナーマ，スリ　Suri Krishnamma　170, 234

グリフィス，D.W.　David Wark Griffith　004

クルーズ，トム　Tom Cruise　226

グレゴリー夫人　Lady Isabella Augusta Gregory　094

クローリー，ジョン　John Crowley　153, 232, 237

[ケ]

ゲイ，マービン　Marvin Gaye　076

ゲーブル，クラーク　Clark Gable　202

ケネディ，J.F.　John Fitzgerald Kennedy　153

ケネディー，マリア・ドイル　Maria Doyle Kennedy　118, 239

ケリー，デヴィッド　David Kelly　092, 181

ゲリン，ヴェロニカ　Veronica Guerin　122

ゲルドフ，ボブ　Bob Geldof　206

[コ]

コーエン兄弟　Ethan & Joel Cohen　220

コートニー，ジェニ　Jeni Courtney　101

ゴールドウィン，サミュエル　Samuel Goldwyn　163

コネリー，ショーン　Sean Connery　224

コノリー，ジェイムズ　James Connolly　136, 142

コバーン，ジェームズ　James Coburn　190

コマーフォード，ジョー　Joe Comerford　009, 202

コリンズ，トム　Tom Collins　019

コリンズ，マイケル　Michael Collins　110-116, 140, 146, 162-166, 207, 223, 226, 234

コロンバス，クリス　Chris Columbus　213, 224

コンロイ，ルーアリー　Rúaidhrí Conroy　092

コンロン，ジェリー（ゲリー）　Gerry Conlon　096, 221

[サ]

サージェント，ジョセフ　Joseph Sargent　177

サイード，E.W.　Edward Wadie Said　081

サッカレー，ウィリアム・メークピース　William Makepeace Thackeray　170

サトウ，マコト（佐藤真）　Makoto Sato　024

サナダ，ヒロユキ（真田広之）　Hiroyuki Sanada　233

サリヴァン，ジェイムズ・マーク　James Mark Sullivan
　004

サンズ，ボビー　Bobby Sands　238

[シ]

シーン，マーティン　Martin Sheen　203, 229

ジェイムズ，ジェシー　Jesse James　231

シェークスピア　William Shakespeare
　058, 065, 214, 218, 234

ジェームズ，テオ　Theo James　205

シェリダン，カースティン　Kirsten Sheridan　205, 232

シェリダン，ジム　Jim Sheridan　010, 013, 053, 056,
　060, 083, 092, 096, 098, 134, 169, 192, 204, 205, 221,
　226

シナトラ，フランク　Frank Sinatra　127

シバ，リョウタロウ（司馬遼太郎）　Ryotaro Shiba　022

シャープ，ウィリアム（ペンネーム：マクラウド，フィオナ）
　William Sharp (pseudonym:Fiona Macleod)　102

ジャクソン，ピーター　Peter Jackson　236

シューマッカー，ジョエル　Joel Schumacher　230, 231

シュトラースブルク，ゴットフリート・フォン　Gottfried von
　Straßburg　041

シュワルツネガー，アーノルド　Arnold Schwarzenegger
　221

ジョイス，ジェイムズ　James Joyce
　004, 016, 017, 047, 066, 094, 124, 167, 168, 206

ジョイス，パトリック・ウェストン　Patrick Weston Joyce
　144

ジョイス，ロバート・ドワイヤー　Robert Dwyer Joyce
　141, 143—145

ショー，バーナード　George Bernard Shaw　167—169

ショー，フィオナ　Fiona Shaw　239

ジョージ，テリー　Terry George　096,238

ジョーダン，ニール　Neil Jordan
　003, 009, 013, 031, 042, 083, 086, 087, 089, 110—116,
　129, 137, 153, 163—166, 189, 202, 204, 206, 218, 219,
　223, 226, 231, 232, 234, 237

ジョーンズ，トミー・リー　Tommy Lee Jones　191

ジョフィ，マーク　Mark Joffe　181

ジョリー，アンジェリーナ　Angelina Jolie　159

シンドラー，オスカー　Oskar Schindler　222, 223

ジンバリスト，ステファニー　Stephanie Zimbalist　224

[ス]

スウィーニー，バーディー　Birdy Sweeney　230

スウィフト，ジョナサン　Jonathan Swift　168, 169

スカルスガルド，ステラン　Stellan Skarsgård　225

スコセッシ，マーティン　Martin Scorsese　223, 226

スコット，アンドリュー　Andrew Scott　239

スコット，リドリー　Ridley Scott　226

スタインベック，ジョン　John Steinbeck　213, 222

スティング　Sting　201

ステンブリッジ，ジェラルド　Gerard Stembridge　124

ストーカー，ブラム　Bram Stoker　127

ストリープ，メリル　Meryl Streep　225

ストリック，ジョセフ　Joseph Strick　168

スピルバーグ，スティーヴン　Steven Spielberg　222,
　226, 231

スペイシー，ケヴィン　Kevin Spacey　122, 185, 231

スレード，ブライアン　Brian Slade　235

スレッジ，パーシー　Percy Sledge　076

スワンク，ヒラリー　Hilary Swank　179

[セ]

セイルズ，ジョン　John Sayles　102

[タ]

ターナー，エイダン　Aidan Turner　239

ダーニン，ブライアン　Brian Durnin　019

ダルトン，ティモシー　Timothy Dalton　224

ダンバー，エイドリアン　Adrian Dunbar
　078, 079, 118, 228, 238, 239

[チ]

チーフタンズ　The Chieftains　052, 126

チェルソム，ピーター　Peter Chelsom　078

チミノ，マイケル　Michael Cimino　165

チャーチル，ウィンストン　Winston Churchill　030

チュブリディ，マイケル　Michael Tubridy　052

xvii

［テ］

デ・ヴァレラ，エイモン　Eamon de Valera　006, 007, 023, 026, 030, 112, 115, 116, 164, 188

デイ＝ルイス，ダニエル　Daniel Day-Lewis　022, 201, 204

ディーン，シェイマス　Seamus Deane　218

ディーン，ジェイムズ　James Dean　218

ディケンズ，チャールズ　Charles Dickens　214

デイビス，バリー　Barry Davies　217

ディレーニー，ポードリック　Pádraic Delaney　138

デ・ニーロ，ロバート　Robert De Niro　207

デブリン，バーナデット　Bernadette Devlin　132

デュアンヌ，ポール　Paul Duane　019

［ト］

ドイル，ロディ　Roddy Doyle　073

トゥーミー，ノラ　Nora Twomey　158, 159

トービン，リアム　Liam Tobin　226

トールキン，J.R.R.　John Ronald Reuel Tolkien　229

トーン，ウルフ　Theobald Wolfe Tone　140, 141, 143, 144

ドライヴァー，ミニー　Minnie Driver　201

トレヴァー，ウィリアム　William Trevor　170, 171, 200, 201

［ナ］

ナイトレイ，キーラ　Keira Knightley　208

ナカエ，イサム（中江功）　Isamu Nakae　053

［ニ］

ニ・ドナル，ヌアラ　Nuala Ni Domhnaill　019

ニーソン，リーアム　Liam Neeson　042, 207, 222, 223, 229, 235

ニューウェル，マイク　Mike Newell　092

［ヌ］

ヌコルズ，ベン　Ben Nuckols　204

［ネ］

ネズビット，ジェームズ　James Nesbitt　078, 079, 130, 228, 229

［ノ］

ノートン，グラハム　Graham Norton　234

［ハ］

パーカー，アラン　Alan William Parker　073, 074, 076, 077, 149, 176

ハーキン，マーゴ　Margo Harkin　193

バーキン，エレン　Ellen Barkin　092, 221

ハーン，ラフカディオ　Lafcadio Hearn　033

バーン，ガブリエル　Gabriel Byrne　019, 042, 092, 145, 218, 220, 221

ハイド，ダグラス　Douglas Hyde　169

ハイド＝リース，ジョージー　Georgie Hyde-Lees　169

バイト，アルフレッド　Alfred Beit　120

バイロン，ジョージ・ゴードン　George Gordon Byron　039

ハインズ，キアラン　Ciarán Hinds　238

パウロ3世（ローマ法王）　Pope Paul III　215

ハスラー，ジョン　Jon Hassler　176

パットナム，デヴィッド　David Puttnam　010, 165, 200, 234

バナ，エリック　Eric Bana　205

バリー，ケヴィン　Kevin Barry　048, 050

バリー，セバスチャン　Sebastian Barry　205

ハリス，カサンドラ　Cassandra Harris　224

ハリス，リチャード　Richard Harris　165, 214

バルコン，マイケル　Michael Balcon　022

バロウズ，ウェズリー　Wesley Burrows　220

ハワード，ロン　Ron Howard　053, 226

ハンサード，グレン　Glen Hansard　148-151

［ヒ］

ビア，スサンネ　Susanne Bier　204

ピーター・ポール・アンド・マリー（PPM）　Peter, Paul and Mary　052

ヒーニー，シェイマス　Seamus Heaney　167, 218

ビーハン，ブレンダン　Brendan Behan　083, 087

ビーン，ショーン　Sean Bean　191

ヒギンズ，ジャック　Jack Higgins　190

ヒギンズ，マイケル　Michael D. Higgins　011

ヒッチコック，アルフレッド　Alfred Hitchcock　164, 194, 212, 213

ピット，ブラッド　Brad Pitt　191

ヒューストン，アンジェリカ　Anjelica Huston　048

ヒューストン，ジョン　John Huston　009, 047, 048, 167

ヒューストン，トニー　Tony Huston　048

ヒューム，ジョン　John Hume　011

ヒル，ジョン　John Hill　031, 105

ビンチー，メイヴ　Maeve Binchy　125, 201

[フ]

ファース，コリン　Colin Firth　170, 201, 225

ブアマン，ジョン　John Boorman　008, 009, 042, 043, 046, 118, 120, 122, 206, 220, 222, 226, 227

ファレリー，ディック　Dick Farrelly　033

ファレル，コリン　Colin Farrell　186, 230-232

ファロン，デヴィッド　David Fallon　052

フィッツジェラルド，キアラン　Ciarán Fitzgerald　092

フィニー，アルバート　Albert Finney　170, 214

フィンチ，ピーター　Peter Finch　214

フィンドレイター，アダム　Adam Findlater　016, 017

フェイ，マーティン　Martin Fay　052

フェルメール　Johannes Vermeer　118

フェレイラ，クリストヴァン　Cristóvão Ferreira　223

フォード，ジョン　John Ford　007, 022, 032-036, 047, 162, 212

フォード，ダン　Dan Ford　032

フライ，ロザリー・K　Rosalie K. Fry　102

ブラウン，クリスティ　Christy Brown　056-060, 204, 216, 239

ブラック，カハル　Cathal Black　019, 202

ブラナー，ケネス　Kenneth Branagh　201

フラナガン，フィヌーラ　Fionnula Flanagan　239

フラハティ，フランシス　Frances H. Flaherty　022, 025

フラハティ，ロバート　Robert J. Flaherty　006, 022-024, 129

ブランシェット，ケイト　Cate Blanchett　122, 216, 236

ブランド，マーロン　Marlon Brando　214

フリアーズ，スティーヴン　Stephen Frears　073, 226

フリール，ブライアン　Brian Friel　170, 201, 218

フリッカー，ブレンダ　Brenda Fricker　200, 202, 204, 216, 217

ブルース，ドン　Don Bluth　158

ブレア，チャールズ　Charles F. Blair Jr.　213

ブレア，トニー　Tony Blair　145, 146

フレイムス，ザ　The Frames　148, 149, 208

ブレスナック，パディー　Paddy Breathnach　019

プレスリー，エルヴィス　Elvis Presley　019, 076, 235

ブロード，ダグラス　Douglas Brode　056

ブロスナン，ピアース　Pierce Brosnan　224, 225

[ヘ]

ベイツ，アラン　Alan Bates　214

ペイトマン，キャロル　Carole Pateman　206

ベイトマン，コリン　Colin Bateman　194

ヘイワード，リチャード　Richard Hayward　006

ペーターゼン，ウォルフガング　Wolfgang Petersen　226

ベートーヴェン　Ludwig van Beethoven　038-040

ベケット，サミュエル　Samuel Beckett　167, 226

ヘスラー，ゴードン　Gordon Hessler　218

ペック，グレゴリー　Gregory Peck　214

ヘップバーン，オードリー　Audrey Hepburn　169

ベル，サム・ハンナ　Sam Hanna Bell　170, 192, 202

ベル，デレック　Derek Bell　052

ベルール　Béroul　041, 044

ペン，ショーン　Sean Penn　207

ヘンリー2世　Henry II of England　214

ヘンリー8世　Henry VIII of England　235

[ホ]

ボイル，ダニー　Danny Boyle　226, 232, 233

ボーイゾーン　Boyzone　230

ホール，トム　Tom Hall　208

ボール，アンジェリン　Angeline Ball　239

ホスキンス，ボブ　Bob Hoskins　202

ポスルスウェイト，ピート　Pete Postlethwaite　175

ホッジス，マイク　Mike Hodges　190

ポッツ，ショーン　Seán Potts　052

ホプキンス，アンソニー　Anthony Hopkins　234

ポランスキー，ロマン　Roman Polansky　225

[マ]

マーカス，ルイス　Louis Marcus　008

マーフィー，キリアン　Cillian Murphy
138, 148, 149, 186, 207, 232, 233

マーフィー，パット　Pat Murphy　009, 202

マーラ，ルーニー　Rooney Mara　205

マカファティー，フランキー　Frankie McCafferty　239

マクガキアン，メアリー　Mary McGuckian　169

マクギネス，フランク　Frank McGuinness　219

マクギル，パトリック　Patrick MacGill　219

マクソーリー，ジェラルド　Gerard McSorley　238

マクドナー，ジョン　John MacDonagh　004

マクドナー，ジョン・マイケル　John Michael McDonagh
227

マクドナー，トーマス　Thomas MacDonagh　004

マクドナー，マーティン　Martin McDonagh　227, 231

マクピリッシュ，ポードリック（ピアース，パトリック）
Pádraig Mac Piarais（Patrick Pearse）　141

マクルーン，マーティン　Martin McLoone　025

マクローリー，ケヴィン　Kevin McClory　165

マコート，フランク　Frank McCourt　176

マッカーナ，プロインシァス　Proinsias MacCana　046

マッカン，エイモン　Eamonn McCann　132

マッカン，ドナル　Donal McCann　238

マッキルロイ，ブライアン　Brian McIlroy　116, 191

マッギンレー，ショーン　Sean McGinley　118, 239

マッケイブ，パトリック　Patrick McCabe　232

マッケイブ，ルース　Ruth McCabe　239

マルーンファイブ　Maroon 5　208

マレン，ドン　Don Mullen　133

マロリー，トマス　Thomas Malory　043

[ミ]

ミーニイ，コルム　Colm Meaney　019, 092, 218, 238

ミッチャム，ロバート　Robert Mitchum　218

ミヤザキ，ハヤオ（宮崎駿）　Hayao Miyazaki　013, 213

ミレン，ヘレン　Helen Mirren　200, 222

ミンゲラ，アントニー　Anthony Minghella　226

[ム]

ムーア，トム　Tomm Moore　013, 014, 158,159

[メ]

メイソン，ジェームズ　James Mason　029

メージャー，ジョン　John Major　011

[モ]

モーガン，コリン　Colin Morgan　239

モーツァルト　Wolfgang Amadeus Mozart　217

モーニン，ダニエル　Daniel Mornin　203

モーパーゴ，マイケル　Michael Morpurgo　201

モリス，ウィリアム　William Morris　168

モリソン，ジョージ　George Morrison　008, 018, 052

モローニ，パディ　Paddy Moloney　052

モンタギュー，ジョン　John Montague　052

[ヤ]

ヤング，ポール　Paul Young　158

[ユ]

ユーゴー，ヴィクトル　Victor Hugo　212

U2　U2　134

[ラ]

ライト，ジョー　Joe Wright　236

ラヴァティ，ポール　Paul Laverty　137-139, 143

ラヴェリー，ジョン　John Lavery　163

ラヴェリー，ヘーゼル　Hazel Lavery　163

ラウリー，ダン　Dan Lowrey　016, 017

ラファロ，マーク　Mark Ruffalo　208

ラング，ウォルター　Walter Lang　213

ランズベリー，アンジェラ　Angela Lansbury　177

[リ]

リー，ペギー　Peggy Lee　127

リー，マイク　Mike Leigh　190

リード，キャロル　Carol Reed　022, 027, 105, 188, 213

リーン，デヴィッド　David Lean　009, 022, 037, 038, 041, 214

リス＝マイヤーズ，ジョナサン　Jonathan Rhys Meyers　234, 235

リチャードソン，ナターシャ　Natasha Richardson　201, 222, 223

リックマン，アラン　Alan Rickman　235

リネハン，グラハム　Graham Linehan　181

リプトン，ジェームズ　James Lipton　019

リュミエール兄弟　Auguste and Louis Lumière　004, 016, 017

リンチ，ジョン　John Lynch　200, 238

リンチ，スーザン　Susan Lynch　239

[ル]

ルノワール，ジャン　Jean Renoir　213

[レ]

レイ，アルド　Aldo Ray　214

レイ，スティーヴン　Stephen Rea　168, 203, 218, 219

レイノルズ，アルバート　Albert Reynolds　011

レヴィーン，アダム　Adam Levine　208

レヴィンソン，バリー　Barry Levinson　192

レオーネ，セルジオ　Sergio Leone　190

レッドグレイヴ，ヴァネッサ　Vanessa Redgrave　205, 222

レッドヘッド，マーク　Mark Redhead　133

レマス，ショーン　Seán Lemass　007, 019

レントゲン，ヴィルヘルム・コンラート　Wilhelm Conrad Röntgen　017

[ロ]

ロイ，ロブ　Rob Roy　223

ローヴ，モーリス　Maurice Roëves　168

ローチ，ケン　Ken Loach　135-141, 145-147, 166, 190, 194, 233

ロートン，チャールズ　Charles Laughton　212

ローナン，シアーシャ　Saoirse Ronan　153, 157, 207, 236, 237

ロス，ティム　Tim Roth　230

ロセッティ，クリスティーナ　Christina Rossetti　124

ロック，ジョセフ　Josef Locke　078-082

ロレンス，T.E.　Thomas Edward Lawrence　214

[ワ]

ワーグナー，リヒャルト　Richard Wagner　043-046

ワイルド，ウィリアム　William Robert Willis Wilde　017

ワイルド，オスカー　Oscar Wilde　017, 168-170

ワトソン，エミリー　Emily Watson　170

＊第1章〜第4章本文及びコラム掲載人物で構成

映画題名索引

[数字]

『007 ゴールデンアイ』 GoldenEye 1995 225

『007 ダイ・アナザー・デイ』 Die Another Day 2002 225

『007 リビング・デイライツ』 The Living Daylights 1987 224

『7月、ある4日間』 Four Days in July 1984 190

『12月の花嫁』 December Bride 1991 170,192, 202

『17 セブンティーン』 Telling Lies in America 1997 234

『28日後…』 28 Days Later... 2002 226, 232

[アルファベット]

『A.I.』 Artificial Intelligence: A.I. 2001 226

『B モンキー』 B. Monkey 1998 234

『CHLOE/ クロエ』 Chloe 2009 223

『ELVIS エルヴィス』 Elvis 2005 TV 235

『IN DREAMS/ 殺意の森』 In Dreams 1999 207, 219

『ONCE ダブリンの街角で』 Once 2007 013, 148-152, 208

『P. S. アイラブユー』 P. S. I Love You 2007 175

『S.W.A.T.』 S.W.A.T. 2003 231

『THE FALL 警視ステラ・ギブソン』 The Fall 2013 ～ 2016 TV 012

『THE TUDORS ～背徳の王冠～』 The Tudors 2007 ～ 2010 TV 012, 215, 235

[ア]

『アイ・ウェント・ダウン』 I Went Down 1997 019

『アイルランド・ライジング』 Rebel Heart 2001 TV 166

『赤い仔馬』 The Red Pony 1973 TV 213

『秋の旅路』 The Love She Sought 1990 TV 176

『あの日の指輪を待つきみへ』 Closing the Ring 2007 175, 217

『アバウト・アダム　アダムにも秘密がある』 About Adam 2000 124-128

『アメリカン・アウトロー』 American Outlaws 2001 231

『アラバマ物語』 To Kill a Mockingbird 1962 214

『アラビアのロレンス』 Lawrence of Arabia 1962 037, 214

『荒鷲の翼』 The Wings of Eagles 1957 212

『アラン』 Man of Aran 1934 007, 022-026, 069, 129

『アルバート氏の人生』 Albert Nobbs 2011 217, 227, 239

『アンジェラの灰』 Angela's Ashes 1999 153, 175, 176

[イ]

『いつまでも二人で』 With or Without You 1999 192

『イン・アメリカ / 三つの小さな願いごと』 In America 2002 204

『イングリッシュマン in ニューヨーク』 Stars and Bars 1988 201

『インタビュー・ウィズ・ヴァンパイア』 Interview with the Vampire 1994 165, 207, 219, 237

『インドへの道』 A Passage to India 1984 041

[ウ]

『ヴァイキング～海の覇者たち～』Vikings 2013 ～ TV 012

『ヴァン』 The Van 1996 073

『ヴィーナス』 Venus 2006 215

『ウェイクアップ!ネッド』 Waking Ned 1998 181, 228

『ウェルカム・トゥ・サラエボ』 Welcome To Sarajevo 1997 228

『ヴェロニカ・ゲリン』 Veronica Guerin 2003 122, 123, 185, 216, 231, 238

[エ]

『エクスカリバー』 Excalibur 1981 042-046, 118, 206, 220, 222

『エネミー・オブ・アメリカ』 Enemy of the State 1998
　118

『エヴリン』（別名：『天使の約束』『エヴリンの祈り』）
　Evelyn 2002 225

『エンド・オブ・デイズ』 End of Days 1999 221

[オ]

『黄 金』 The Treasure of the Sierra Madre 1948
　047

『狼の血族』 The Company of Wolves 1984
　010, 206, 218

『オスカー・ワイルド』 Wilde 1997 169

『夫たち、妻たち』 Husbands and Wives 1992 222

『男の敵』 The Informer 1935 032, 162

『オマー』 Omagh 2004 TV 193, 216, 238

『俺たちは天使じゃない』 We're No Angels 1989 207

『オン・エッジ 19歳のカルテ』 On the Edge 2001
　148, 208

『オンディーヌ 海辺の恋人』 Ondine 2009 091, 207,
　219, 231

『オンリー・ザ・ロンリー』 Only the Lonely 1991 178,
　213

[カ]

『海岸』 The Shore 2011 238

『海賊船』 The Kidnapped 1960 214

『崖の上のポニョ』 英：Ponyo 2008 アニメ 223

『仮面の男』 The Man in the Iron Mask 1998 221

『借りぐらしのアリエッティ』 英：The Borrower Arrietty
　2010 アニメ 236

『ガリバー / 小人の国・大人の国』 Gulliver's Travels
　1996 TV 215

『ガリバー 2/ 天空の国・馬の国』 Gulliver's Travels
　1996 TV 215

『カルラの歌』 Carla's Song 1996 137

『巌窟の野獣 ジャマイカ・イン』 Jamaica Inn 1939
　212

[キ]

『奇跡を呼ぶ男』 Leap of Faith 1992 222

『キャル』 Cal 1984 010, 031, 137, 189, 200, 201, 238

『ギャング・オブ・ニューヨーク』 Gangs of New York
　2002 178, 222, 226

『キングス』 Kings 2007 019, 238

『キングダム・オブ・ヘブン』 Kingdom of Heaven 2005
　227

[ク]

『クライング・ゲーム』 The Crying Game 1992
　003, 011, 083-090, 114, 115, 165, 189, 191, 207, 218,
　230

『グリーン・ゾーン』 Green Zone 2010 227

『クローサー・ユー・ゲット』 The Closer You Get 2000
　239

[ケ]

『ゲーム・オブ・スローンズ』 Game of Thrones 2011 ～
　012

『ゲット・リッチ・オア・ダイ・トライン』 Get Rich or Die
　Tryin' 2005 204

[コ]

『恋はワンダフル!?』 The MatchMaker 1997 178,
　180, 181, 183

『ゴーストライター』 The Ghost Writer 2010 225

『コールド マウンテン』 Cold Mountain 2003 226,
　232

『ゴールドフィンガー』 Goldfinger 1964 224

『極 悪 人』 Resurrection Man 1998 108, 186, 216,
　228

『ゴッドファーザー』 The Godfather 1972 111

『ことの終わり』 The End of the Affair 1999 207, 219

[サ]

『ザ・ガード〜西部の相棒』 The Guard 2011 227

『ザ・クーリア』 The Courier 1988 185, 220

『ザ・コミットメンツ』 The Commitments 1991 011,
　073-077, 149, 150, 239

『ザ・デッド /「ダブリン市民」より』 The Dead 1987
　047-051, 167, 238

『ザ・フィールド』 The Field 1990 096, 156, 196, 204, 216, 226

『ザ・ブレイク』 A Further Gesture 1996 178

『ザ・ホスト 美しき侵略者』 The Host 2013 237

『ザ・メイカー』 The Maker 1997 234

『サークル・オブ・フレンズ』 Circle of Friends 1995 124-128, 201

『殺人天使』 Angel 1982 009, 010, 031, 189, 206, 218

『サンシャイン 2057』 Sunshine 2007 233

『三十四丁目の奇蹟』 Miracle on 34th Street 1947 212

[シ]

『ジェネラル 天国は血の匂い』 The General 1998 013, 118-123, 184, 185, 187, 227, 239

『ジェントル・ガンマン』 The Gentle Gunman 1952 006, 189

『市街戦』 Beloved Enemy 1936 162-164

『視姦』 The Governess 1998 234

『ジキル』 Jekyll 2007 TV 229

『静かなる男』 The Quiet Man 1952 007, 022, 032-036, 181, 212, 213

『死にゆく者への祈り』 A Prayer for the Dying 1987 190, 222

『シャーロック』 Sherlock 2010 ～ TV 239

『ジャスティス』 Hart's War 2002 231

『ジャッカル』 The Jackal 1997 190

『邪魔者は殺せ』 Odd Man Out 1947 006, 022, 027-031, 105, 106, 108, 188, 189

『ジュノーと孔雀』 Juno and the Paycock 1929 164

『シング・ストリート 未来へのうた』 Sing Street 2016 014, 209, 238, 239

『真珠の耳飾りの少女』 Girl with a Pearl Earring 2003 232

『シンドラーのリスト』 Schindler's List 1993 222

[ス][セ]

『スウィート・ノベンバー』 Sweet November 2001 201

『スターウォーズ』シリーズ Star Wars 1977 ～ 222

『スターダスト』 The Miracle 1990 207

『スタントマン』 The Stunt Man 1980 215

『スティグマータ 聖痕』 Stigmata 1999 221

『ステート・オブ・グレース』 State of Grace 1990 178

『スナッパー』 The Snapper 1993 073, 226, 230, 238, 239

『素肌の涙』 The War Zone 1999 230

『戦場にかける橋』 The Bridge on The River Kwai 1957 037

[ソ]

『草原とボタン』 War of the Buttons 1994 234

『ソング・オブ・ザ・シー 海のうた』 Song of the Sea 2014 アニメ 014, 159

[タ]

『ダークマン』 Darkman 1990 222

『タイガーランド』 Tigerland 2000 230, 231

『第三の男』 The Third Man 1949 188

『タイタス』 Titus 1999 234

『タイタニック』 Titanic 1997 092

『大地と自由』 Land and Freedom 1995 136

『ダイヤモンド・スカル 華麗なる殺意』 Diamond Skulls 1989 220

『誰が為に鐘は鳴る』 For Whom the Bell Tolls 1943 136

『脱出』 Deliverance 1972 120

『ダブリン・バスのオスカー・ワイルド』 A Man of No Importance 1994 169, 216, 234

『ダブリン上等!』 Intermission 2003 153, 186, 231, 232

『誰にでも秘密がある』 英：Everybody Has a Little Secret 2004 127

『ダンケルク』 Dunkirk 2017 233

『探偵レミントン・スティール』 Remington Steele 1982 ～ 1987 TV 224

[チ]

『父の祈りを』 In the Name of the Father 1993 053, 096-100, 191, 193, 204, 221

『チップス先生さようなら』 Goodbye, Mr. Chips 1969
214

『チャーチル 第二次大戦の嵐』 Into the Storm
2009 TV 203

『沈黙―サイレンス―』 Silence 2016 223

[ツ]

『追憶のアイルランド』 I Could Read the Sky 1999
100

『月の出の脱走』 The Rising of the Moon 1957
032

『つぐない』 Atonement 2007 236

[テ]

『デアデビル』 Daredevil 2003 231

『ディパーテッド』 The Departed 2006 178

『ディボーシング・ジャック』 Divorcing Jack 1998 187,
194

『テイラー・オブ・パナマ』 The Tailor of Panama 2001
226

『デビル』 The Devil's Own 1997 178, 190

『デリー・ダイアリー ブラディ・サンデーのその後』
Bloody Sunday A Derry Diary 2007 193

『天使の処刑人 バイオレット&デイジー』 Violet &
Daisy 2011 236

[ト]

『トゥルー・ラブ』 The Playboys 1992 239

『時計じかけのオレンジ』 A Clockwork Orange 1971
100

『特攻野郎Aチーム THE MOVIE』 The A-Team 2010
223

『ドリアン・グレイ / 美しき肖像』 The Secret of Dorian
Gray 1970 169

『ドリアン・グレイの肖像』 The Picture of Dorian Gray
1945 169

『ドリアン・グレイの肖像』 Dorian Gray 2009 169

『ドリームハウス』 Dream House 2011 204, 205

『トロイ』 Troy 2004 226

[ナ]

『ナッシング・パーソナル』 Nothing Personal 1995
030, 031, 092, 105-109, 186, 192, 194, 203, 239

『ナルニア国物語』 The Chronicles of Narnia 2005
222

[ネ]

『ネフュー』 The Nephew 1998 104, 225, 238

『ネル』 Nell 1994 222

[ノ]

『脳外科医モンロー』 Monroe 2011～2012 TV
229

『ノートルダムの傴僂男』 The Hunchback of Notre
Dame 1939 212

『ノーラ・ジョイス 或る小説家の妻』 Nora 2000 124

[ハ]

『ハイドリヒを撃て!「ナチの野獣」暗殺作戦』
Anthropoid 2016 233

『バウンティー / 愛と反乱の航海』 Bounty 1984 222

『白鯨』 Moby Dick 1956 047

『白馬の伝説』 Into the West 1992 011, 026, 080,
082, 091-095, 118, 196, 197, 221

『はじまりのうた』 Begin Again 2013 208

『バットマン ビギンズ』 Batman Begins 2005 232

『パディントン2』 Paddington2 2017 227

『波止場』 On the Waterfront 1954 127

『パトリオット・ゲーム』 Patriot Games 1992 190

『ハリー・ポッターと炎のゴブレット』 Harry Potter and
the Goblet of Fire 2005 092

『ハリー・ポッターと不死鳥の騎士団』 Harry Potter and
the Order of the Phoenix 2007 226

『バリー・リンドン』 Barry Lyndon 1975 009, 052, 170

『ハリーに夢中』 Wild About Harry 2000 228, 239

『遥かなる大地へ』 Far and Away 1992 011, 053,
156, 178, 181, 226

『バレン』 The Savage Innocents 1960 214

xxv

『ハンナ』 Hanna 2011 236

[ヒ]

『ヒア・マイ・ソング』 Hear My Song 1991 011, 078-082, 228, 238

『ピース・ピープル』 An Everlasting Piece 2000 192

『ピグマリオン』 Pygmalion 1938 169

『ビザンチウム』 Byzantium 2012 207, 237

『ヒットマンズ・レクイエム』 In Bruges 2008 227, 231

『ひと月の夏』 A Month in the Country 1987 201

『評決のとき』 A Time to Kill 1996 216

『病理医クワーク』 Quirke 2014 TV 012, 221

[フ]

『ファーザー・テッド』 Father Ted 1995〜 TV 181

『フィオナが恋していた頃』 This is My Father 1998 104, 155, 172, 174, 178, 196

『フィオナの海』 The Secret of Roan Inish 1994 082, 101-104, 118

『フールズ・オブ・フォーチュン』 Fools of Fortune 1990 026, 061-072, 081, 170, 201, 239

『フェリシア』 Felicia's Journey 1999 170

『フォー・ウエディング』 Four Weddings and a Funeral 1994 092

『フォーン・ブース』 Phone Booth 2002 231

『ブッチャー・ボーイ』 The Butcher Boy 1997 187, 207, 219, 226, 239

『冬のライオン』 The Lion in Winter 1968 214

『ブラック・アジェンダ / 隠された真相』 Hidden Agenda 1990 136, 190, 194

『ブラディ・サンデー』 Bloody Sunday 2002 013, 024, 110, 129-134, 193, 204, 228, 229

『ブランケット城への招待状』 High Spirits 1988 091, 207, 215, 222

『フル・モンティ』 The Full Monty 1997 228

『プルートで朝食を』 Breakfast on Pluto 2005 207, 219, 226, 232, 239

『ブルックリン』 Brooklyn 2015 153-157, 237

『ブルックリン横丁』 A Tree Grows in Brooklyn 1945 178

『ブレイブハート』 Braveheart 1995 181, 223, 226

『ブレッド&ローズ』 Bread and Roses 2000 137

『ブレンダンとケルズの秘密』 The Secret of Kells 2009 アニメ 013, 158, 159

『ブローン・アウェイ / 復讐の序曲』 Blown Away 1994 178, 190

[ヘ]

『兵士ピースフル』 Private Peaceful 2012 201

『ベケット』 Becket 1964 214

『ベッカムに恋して』 Bend It Like Beckham 2002 235

『ベルベット・ゴールドマイン』 Velvet Goldmine 1998 234

[ホ]

『ホームアローン 2』 Home Alone 2: Lost in New York 1992 216

『ボクサー』 The Boxer 1997 096, 192, 204, 205

『星の旅人たち』 The Way 2011 229

『炎のランナー』 Chariots of Fire 1981 165

『ホビット　思いがけない冒険』 The Hobbit: An Unexpected Journey 2012 229

『ホビット　竜に奪われた王国』 The Hobbit: The Desolation of Smaug 2013 229

『ホビット　決戦のゆくえ』 The Hobbit: The Battle of the Five Armies 2014 229

[マ]

『マイ・フェア・レディ』 My Fair Lady 1964 169

『マイ・ブラザー』 Brothers 2009 204

『マイ・レフトフット』 My Left Foot 1989 003, 010, 011, 056-060, 083, 096, 200, 204, 216, 239

『マイケル・コリンズ』 Michael Collins 1996 003, 053, 110-117, 129, 137, 163-166, 207, 219, 223, 226, 234, 235

『マイノリティ・リポート』 Minority Report 2002 231

『マグダレンの祈り』 The Magdalene Sisters 2002 013, 187

『マクリントック』 McLintock! 1963 212, 213

『魔術師 MERLIN』 Merlin 2008 〜 2012 TV 239

『幻の民ケルト人』 The Celts 1986 TV 053

『真夜中のカーボーイ』 Midnight Cowboy 1969 118

『マルタの鷹』 The Maltese Falcon 1941 047

『マンマ・ミーア』 Mamma Mia! 2008 225

［ミ］［ム］

『ミキボーと僕』 Mickybo and Me 2004 193, 238

『ミセス・ダウト』 Mrs. Doubtfire 1993 224

『ミッション：インポッシブル2』 Mission: Impossible II 2000 226

『ミラーズ・クロッシング』 Miller's Crossing 1990 178, 220

『未来惑星ザルドス』 Zardoz 1974 009, 042

『ミリオンダラー・ベイビー』 Million Dollar Baby 2004 178, 179

『麦の穂をゆらす風』 The Wind That Shakes The Barley 2006 013, 135-147, 166, 233

［モ］

『モアナ』 Moana 1926 023

『モナリザ』 Mona Lisa 1986 010, 206

『モナリザ・スマイル』 Mona Lisa Smile 2003 092

［ヤ］［ユ］［ヨ］

『ヤンキー・ドゥードゥル・ダンディー』 Yankee Doodle Dandy 1942 178

『ユージュアル・サスペクツ』 The Usual Suspects 1995 221

『友情の翼』 The Brylcreem Boys 1998 221

『夕陽のギャングたち』 Giù la testa 1971 190

『夜空に星のあるように』 Poor Cow 1967 136

［ラ］

『ライアンの娘』 Ryan's Daughter 1970 009, 022, 037-041, 080, 214

『ラストエンペラー』 The Last Emperor 1987 215

『ラッキー・ブレイク』 Lucky Break 2001 228

『ラブ・アクチュアリー』 Love Actually 2003 222

『ラブリーボーン』 The Lovely Bones 2009 236

［リ］［ル］

『リオ・グランデの砦』 Rio Grande 1950 212

『リッパー・ストリート』 Ripper Street 2012 〜 2016 TV 012

『ルート・アイリッシュ』 Route Irish 2012 146

［レ］

『冷静と情熱のあいだ』 Calmi Cuori Appassionati 2001 053

『レクイエム』 Five Minutes of Heaven 2009 229

『レディ・バード』 Lady Bird 2017 237

『レプリコーン　妖精伝説』 The Magical Legend of the Leprechauns 1999 091, 104

『レミーのおいしいレストラン』 Ratatouille 2007 アニメ 215

［ロ］

『ローズの秘密の頁』 The Secret Scripture 2016 205

『ロード・オブ・ザ・リング』 The Lord of the Rings 2001 053

『ロード・トゥ・パーディション』 Road to Perdition 2002 178

『ロビンソン・クルーソー』 Robinson Crusoe 1997 225

『ロブ・ロイ／ロマンに生きた男』 Rob Roy 1994 223

［ワ］

『若き日のキャシディ』 Young Cassidy 1965 032, 053

『わが谷は緑なりき』 How Green Was My Valley 1941 212

『私が愛したギャングスター』 Ordinary Decent Criminal 2000 122-124, 185, 203, 231

[A]

Ailsa　1994　019

An Gobán Saor　1994　019

An Paiste Beo Bocht (英:Child of the Dead End)　2009　TV　219

An Teanga Runda (英：The Secret Language)　2006　019

Anne Devlin　1984　009, 202

[B]

Bachelors Walk　2001 〜 2003　TV　208

Ballroom of Romance　1982　TV　200

Ballykissangel　1996 〜 2001　TV　230

Bloom　2003　168

Bracken　1980 〜 1982　TV　220

Breadwinner, the　2017　159

[C]

Captain Boycott　1947　027

Clinic, the　2003 〜 2004　TV　236

Colleen Bawn, the　1911　004

Cré na Cille (英：Graveyard Clay)　2007　019

Cry of the Banshee　1970　218

[D]

Dancing at Lughnasa　1998　170, 201

Dawn, the　1936　005, 164

Day They Robbed the Bank of England, the　1960　214

Days of Hope　1975　TV　135

Dracula　2013 〜 2014　TV　235

Draíocht (英：Magic)　1996　TV　019, 220

[E] [F]

Ellis Island　1984　TV　222

Field, the : Crá sa Chré　2016 〜　TV　205

[G] [H]

Guests of the Nation　1935　164

Happy Prince, the　1974　アニメ　170

Happy Prince, the　2018　170

[I]

In the Border Country　1991　TV　203

In the Days of St. Patrick　1920　005

Informer, the　1929　162

Irish Destiny　1926　005, 162

Irish Events　1917 〜 1919　005

[K] [L]

Korea　1995　019

Lad from Old Ireland, the　1910　004, 017

[M] [N]

Making of Excalibur：Myth into Movie　1981　TV　042

Manions of America, the　1981　TV　224

Mise Éire (英：I am Ireland)　1959　008, 018, 019, 052

Misteach Baile Atha Cliath (英：Mystic Dublin)　1994　019

Murphy's Stroke　1980　TV　224

November Afternoon　1996　208

[O]

On the Black Hill　1988　202

Ourselves Alone　1936　164

[P]

Pigs　1984　202

Playboy of the Western World　1963　053

Poitín　1978　009, 019, 238

[R]

Reefer and the Model　1988　009

Riordans, the　1965 〜 1979　TV　220

[S]

Saoirse? (英：Freedom?) 1961　008, 018, 052

Skunk Fu !　2007 〜 2008　TV アニメ　158

Some Mother's Son　1996　096, 238, 239

Stella Days　2011　203

[T]　[U]

Traveller　1981　202

Ulysses　1967　168

[W]

Willy Reilly and His Colleen Bawn　1920　004

Woman Who Married Clark Gable, the　1985　202

Words Upon the Window Pane　1994　169

著者略歴

岩見寿子（いわみ・ひさこ）
お茶の水女子大学大学院人文科学研究科修士課程修了。現在、成城大学文芸学部非常勤講師。日本アイルランド協会理事。主な論考：「アイルランド映画産業の現在」（『エール』15号 日本アイルランド協会学術研究部 1995年）、「アイリッシュ・シネマの現在形」『ユリイカ』青土社 2000年2月号）、「漱石から清順へ―ホモフォビアの近代―」（『男たちの絆 東アジア映画』所収、平凡社 2004年）。翻訳：P. B. エリス著『アイルランド史―民族と階級』（堀越智と共訳 論創社 1991年）、W. トレヴァー著『フールズ・オブ・フォーチュン』（論創社 1992年）

宮地裕美子（みやじ・ゆみこ）
東京外国語大学大学院地域文化研究博士前期課程修了。毎日ウィークリー編集などを経て現在、国士舘大学21世紀アジア学部業務委託非常勤講師。日本アイルランド協会幹事。著作：『やさしいゲール語読本I』（三橋敦子と共著 大学書林 1987年）、翻訳：『現代思想』総特集ユーゴスラビア解体（分担翻訳）（青土社 1997年）、CD歌詞対訳：(リバーダンス、アルタンほか11アルバム)、ゲール語監修：映画『麦の穂をゆらす風』（2006年）

前村　敦（まえむら・あつし）
筑波大学大学院修士課程地域研究研究科修了。修論のテーマはアイルランド西部の海の異郷観。現在、時事通信社に勤務。中央官庁を長く取材してきた。映画をテーマにコラムなども執筆。日本アイルランド協会幹事。

映画で語るアイルランド
幻想のケルトからリアルなアイルランドへ

2018年6月20日　初版第1刷印刷
2018年6月30日　初版第1刷発行

著　　者	岩見寿子　宮地裕美子　前村　敦	
発 行 者	森下紀夫	
発 行 所	論創社	
	東京都千代田区神田神保町2-23　北井ビル	
	tel. 03-3264-5254　fax. 03-3264-5232	
	振替口座 00160-1-155266	
装幀・ブックデザイン	野村　浩	
印刷・製本	中央精版印刷	

ISBN978-4-8460-1702-6　　©2018　Printed in Japan
落丁・乱丁本はお取り替えいたします。